Uni-Taschenbücher 73

UTB
FÜR WISSEN
SCHAFT

Eine Arbeitsgemeinschaft der Verlage

Wilhelm Fink Verlag München
Gustav Fischer Verlag Jena und Stuttgart
A. Francke Verlag Tübingen und Basel
Paul Haupt Verlag Bern · Stuttgart · Wien
Hüthig Fachverlage Heidelberg
Leske Verlag + Budrich GmbH Opladen
Lucius & Lucius Verlagsgesellschaft Stuttgart
J. C. B. Mohr (Paul Siebeck) Tübingen
Quelle & Meyer Verlag · Wiesbaden
Ernst Reinhardt Verlag München und Basel
Schäffer-Poeschel Verlag · Stuttgart
Ferdinand Schöningh Verlag Paderborn · München · Wien · Zürich
Eugen Ulmer Verlag Stuttgart
Vandenhoeck & Ruprecht in Göttingen und Zürich

Reinhard Dithmar

Die Fabel

Geschichte · Struktur · Didaktik

Ferdinand Schöningh

Paderborn · München · Wien · Zürich

Die Deutsche Bibliothek – CIP-Einheitsaufnahme

Dithmar, Reinhard:
Die Fabel: Geschichte, Struktur, Didaktik / Reinhard Dithmar. –
8. Aufl., Nachdr. der völlig neu bearb. Aufl. von 1988. –
Paderborn; München; Wien; Zürich: Schöningh, 1997
(UTB für Wissenschaft: Uni-Taschenbücher; 73)
ISBN 3-8252-0073-6 (UTB)
ISBN 3-506-99392-5 (Schöningh)
NE: UTB für Wissenschaft / Uni-Taschenbücher

Gedruckt auf umweltfreundlichem, chlorfrei gebleichtem Papier
(mit 50% Altpapieranteil)

8. Auflage 1997
(Nachdruck der völlig neu bearbeiteten Auflage von 1988)

(Verlag Ferdinand Schöningh GmbH, Jühenplatz 1, D-33098 Paderborn)
ISBN 3-506-99392-5

Printed in Germany.
Herstellung: Ferdinand Schöningh, Paderborn
Einbandgestaltung: Alfred Krugmann, Freiberg am Neckar

UTB-Bestellnummer: ISBN 3-8252-0073-6

Inhalt

Vorwort

Diese erstmalig 1971 erschienene Untersuchung hat ein erfreuliches Echo gefunden und wurde bereits mehrfach unverändert nachgedruckt. Sie erscheint nun in einer grundlegend veränderten Neuauflage. Ich danke allen Rezensenten, die anregend wirkten, und vor allem den zahlreichen Lesern, die mir geschrieben haben. Das literaturwissenschaftliche und didaktische Interesse an der Fabel ist seit dem ersten Erscheinen meines Buches erheblich gewachsen, wie man bereits an der großen Zahl der Publikationen der letzten fünfzehn Jahre erkennen kann. Um die Bibliographie, die auf Autopsie beruht, übersichtlich zu gestalten, habe ich mich auf die Sekundärliteratur beschränkt und die wichtigsten Quellen jeweils am Ende der einzelnen Kapitel des historischen Teils notiert.

Meiner Frau danke ich für zahlreiche Anregungen und für das gemeinsame Lesen der Korrekturfahnen.

A. Historischer Teil

I. Antike

1. Überlieferung

Die mündliche Überlieferung der Fabel reicht mindestens bis ins 7. Jh. v. Chr. zurück. Die vermutlich ältesten europäischen Fabeln stammen von *Hesiod* („Habicht und Nachtigall") und *Archilochos* („Adler und Fuchs" und zwei weitere nur bruchstückhaft überlieferte Fabeln).

Der Beginn dieser Texte läßt ein Märchen vermuten. Denn er lautet in der bekannten Übertragung von Otto Crusius[1]: „Jetzt sei den Fürsten ein Märlein erzählt – sie verstehen es sicher ..." (Hesiod) und „Ein Märchen ist bei uns im Schwang ..." (Archilochos). Und in der immer noch grundlegenden Anthologie antiker Fabeln von Ludwig Mader[2] liest man: „Hört! Den Großen erzähl' ich ein Märchen, das sie verstehen ..." (Hesiod) und „In alten Mären wird erzählt ..." (Archilochos).

Aber der im griechischen Urtext von Hesiod ebenso wie von Archilochos verwendete Begriff *„ainos"* ist hier nicht mit „Märchen", sondern mit „Fabel" oder „Gleichnis" zu übersetzen.[3]

Daß der Treubruch, den der Adler dem Fuchs gegenüber begeht, nicht ungestraft bleibt, bezieht Archilochos auf den mächtigen Lykambes, der ihm die Hand seiner Tochter versprochen und sein Versprechen gebrochen hatte. – Die Fabel des Hesiod endet mit dem fabula docet, daß sich der Schwache nicht mit dem Starken messen soll, da ihn dieser nicht nur besiegt, sondern sich auch

---

[1] Otto Crusius, in: Das Buch der Fabeln, hg. v. C. H. Kleukens, 2. Aufl., Leipzig 1920, S. X und XII.

[2] Antike Fabeln, hg. v. Ludwig Mader, Zürich 1951, S. 45 f.

[3] Vgl. Fabeln der Antike, hg. v. Harry C. Schnur, München 1978, S. 36 ff.

seines Sieges wegen rühmt. „Es ist eine politische Fabel hohen Stils, knapp und streng in großen Zügen herausgemeißelt. Sie lehrt nicht etwa, wie man zunächst meinen könnte, das Recht des Stärkeren, sondern will durch Andeutung krassen sozialen Unrechts zu revolutionärer Tat aufrufen.“ [4] Ähnlich urteilt Otto Crusius. „Auf den ersten Blick scheint es, als ob das ‚Recht des Stärkeren‘ gepredigt werden sollte. Aber es *scheint* nur so. Die Fabel wirkt ‚im Gegensinn‘, wie die Rede des Mark Anton bei Shakespeare; sie ist ein Signal zum Kampf gegen den Adel.“ [5]

Ein „geeignetes Mittel der Kritik“ [6] ist die Fabel auch für *Semonides* („Adler und Mistkäfer“), *Stesichoros* („Pferd, Hirsch und Mensch“) u.a.m.

Obwohl also, wie gesagt, die äsopischen Fabeln schon zur Zeit des Hesiod (um 700 v. Chr.), der nach einer Anekdote Äsops Lehrer gewesen sein soll, und des Archilochos (um 650 v. Chr.), der bereits bei den alten Grammatikern als Vater der „äsopischen“ Tierfabel galt, in Griechenland bekannt waren und möglicherweise bereits um 600 v. Chr. in Sammlungen schriftlich fixiert wurden, ist uns die Mehrzahl der griechischen äsopischen Fabeln erst durch verhältnismäßig späte Schriften überliefert: die Fabelbücher von *Phädrus* und *Babrios*. Durch das Sammeln in Büchern wird die Fabel von ihrem konkreten Bezug gelöst; der Sachteil erscheint teilweise als Pro- oder Epimythion. Diese Adfabulationes können bisweilen hilfreich sein, um den ursprünglichen „Sitz im Leben“ zu erschließen.

2. Phädrus

Von Phädrus (1. Jh. n. Chr.) wurde die Fabel in Rom eingeführt. Zu den äsopischen Fabeln, die er in lateinischen Versen nachdichtet, ergänzt er eigene Erfindungen. Er schreibt, wie er selbst sagt, „im alten Stil zwar, doch mit neuem Inhalt“. Im Vorwort zum zweiten Buch urteilt er über seine Fabeln (nach der Übersetzung von Joh. Siebelis):

---

[4] Ludwig Mader, a.a.O., S. 19.
[5] Otto Crusius, a.a.O., S. X.
[6] Enzyklopädie des Märchens 1 (1977), S. 889.

„Beispiele sind's, worin Äsop uns dichtet,
Und keinen andern Zweck verfolgt die Fabel,
Als daß der Menschen Irrtum sie verbeßre
Und ihre Tätigkeit und Umsicht schärfe.
Sei's darum dieser oder jener Scherz,
Freut er das Ohr nur und bleibt seinem Ziele treu,
Empfiehlt er selbst sich, sann ihn aus, wer will.
Ich wahre nun mit Fleiß des Alten Art;
Doch wo mir's gut deucht etwas einzuschalten,
Daß das Gemüt am Wechsel sich ergötze,
Mag freundlich mir's der güt'ge Leser deuten,
Vergelt' ich nur durch Kürze seine Gunst."

Im Gegensatz zu Babrios schreibt Phädrus bewußt knapp und stellt die Lehre meist als zweiteilige Sentenz an den Anfang. Wenn man nicht sein Talent loben könne, müsse man wenigstens seine Kürze loben, meint er bescheiden in einem seiner Briefe an den Freund Particulus.

Die fünf Bücher (dt. Ausgabe von Joh. Siebelis) enthalten insgesamt 92 Fabeln. Phädrus wählt den sechsfüßigen Jambus (Senar), der dem griechischen jambischen Trimeter entspricht, da die Griechen nach Dipodien (Doppelfüßen) maßen. So lautet das Vorwort zum ersten Buch in der metrischen Übersetzung von Friedrich Recke[7]:

„Dem Fabelstoffe, den Äsop längst sinnend fand,
Gab ich die glatte Form von Jamben-Trimetern.
Des Büchleins Gab' ist doppelt. Weil es lachen macht,
Und weil es Klugen gute Lebensregeln gibt.
Wenn aber jemand etwa wollte tadeln dran,
Daß hier gar Bäume reden, nicht nur wild Getier,
Der merke sich, wir treiben mit den Fabeln Scherz."

Phädrus war nicht nur bei denen, die sich durch seine Fabeln angegriffen fühlten, sondern auch bei den zeitgenössischen Schriftstellern unbeliebt. Martial lehnte seine Fabeln – eine Gattung, die nach dem Urteil von Seneca dem römischen Geist fremd ist – als aufdringliche Scherze ab, andere ignorierten ihn, was Phädrus mit Gelassenheit hinnahm.

---

[7] Friedrich Recke, Probe einer metrischen Übersetzung einiger Fabeln des Phaedrus, Mühlhausen i/Th. 1864, S. 1.

„Duplex libelli dos est: quod risum movet
Et quod prudentis vitam consilio monet." (V. 3 f)

Diese in der bereits zitierten Vorrede zum ersten Buch formulierte zweifache Absicht der Erheiterung (risum movet) und Belehrung (prudentis vitam consilio monet) wurde zur grundlegenden Intention der Fabelschreiber bis in die Gegenwart.

Zugleich aber ist eine dritte Zielsetzung erkennbar. Phädrus weiß, daß ebenso wie für den „bedrängten Sklaven" Äsop auch für ihn Spaß und Lachen bitterer Ernst werden können. Denn der Augusti Libertus, wie er sich selber nannte, der als Sekretär arbeitende Sklave im Haus des Augustus, der später die Freiheit erhielt, brauchte die Fabel als Schutz, da ein Sklave noch weniger als ein Plebejer offene Kritik wagen durfte. Trotzdem wurde er von Sejanus, dem Günstling des Kaisers Tiberius, wegen der vermeintlichen Anspielungen auf ihn und den Kaiser angeklagt und (vermutlich mit Verbannung) bestraft – ebenso wie Äsop wegen und trotz seiner Fabeln vom Felsen gestürzt worden sein soll.
Unterstützung gegen Sejan erbat Phädrus von dem Hofbeamten Eutychus. An ihn schreibt er in einem Brief, der dem dritten Buch vorausgestellt ist (nach der Übersetzung von Siebelis):

„Jetzt sei, weshalb die Fabel man erfand,
Noch kurz berichtet. Der bedrängte Sklave,
Der was er mochte nicht zu sagen wagte,
Barg seines Herzens Meinung in die Fabel
Und wich dem Vorwurf aus in droll'ger Maske.
Auf jenes Pfade macht' ich weiter Bahn
Und sann mehr aus, als er uns hinterlassen;
Doch mir zum Unheil wählt' ich manchen Stoff.
Wär' nun ein andrer Kläger als Sejan,
Sejan nicht Zeuge auch zugleich und Richter,
Wollt' ich mich wert bekennen solcher Strafe
Und Tröstung nicht bei diesen Mitteln suchen.
Will jemand irregehn aus eignem Mißtraun,
Durchaus auf sich beziehn, was alle angeht,
Der Tor deckt selbst sein bös Gewissen auf.
Doch auch vor ihm möcht' ich gerecht erscheinen;
Denn keinen einzelnen ja will ich treffen,
Nein, nur der Menschen Tun und Treiben zeigen."

3. Babrios

Der von Herder als der einzige mustergültige Fabeldichter des Altertums gepriesene *Babrios* (2. Jh. n. Chr.) – oder, da es sich um einen hellenisierten Römer handelt, *Babrius* – schrieb in Versform und verwendete den für eine Fabel ungewöhnlich wirkenden Choliambus, den Hinkiambus (von griech. „cholos“ = hinkend). Da an die Stelle des sechsten Jambus ein Trochäus tritt, sagt man, daß er im letzten Vers „hinkt“ oder „lahm“ ist.

Sechshebiger Jambus (Trimeter): -‘-‘ / -‘-‘ / -‘-‘

Choliambus: -‘-‘ / -‘-‘ / -“-

„Wahrhaft virtuos handhabt B. seinen Vers. (.....) Von wirklich poetischem Tact zeugt die Wahl des Metrums; für diese kleinen, hart an die Prosa streifenden Erzählungen war in der That nicht leicht eine passendere Form zu finden als der Hinkiambus.“ [8]

Als Beispiel soll das erste der beiden an Branchos, den Sohn des Königs Alexandros, gerichteten Proömien[9] dienen:

„Zuerst auf Erden lebten, o mein Sohn Branchos,
Gerechte Menschen; – golden hieß das Zeitalter –
Die dritte Zeit nach diesem aber war ehern,
Drauf der Heroen göttliches Geschlecht folgte.
Des fünften Stamm ist eisern und von Art schlechter.
Im goldnen Alter nun hatten auch die Thierarten
Vernehmliche Red’ und konnten ein Gespräch führen;
In Waldesmitte waren ihre Marktplätze.
Es sprach der Fels; es sprachen auch die Tannnadeln,
Mit Schiff und Schiffer sprach der Meeresfisch, Branchos,
Der Spatz verkehrte verständig mit den Landleuten;
Die Früchte gab der Boden ohne viel Bitten,
Und die Götter hatten mit den Menschen Kamradschaft.
Daß dem so war, kannst Du erkennen und lernen
Von unserm Freund, dem alten Weisen Aesopus,
Deß freie Muse die Märchen einst uns auftischte.
Daß Du nun Alles dem Gedächtnis einpflanzest,
Will ich dem Hungernden süßen Honigseim spenden,
Der spitz’gen Jamben harte Glieder einbrechend.“

---

8 Otto Crusius, in: Realencyklopädie der classischen Altertumswissenschaften, hg. v. Pauly-Wissowa 2/2, Sp. 2665 f.

9 Babrios Fabeln, übersetzt in deutschen Choliamben von H. Hertzberg, Halle 1846, S. 1.

Daß dem Dichter Babrios die Erzählung wichtiger ist als die Lehre, zeigt außer der dichterischen Gestaltung auch die Art, wie die Belehrung in die Erzählung verwoben wird. Das selten erscheinende Epimythion ist, wie die Formanalyse erweist, ein späterer Zusatz.

„Es fällt diesem trefflichen Dichter nicht ein, selbst seine Fabeln dadurch herabzusetzen, daß er die Erzählung für einen gleichgültigen Zierrath, die Lehre als ihren Kern anpreist, wie der frostig bewußte Phädrus, wenn er sich in der doppelten Eigenschaft des Spaßmachers und des Moralisten bei dem Leser einführt, oder wie der sonst so treffliche Boner, in welchem jedoch die gesunde deutsche Natur den schulmeisternden Mönch überwindet, und die herzliche Gemütlichkeit des Vortrags selbst in der Moral vielmehr das Bild des milden und erfahrenen Weisen, der sie vorträgt, als die abstracte Lehre erkennen läßt. Babrios aber verlangt geradezu das Interesse für seine Erzählung und für die Tiere selbst, die darin handeln.“[10]

4. Avianus und Romulus

Der römische Fabeldichter *Avianus* (4. Jh. n. Chr.), von dem uns 42 äsopische Fabeln überliefert sind, schrieb in Distichen, was der Fabel ein übertriebenes Pathos verleiht. Wie unnatürlich und gekünstelt das wirkt, wird deutlich, wenn man beispielsweise die bekannte Fabel vom Esel in der Löwenhaut in der Fassung des Avianus[11] liest:

> „Jeder messe sich selbst mit seinem Maß, und mit seinem
> Ruhme hab er genug, fremden lehne er ab,
> Daß das entschleierte Trugbild nicht tolles Gelächter erregé,
> Wenn er im Lumpengewand wieder, im alten, erscheint. -
> Als der Esel einst fand ein Fell des Gätulischen Löwen,
> Zog er es, ungewohnt, über den eigenen Leib:
> Straffte die Decke zurecht auf den Gliedern, wo sie zu weit war,
> Drückt sich dann über das Haupt fest das Löwengesicht.
> Wie nun Schauder und Schreck sich dem falschen Löwen gesellen

[10] W. Hertzberg, a.a.O., S. 138 f.
[11] Nach der Übersetzung von Ludwig Mader, a.a.O., S. 324.

Und die erwartete Kraft durch seine Glieder ihm strömt,
Stapft er den Weidegrund, den gemeinsamen, hochmütig nieder,
Jagt das erschrockene Rind über die grünende Flur,
Bis dann der Bauer erkennt an den großen Ohren den Esel,
Windelweich ihn verhaut und ihm den Denkzettel gibt.
Und indem er das Fell des Löwen vom Rücken ihm abstreift,
Kanzelt das elende Vieh weidlich mit Worten er ab:
‚Magst du, die dich nicht kennen, mit fremder Hülle betrügen,
Was du bisher mir warst, wirst du immer mir sein!'"

Avianus hat sein Werk dem Theodosius gewidmet, d. i. vermutlich der zeitgenössische lateinische Schriftsteller Theodosius Macrobius, der in seinen „Saturnalia" einen Avienus (d. i. Avianus) erwähnt. In der Vorrede nennt Avianus Babrios und Phädrus als Dichter in der Nachfolge Äsops. Er übernimmt seine Fabelmotive aber ausschließlich von Babrios, jedoch als Quelle die Prosafassung der Fabeln des Babrios von Julius Titanus aus dem dritten Jahrhundert und will – wie er schreibt – lediglich dessen ungepflegtes Latein in Distichen übertragen.

Die einzige größere Fabelsammlung in lateinischer Prosa ist der sogenannte *Romulus* (ca. 400 n. Chr.). Das Romulus-Corpus, das (in der Ausgabe von Thiele) 98 Fabeln enthält, ist teilweise eine Bearbeitung der Fabeln des Phädrus. Die bedeutendere Quelle aber ist ein lateinischer Prosa-Äsop, dessen griechisches Original aus dem 1. Jh. n. Chr. stammt. „Eben darum" (so begründet Georg Thiele den Titel seiner Ausgabe von 1910) „haben wir die Pflicht, den ehrwürdigen Namen des ‚Erfinders' der Fabel an der Spitze des Werkes stehen zu lassen und das Buch nicht Romulus, sondern Äsop zu nennen, um so mehr, da seit dem VI. Jahrhundert v. Chr. jede in Prosa abgefaßte antike Fabelsammlung mit dem Äsopnamen verknüpft gewesen ist."[12]

[12] Der Lateinische Äsop des Romulus und die Prosa-Fassungen des Phädrus. Kritischer Text mit Kommentar und einleitenden Untersuchungen von Georg Thiele, Heidelberg 1910, S. XI; vgl. auch die Synopse Seite CCXXVI-CCXXVIII.

Literaturauswahl

(1) Corpus Fabularum Aesopicarum, ed. August Hausrath, I/II, Leipzig 1956/57
Corpus Fabularum Aesopicarum, ed. August Hausrath/Herbert Hunger, I, Leipzig [4]1970
Esope. Fables. Texte établi et traduit par Emile Chambry, Paris [2]1960
Aesopica. Greek and Latin Texts, collected and critically edited by Ben Edwin Perry, Urbana 1952
Babrius und Phaedrus, Newly edited and translated by Edwin Ben Perry, London 1965
Léopold Hervieux, Les Fabulistes latins, T. 1-5, Paris 1893-99
Ben Edwin Perry, Studies in the Text History of the Life and Fables of Aesop, Haverford, Pennsylvania 1936
Wilhelm Binder (Hg.), Die Aesopischen Fabeln, Stuttgart 1866
August Hausrath (Hg.), Aesopische Fabeln, München 1940
Ludwig Mader (Hg.), Antike Fabeln, Zürich 1951. Unveränderter Nachdruck München 1973
Harry C. Schnur (Hg.), Fabeln der Antike, München 1940

(2) Phädrus' des Freigelassenen des Augustus Äsopische Fabeln. Deutsch von Joh. Siebelis, 3. Aufl., Berlin o. J.
Friedrich Recke, Probe einer metrischen Übersetzung einiger Fabeln des Phaedrus, Mühlhausen i./Th. 1864 (im Jahresbericht über das Gymnasium zu Mühlhausen)
Phaedrus, Liber Fabularum. Fabelbuch. Lateinisch und deutsch, hg. v. Otto Schönberger, Stuttgart 1975 (Reclams Universalbibliothek)

(3) Babrii Fabulae Aesopae. Recognovit prolegomenis et indicibus Otto Crusius, Leipzig 1897
Babrios Fabeln, übersetzt in deutschen Choliamben von H. Hertzberg, Halle 1846

(4) Der Lateinische Äsop des Romulus und die Prosa-Fassungen des Phädrus. Kritischer Text mit Kommentar und einleitenden Untersuchungen von Georg Thiele, Heidelberg 1910
Aviani Fabulae. Recensuit Antonius Guaglianone, Paravia Torino 1958
Avianus: Fables. Texte établi et traduit par Francoise Gaide, Paris 1980
Phaedrus, Liber Fabularum. Fabelbuch. Lateinisch und deutsch, hg. v. Otto Schönberger, Stuttgart 1975 (Reclams Universalbibliothek)

II. Orient

1. Quellenfragen

Die beiden wichtigsten orientalischen Fabelbücher *Pantschatantra* und *Calila und Dimna* beruhen auf einem indischen Grundwerk, das spätestens bereits um 500 n. Chr. existierte und von einem Verfasser stammt, der sich zum Buddhismus bekannte. Das Werk ist als Fürstenspiegel geschrieben, und zwar um des Schutzes willen in der Form von Fabeln.

Während der Regierungszeit Anushirvans (531–579) wurde das Werk aus dem Sanskrit in die damalige Kultursprache Persiens, das Pehlevi, übersetzt. Es hatte mindestens 11, höchstens 13 Abschnitte. Jeder veranschaulichte durch eine Erzählung eine für Fürsten beherzigenswerte Lehre. Das indische Grundwerk wurde vermutlich stark verändert und erhielt später den Titel *Pantschatantra*, d. h. die fünf Bücher.

Etwa hundert Jahre nach der Eroberung Persiens durch die Mohammedaner wurde die Pehlevi-Übersetzung in das Arabische übertragen und schnell zu einem besonders geschätzten und beliebten Buch. Es wurde viel gelesen und abgeschrieben, dabei zwar im einzelnen verändert, im ganzen jedoch wesentlich so erhalten, wie es aus Indien gekommen war. In der arabischen Übersetzung wurde eine Einleitung ergänzt, in der der Übersetzer über den Wert und Gebrauch des Buches schreibt.

Das Verhältnis des *sanskritischen Pantschatantra* einerseits und des *arabischen Calila und Dimna* andererseits zu dem *sanskritischen Grundwerk*, auf dem beide beruhen, zeigt, daß das arabische Werk im allgemeinen ein viel treuerer Spiegel des alten sanskritischen Grundwerkes ist als das in Indien selbst daraus erwachsene Pantschatantra. Die arabische Übersetzung (8. Jh.) ist besonders wichtig, da das indische Grundwerk und die Übersetzung ins Pehlevi nicht erhalten sind.

Wichtige Kenntnisse und quellenkritische Einsichten in die *orientalischen Fabelbücher* verdanken wir den epochemachenden Untersuchungen von Theodor Benfey. Die 1862 von ihm gegründete und den gegenseitigen Einflüssen gewidmete Vierteljahresschrift „Orient und Occident" enthält auffallend viele Aufsätze über die orientalische Fabel (insbesondere zu „Kalilah und Dimna"), die neben Benfeys zahlreichen Untersuchungen grundlegend und anregend wirkten.

1859 erschien die von Theodor Benfey herausgegebene zweibändige Ausgabe des *Pantschatantra* (mit ausführlicher Darstellung der Quellenverhältnisse im 2. Band).[1]

Ein Jahr später wurde die alte spanische Übersetzung des *„Kalîlah und Dimnah"*, die 1251 auf Befehl des spanischen Infanten Alfonso (des späteren Königs Alfons des Weisen) entstanden und bisher fast unbekannt geblieben war, veröffentlicht, was Benfey begeistert begrüßte.

Im selben Jahr gab Wilhelm Ludwig Holland unter dem Titel „Das Buch der Beispiele der alten Weisen" die alte, 1480 auf Veranlassung des Grafen Eberhard von Württemberg verfaßte deutsche Übersetzung des arabischen Kalilah und Dimnah heraus[2] und erhielt von Benfey, Gödeke u. a. lobende Kritiken.[3]

2. Pantschatantra

Die Entstehung der indischen Fabelsammlung *Pantschatantra* läßt sich nach Benfey nicht genauer angeben als: nach dem 2. Jh. v. Chr. und vor dem 6. Jh. n. Chr. Der terminus post quem ergibt sich daraus, daß die griechische Fabel bereits gut bekannt gewesen sein mußte, da viele äsopische Fabeln im Pantschatantra erscheinen. Eine solche Bekanntschaft aber ist erst im zweiten vorchristlichen Jahrhundert möglich. Jedes der fünf Bücher des Pantschatantra steht unter einem Thema, zu dem Geschichten erzählt werden, ergänzt durch eine große Anzahl von angehängten und eingefügten Lebensweisheiten im Sprichwortstil. Die Erzählungen sind meist

---

[1] Pantschatantra. Fünf Bücher indischer Fabeln, Märchen und Erzählungen. Aus dem Sanskrit übersetzt, mit Einleitung und Anmerkungen von Theodor Benfey, 2 Bde, Leipzig 1859. Nachdruck Hildesheim 1966. Vgl. auch Benfeys Aufsatz zur Quellenfrage indisch-arabischer Fabelbücher, in: Orient und Occident, 1862, S. 138 ff.

[2] Das Buch der Beispiele der alten Weisen. Nach Handschriften und Drucken hg. v. Wilhelm Ludwig Holland, Stuttgart 1860.

[3] Vgl. u. a. Orient und Occident, 1862, S. 383 f. und S. 681 ff.

sehr umfangreich und mit märchenhaften Zügen versehen. So erinnert beispielsweise die Geschichte „Der verzauberte Brahmanensohn“ (S. 144)[4] an das Märchen vom Froschkönig. Eine Erzählung enthält oft mehrere Lehren verschiedener Art, die an der passenden Stelle mit einem „Man sagt auch“ oder „Sagt man doch“ in die Geschichte eingefügt werden. Sprichwörter werden aneinander gereiht und Erzählungen zur Veranschaulichung der Lebensweisheit ergänzt. In die Erzählungen selbst werden wiederum die verschiedensten Sprichwörter eingefügt. Die Verbindung der einzelnen Erzählungen mit den eingefügten Episoden zwischen Erzähler und Zuhörer ist teilweise ähnlich wie in den Märchen aus 1001 Nacht.

Zur Verknüpfung und Überleitung dient die Frage „Wie war das?“, die von einem Menschen oder einem Tier gestellt wird und auf die der andere mit einer Geschichte antwortet: „... fragte: ‚Wie war das?‘ Jener erzählte: ...“

Die Themen der Bücher lauten:

1. Verfeindung von Freunden
2. Erwerbung von Freunden
3. Krähen- und Eulenkrieg
4. Verlust von schon Besessenem
5. Handeln ohne sorgfältige Prüfung.

Was mit dem Thema des dritten Buches gemeint ist, zeigt bereits das erste Sprichwort dieses Buches: „Vertraue nie früher bekämpften Feinden, selbst wenn sie auch Freundschaft mit dir geschlossen! Sieh, wie in Brand stehet der Eulen Höhle, von Glut verzehrt, welche die Krähen schürten.“ (S. 213) Es folgt die Rahmenerzählung von den Eulen, die, von alter Feindschaft beherrscht, die Krähen umbringen, und das weiterführende Sprichwort: „Wer voll Trägheit es abwartet, wie eine Krankheit und seine Feinde sich ungestört ausbreiten, der wird ihr Opfer mit der Zeit.“ (S. 213) Angefügt wird eine Reihe von Sprichwörtern, die diesen Gedanken variieren.

Die Sammlung enthält insgesamt 83 Erzählungen, von denen man allerdings nur einen Teil als echte Fabeln bezeichnen kann. Auch Fabeln, die offensichtlich griechischen Ursprungs sind, wie bei-

---

[4] Pantschatantra, hg. v. Theodor Benfey, 2 Bde, Leipzig 1859. Nachdruck Hildesheim 1966.

spielsweise „Die Elefanten und die Mäuse“ (S. 208), werden so ausgeschmückt, daß sie in die Nähe des Märchens geraten.

Diese märchenhaften Züge der orientalischen Fabel dürfen uns jedoch nicht darüber hinwegtäuschen, daß es sich um didaktische Dichtung handelt, um Lehrdichtung mit politischem Akzent.

3. Hitopadesa

Das indische Fabelbuch *Hitopadesa* (d. i. freundlicher Rat) ist aus dem *Pantschatantra* und einem zweiten Werk entstanden. Die Sammlung umfaßt 4 Bücher mit insgesamt 43 Fabeln (Erzählungen) und mehr als fünfzehnmal so viel Sprichwörtern, die an den jeweils passenden Stellen einer Fabel eingefügt werden.

Die Überleitung von einer Fabel zur anderen ist ähnlich wie beim Pantschatantra. Im Anschluß an eine Lebensweisheit, ein Sprichwort, einen Vergleich wird von Mensch oder Tier die Frage gestellt: „Wie ging das zu?“ Als Antwort auf diese Frage wird dann eine Geschichte erzählt. Beispielsweise: „Ein Mann, der gern das tut, was ihn nichts angeht, der stürzt zu Boden wie der Affe, der den Keil herauszog.
Damanka fragte, wie das gekommen sei, und Karataka erzählte: ...“ (S. 67).[5] Es folgt die Fabel vom leichtsinnigen Affen. –
Oder: „Man soll sich nicht zum Nutzen seines Herrn um fremde Dinge bekümmern. Der Esel litt Schmerz, indem er für sein Geschrei geschlagen wurde. Damanka sprach: Wie geschah dies? Karataka erzählte: ...“ (S. 68). Und er erzählt die Fabel von Hund, Esel und Dieb.

Wie im Pantschatantra sind auch im Hitopadesa an den jeweils passenden Stellen einer Fabel Sprichwörter eingefügt. Vielfach werden die Fabeln ineinandergefügt. Anknüpfungspunkt ist ein Sprichwort, das in der ersten Fabel ausgesprochen wird. Die zu diesem Sprichwort gehörende Geschichte (zweite Fabel) wird erzählt und dann die erste Fabel fortgesetzt.

---

[5] Hitopadesa. Eine alte indische Fabelsammlung, aus dem Sanskrit zum ersten Mal ins Deutsche übersetzt von Max Müller, Leipzig 1844.

4. Calila und Dimna oder die Fabeln Bidpais

Der eigenartige Titel des Fabelbuchs *Calila und Dimna oder die Fabeln Bidpais*, das aus dem Hitopadesa und dessen Vorlage Pantschatantra entstand, ergibt sich aus der doppelten Rahmenhandlung. Der Philosoph Bidpai, das Haupt der Brahmanen, erzählt dem König Dabschelim die Geschichte von den beiden Schakalen. Der Schakal Dimna steht im Dienst des Königs der Tiere, des Löwen, und erzählt ihm und seinem Bruder Calila Gleichnisse. Später wird er seiner vermeintlichen Treulosigkeit wegen von dem Löwen umgebracht. König Dabschelim will von Dimna Gleichnisse hören über den aufrichtigen Freund (3. Buch), über den Feind, dem man nicht trauen darf (4. Buch), über den Mann, der ein Gut sucht und dann verliert (5. Buch), über die Voreiligkeit (6. Buch) usw.

Ähnlich wie im Pantschatantra und Hitopadesa handelt es sich vielfach um Kettengleichnisse, d. h. Fabel wird an Fabel gehängt, indem jeweils eins der Fabeltiere die Funktion des Erzählers übernimmt und das folgende Gleichnis vorträgt. Die Verknüpfungen erfolgen durch das uns von den älteren Fabelbüchern bereits vertraute Frage-Antwort-Spiel („Wie war das? fragte Dimna. Calila erwiderte: ...“). Am Ende wird – auch bei den in eine Fabel eingefügten Gleichnissen – vielfach die Lehre direkt ausgesprochen: „Dieses Gleichnis habe ich dir nur erzählt, daß du sollst einsehen lernen, wie das Sammeln und Aufsparen ein sehr schädliches Ende haben kann.“ (163)[6]

Im Vergleich mit der lockeren Fügung des Hitopadesa und vor allem des Pantschatantra sind die Fabeln Bidpais sowohl einzeln wie in der Gesamtgestaltung des Werkes von größerer Geschlossenheit und Konzentration. Philipp Wolff bezeichnet das Buch mit Recht als „eine Philosophie des Lebens, dargestellt in dem anmutigen Gewande von Fabeln und Parabeln. Die in dem Buch enthaltenen mehr denn sechzig Fabeln und Parabeln sind durch ein engeres oder loseres Band aneinander geknüpft, kunstreich und dennoch natürlich.“ (S. VIII) Über die Entstehung des Buches wird erzählt: König Dabschelim ließ den weisen Brahmanen Bidpai, der ihm seine ungerechten Taten vorhielt, verurteilen. Dann begnadigte er

[6] Calila und Dimna oder die Fabeln Bidpais. Aus dem Arabischen von Philipp Wolff, 2 Bde., Stuttgart 1837.

ihn, übergab ihm die Regierung des Reiches und ließ ihn ein Buch verfassen über die wichtigsten Regeln der Weisheit.

„Schwer ist es zu begreifen", schreibt Philipp Wolff zu Beginn seiner Einleitung der deutschen Übersetzung, „daß ein Buch wie vorliegendes der Fabeln Bidpais, dem der Orient wie der Occident seine Bewunderung gezollt, ein Buch, das wohl nächst der Bibel in die meisten Sprachen der Welt übersetzt ist, ein Buch, das ganze Völker begeisterte und dem Könige und Fürsten Aufmerksamkeit und Huldigung schenkten – schwer zu begreifen ist es, sage ich, daß ein solches Buch bei uns in solches Dunkel der Vergessenheit geraten ist, daß außer Gelehrten vom Fach niemand mehr eine Kenntnis von demselben hat."

Literaturauswahl

Pantschatantra. Fünf Bücher indischer Fabeln, Märchen und Erzählungen. Aus dem Sanskrit übersetzt, mit Einleitung und Anmerkungen von Theodor Benfey, 2 Bde, Leipzig 1859. Nachdruck Hildesheim 1966

Hitopadesa. Eine alte indische Fabelsammlung, aus dem Sanskrit zum ersten Mal ins Deutsche übersetzt von Max Müller, Leipzig 1844

Calila und Dimna oder die Fabeln Bidpais. Aus dem Arabischen von Philipp Wolff, 2 Bde, Stuttgart 1837

Das Buch der Beispiele der alten Weisen. Nach Handschriften und Drucken, hg. v. Wilhelm Ludwig Holland, Stuttgart 1860

Anton von Pforr, Das Buch der Beispiele der alten Weisen, hg. v. Friedmar Geißler, 2 Teile, Berlin 1964/1974

Orient und Occident. Eine Vierteljahresschrift, hg. v. Theodor Benfey, Göttingen 1862

III. Mittelalter

1. Marie de France

Der ESOPE der Marie de France ist die erste volkssprachliche Fabelsammlung des Mittelalters. Wichtigste Vorlage war der Romulus Nilantinus (RN), eine lateinische Bearbeitung des Romulus-Corpus aus dem 11. Jahrhundert.[1] Im Gegensatz zum RN schreibt Marie de France jedoch nicht in Prosa, sondern im gepaarten Achtsilber, dem klassischen Versmaß der höfischen Literatur.

Die Theorie, daß sich die Fabel dem Versuch der Verritterlichung widersetzt[2], scheint durch diesen ESOPE widerlegt. Denn Marie de France schreibt höchstwahrscheinlich für ihre eigene Schicht, die feudale Gesellschaft Englands zur Zeit Heinrichs II. Sie hat „nicht allein den *vulgares fabellae*, also einer niederen Gattung, in die höfische Literatur Eingang verschafft, sondern zugleich auch die Tierfabel „verritterlicht", d. h. dem Ideal der höfisch-ritterlichen Welt dienstbar zu machen versucht."[3]

Aber um die Fabel literarisch hoffähig zu machen, die höfische Gesellschaft als Rezipienten zu gewinnen, müssen die Texte verändert werden. Bereits die erste der 102 Fabeln des ESOPE zeigt, daß Marie de France vom „unverrückbaren Recht des Bestehenden"[4] überzeugt ist und ihre Vorlage (RN) in diesem Sinne verändernd gestaltet. Nicht einer von niedriger Natur wie der Hahn, sondern nur einer von edler Abstammung, ein „riches huem": „vornehmer Mann" (S. 56 f.)[5], vermag den Wert des Edelsteins zu schätzen. Maries Lehre von der naturgegebenen und unveränderbaren Ungleichheit der Menschen erscheint in zahlreichen Fabeln des

---

[1] Vgl. Léopold Hervieux (ed.), Les Fabulistes Latins, T. II, Paris 1894, S. 513-548: Romuli Nilantii Fabulae.

[2] Arno Schirokauer, Die Stellung Äsops in der Literatur des Mittelalters. In: Festschrift für Wolfgang Stammler, Berlin 1953, S. 186.

[3] Hans Robert Jauß, Untersuchungen zur mittelalterlichen Tierdichtung, Tübingen 1959, S. 28.

[4] Jauß, a.a.O., S. 35.

[5] Die Seitenzahlen in Klammern beziehen sich auf die zweisprachige Ausgabe von Hans Ulrich Gumbrecht (München 1973).

ESOPE. Der Versuch, über die eigene Natur hinauszugelangen, wird als Torheit entlarvt. Die Maus, die nicht mehr unter ihresgleichen einen Ehepartner sucht, sondern Höheres erstrebt, wird ermahnt, ihre Natur nicht zu verachten. Am Ende erkennt sie ihre naturgegebenen Grenzen.

„Ich glaubte, so hoch zu steigen: nun muß ich zurückkehren und mich meiner Natur beugen." („returner e rencliner a ma nature") (S. 220 f.)[6] Man kann den Menschen zwar Beistand leisten, aber sie können dadurch nicht ihre Natur und ihre Gewohnheiten ändern („il ne pueent pas changier lur nature ne lur usage") (S. 272 f.), liest man auch in der letzten Fabel des ESOPE.

Bei den *Löwenfabeln*, die ein positives Bild vom König der Tiere zeigen – Löwe und Maus (S. 90–93), Fledermaus (S. 106–109), regierender Wolf (S. 118–125), Wolf und Fuchs (S. 246 f.) –, stellt Marie de France in den Adfabulationes den Bezug zum Herrn und Herrscher her, nicht jedoch, wenn der Löwe im Ausnahmezustand der Schwachheit und Krankheit erscheint – kranker Löwe (S. 84–87), erkrankter Löwe (S. 198–201). Die seltene Gelegenheit einer naturhaften Entmachtung des Mächtigen wird im fabula docet zu einem Beispiel für den allgemeinen Zustand der Machtlosigkeit. Und bei der Tyrannenfabel vom Löwenanteil (S. 78-81) gerinnt das Epimythion der Marie de France zu einem allgemeinen Gegegensatz von arm und reich.[7]

Wichtigster Akteur im ESOPE der Marie de France ist der *Wolf*, der nicht nur mit Abstand am häufigsten auftritt, vor dem Fuchs (14 x) und dem Hund (13 x) und doppelt so oft wie der Löwe (11 x), sondern selbst dann, wenn der narrative Teil der Fabel dem widerspricht (z. B. Wolf und Kranich S. 70 f.), zur Inkarnation des Bösen wird. Als der von Natur und unveränderbar Böse wird er zugleich zur dunklen Folie für den Löwen als guten Herrscher (z. B. regierender Wolf, S. 118–125). Demgemäß bezieht Marie de

---

[6] Zu dem „rencliner a ma nature" als Sinn der Fabel im ESOPE vgl. Jauß, a.a.O., S. 33 ff.

[7] Zum Gebrauch von „riche" und „povre" vgl. H. R. Jauß (a.a.O., S. 49): „Der Gegensatz von reich und arm bleibt im ESOPE (...) durchweg innerhalb des ritterlichen Standes; die sozial tiefer stehende Schicht bezeichnet nicht povre, sondern vilain."

France die berühmte Fabel von Wolf und Lamm nur auf „die hochgestellten Räuber, die Vizegrafen und Richter" (S. 59).

Bei dem *Fuchs*, der nach dem Wolf am häufigsten auftritt, vermißt man das seiner Figur eigene: die Weltklugheit, die *renardie*, die mit dem Ethos der feudalen Gesellschaft unvereinbar ist.[8]

Der Fuchs spielt eine für das fabula docet uninteressante Nebenrolle (kranker Löwe, S. 84–87; Käfer, S. 220–223; Wolf und Fuchs, S. 246 f.) oder erscheint als Exemplum für den falschen Lobredner (Rabe und Fuchs, S. 82–85), den Geizigen (Affe und Fuchs, S. 116–119), den Bösewicht (Fuchs und Taube, S. 186–189), den Dummen (Fuchs und Hahn, S. 184–187), der sich falsche Hoffnungen macht (Fuchs und Spiegelbild des Mondes, S. 182f.). Der scheinbar Listige wird als Lügner entlarvt (Kater und Fuchs, S. 264–267) oder als einer, der seine List zu niedrigen Zwecken mißbraucht (Fuchs und Bärin, S. 200–203). Als Antagonist des Mächtigen, des Löwen oder des Adlers, finden wir im ESOPE der Marie de France einen höchst ungewöhnlichen Fabelfuchs. In der berühmten alten, uns bereits von Archilochos bekannten Fabel von Fuchs und Adler (S. 76–79) sieht die Dichterin den Fuchs nicht als den Listigen, der den Machtmißbrauch des Mächtigen rächt, sondern lediglich den Armen. In den vier Löwenfabeln, in denen der Fuchs auftritt, wird seine List ebenfalls negiert. Er spielt eine für das fabula docet uninteressante Nebenrolle (kranker Löwe, S. 84–87), seine List als Waffe gegen den Mächtigen wird in der Adfabulatio ignoriert, indem Marie de France auf allgemeine Zustände am Königshof (Löwe und Fuchs, S. 136–139)[9] oder auf die allgemeine Bosheit der Menschen (kranker Löwe, S. 198–201) ablenkt oder verschweigt, daß der kluge Fuchs auch den Löwen und nicht nur den dummen Wolf zu täuschen vermochte (kranker Löwe, S. 202–207).

Trotz dieser grundlegenden und vielfach der ursprünglichen Intention der einzelnen Fabel widersprechenden Änderungen befürchtet Marie de France, daß sie ihrer Beschäftigung mit einer vermeintlich niederen Gattung wegen als ungebildet („vileine") (Prolog

---

[8] Vgl. Jauß, a.a.O., S. 53 f.

[9] Dem Königshof steht Marie de France – wie u. a. die Fabel vom Kaiser der Affen (S. 130-139) zeigt – durchaus kritisch gegenüber, nicht aber dem König und seiner Autorität.

v. 36) angesehen werden könnte, und rechtfertigt ihr Unternehmen, indem sie sich auf hochgestellte Persönlichkeiten wie den Grafen Wilhelm als Auftraggeber und den zum König erhobenen Alfred beruft.

An würdiger Stelle zwischen dem „cunte WILLALME" (v. 9) und dem „reis Alvrez" (v. 16) erscheint der ESOPE, benannt nach dem, der ihn vom Griechischen ins Lateinische übersetzte („apele um cest livre, kil translata e fist escrivre, de Griu en Latin le turna") (v. 13–15). Bereits im Prolog hatte Marie de France den legendären Äsop, der dieser Gattung den Namen gab, den Vätern des Altertums („ancien pere") (v. 11) zugeordnet und zugleich als Übersetzer vom Griechischen ins Lateinische deklariert.

Wer daran Anstoß nahm oder nehmen könnte, daß er seine geistigen Fähigkeiten für eine solche Arbeit bemühte, wird von Marie de France, die diese nicht nur als niedrig, sondern auch als unernst verstandene Gattung („fable de folie") (v. 23)[10] aufzuwerten versucht, über den philosophischen Grundgehalt jeder Fabel belehrt. Wie die Philosophen zur ethischen Unterweisung Sprichwörter aufschrieben, so die Väter im Altertum Fabeln. Deshalb enthalte jede Fabel außer der Belehrung auch etwas Philosophisches.

Äsop als vermeintlicher Übersetzer schreibt getreu im Auftrag und wie einer, der seinen Herrn gut kennt und mit dessen Art vertraut ist. Er selbst ist nur ein bescheidenes Glied in der edlen Kette, die von Marie de France über Graf Wilhelm und König Alfred zurückreicht bis zu Kaiser Romulus, der die Fabeln für seinen Sohn aufschrieb, um ihn durch warnende Beispiele vor Betrug zu schützen. Auf diese Weise werden die griechisch-römischen Fabeln zu einem Fürstenspiegel (der sich allerdings von dem orientalischen grundlegend unterscheidet). Das Motiv für Maries Änderungen ist erkennbar: „Legitimierung des bis dahin nur in der klösterlichen Schulstube von den Anfängern gelesenen Textes für ein neues, sozial hochgestelltes Publikum."[11] Indem Romulus, der Übersetzer und Verfasser des lateinischen Esopus, mit dem gleichnamigen Kaiser identifiziert wird und die Stelle des legendären Sklaven Äsop einnimmt, bildet er durch diese Erhöhung den Be-

---

[10] Gumbrechts Übersetzung von „fable de folie" mit „erfundene Fabel" verdeckt ein wesentliches Kennzeichen dieser Gattung: die Narrheit.

[11] Jauß, a.a.O., S. 29.

ginn einer Tradition, die über den im Epilog erwähnten englischen König Alfred bis zum französischen Grafen Wilhelm, dem Auftraggeber der Marie de France, reicht.

2. Berechiah Ha-Nakdan

Der Romulus Nilantinus bildet auch die wichtigste Quelle für die Mishlé Shu'alim des Rabbi Berechiah Ha-Nakdan[12], die Ende des 12./Anfang des 13. Jahrhunderts erschienen. Berechiah wendet sich mit seiner Sammlung von 119 Fabeln an jüdische Leser und vertritt trotz gemeinsamer Quellen und gelegentlicher textlicher Übereinstimmung eine grundsätzlich andere Intention als Marie de France.

Interessant und aufschlußreich ist bereits ein Vergleich der in der Fabeltradition besonders wichtigen Tiere Löwe, Wolf und Fuchs. Eine Löwenfabel wie „Die Schafe, der Widder und der Löwe" mit dem Epimythion „Der macht sich zum Gespötte, der einen Tyrannen durch Beredsamkeit zu gewinnen gedenkt", oder eine Wolfsfabel wie „Der Wolf und die Tiere", die mit dem Satz „Der Kanzler des Löwen, der Wolf, ward von allen Tieren verklagt, daß kein lebendiges Geschöpf vor seinem Räuberzahn sicher sei", beginnt und mit dem Epimythion „Ein Räuber findet leichtlich Mittel, den kräftigsten Eid zu vereiteln", endet, wird man bei Marie de France vergeblich suchen. Vor allem aber zeigt die zentrale Bedeutung des Fuchses, von Berechiah zur Titelfigur seiner Fabelsammlung erhoben, den Gegensatz zum ESOPE der Marie de France.

Die in einer jüdischen Druckerei in Berlin erschienene Ausgabe von 1756, die 107 hebräische Fabeln – vorwiegend nach Äsop und nur einige neue Erfindungen – enthält, wurde von Moses Mendelssohn als eine „Seltenheit" gepriesen, die sich in ihrer Anmut jeder Übersetzung verweigere.[13] Trotzdem übersetzte er sieben Fabeln, die Lessing seinem 30. Literaturbrief (22. 3. 1759) anfügte.

---

12 Mishlé: Maschal: Gleichnis, Fabel; Shu'alim: Plural von Shu'al: Fuchs, Schakal.

13 Moses Mendelssohn, Gesammelte Schriften. Jubiläumsausgabe, Bd. 4: Rezensionsartikel in Bibliothek der schönen Wissenschaften und freyen Künste (1756-1759), bearbeitet von Eva J. Engel, Stuttgart 1977, S. 185ff. – Zu M. Mendelssohn vgl. auch S. 89f. dieser Untersuchung.

Lessing, der mit seiner Besprechung mehr noch als Mendelssohn zum Bekanntwerden des Berechiah beitrug, nutzte die Gelegenheit zu einem ironischen Hieb gegen Gottsched. In der Vorrede zu seiner Ausgabe des „Reineke Fuchs“ von 1752 hatte Gottsched in Unkenntnis der Texte die Mishlé Shu'alim für eine hebräische Übersetzung des Epos gehalten – ein Irrtum, den er bereits 1757, also zwei Jahre vor Lessings Spott, erkannte und öffentlich berichtigte. „Ich komme auf die Übersetzungen. Und hier muß ich zuförderst eine aus der Zahl derer, die ich muthmaßlich dafür angegeben hatte, wieder ausstreichen. Ich hatte damals nach Angabe des Titels die Parabolas Vulpium des Rabbi Barachias für eine hebräische Übersetzung unseres Gedichtes gehalten. Allein es ist mir nach der Zeit das Buch selbst in die Hände gefallen, so wie es P. Hänel 1661 zu Prag im Jesuiter-Collegio neu herausgegeben.“[14]

Die 1557–59 in Mantua erschienene erste bekannte Druckausgabe der Mishlé Shu'alim wurde von dem Jesuitenpater Melchior Hanel ins Lateinische übersetzt und erschien 1661 unter dem Titel „Parabolae vulpium rabbi Barachiae Nikdani“. Der Titel überraschte Gottsched, da sich nur 16 der 107 Fabeln auf den Fuchs beziehen. Berechiah begründet ihn mit der Klugheit des Fabelfuchses, der in der nach Tieren gegliederten Reihenfolge an erster Stelle steht.

Berechiah ben Natronai, d. i. der Sohn des Natronai, mit dem seine Tätigkeit u. a. als Übersetzer kennzeichnenden Beinamen Nakdan, erweist seine Kenntnis der Bibel und des Talmud durch zahlreiche Wendungen und Anspielungen in den in gereimter Prosa geschriebenen Fabeln.

Haim Schwarzbaum hat nach zahlreichen Einzeluntersuchungen 1979 eine grundlegende Studie über dieses Fabelbuch vorgelegt, die auch der Diskussion über den Ursprung der Fabel neue Impulse geben wird.[15]

---

[14] Das Neueste aus der anmuthigen Gelehrsamkeit, Leipzig 1757, S. 41.

[15] Haim Schwarzbaum, The Mishlé Shu'alim of Rabbi Berechiah Ha-Nakdan. A Study in Comparative Folklore and Fable Lore, Kiron (Near Tel Aviv) 1979.

3. Ulrich Boner

Die Fabelsammlung *Der Edelstein* des Dominikanermönchs Ulrich *Boner*, der in der ersten Hälfte des 14. Jahrhunderts lebte (urkundliche Belege von 1324 bis 1349), entstand zwischen 1340 und 1350 und wurde 1461 bei Albrecht Pfister in Bamberg gedruckt[16] – als erstes deutsches Fabelbuch, eins der ersten Druckwerke in deutscher Sprache überhaupt und das erste mit Illustrationen versehene gedruckte Buch. Auf die für diesen Druck ebenso wie für die Geschichte der Fabel wichtigen Holzschnitte werden wir in anderem Zusammenhang ausführlich eingehen.

Daß bereits kurz später (um 1463/64; ebenfalls bei A. Pfister in Bamberg) ein Zweitdruck erschien[17], beweist – ebenso wie die zahlreichen (mindestens 12) Handschriften – die Beliebtheit dieses Werkes.

Der berühmte Literarhistoriker des 19. Jahrhunderts Georg Gottfried Gervinus hat Ulrich Boner in seiner „Geschichte der deutschen Dichtung" im Kapitel „Verfall der ritterlichen Dichtung und Übergang zur Volkspoesie" ausführlich gewürdigt und den *Edelstein* als „die einzige erfreuliche Erscheinung in dieser ganzen Zeit"[18] bezeichnet. „Es herrscht in der Lehre, die dem Bonerius in der Fabel die Hauptsache ist, eine Sicherheit, eine Bestimmtheit, Klarheit und einleuchtende Überzeugung, daß nichts aus diesen Zeiten damit verglichen werden kann; und diese Helle der Einsicht leuchtet aus jeder Zeile, aus Sprache und Vortrag so schön heraus, daß man bei Vergleichung dieser Einfachheit mit der trüben gelehrten Weisheit der Spruchdichter nichts Besseres sagen kann, als was der wackere Fabulist selbst davon empfindet."[19]

Aber Boners „Edelstein", erst mehr als ein Jahrhundert nach seinem Entstehen gedruckt, war bereits beim Erscheinen nicht mehr zeitgemäß, entsprach nicht mehr dem literarischen Zeitgeschmack der zweiten Hälfte des 15. Jahrhunderts. Das Werk wurde durch

---

16 Ulrich Boner, Der Edelstein. Faksimile der ersten Druckausgabe Bamberg 1461. Einleitung von Doris Fouquet, 2 Bde., Stuttgart 1972.

17 Ulrich Boner, Der Edelstein. Faksimile der undatierten Ausgabe (um 1463/64). Vorwort von Paul Kristeller, Berlin 1908.

18 G.G. Gervinus, Geschichte der deutschen Dichtung, 2. Bd., 5. Aufl., Leipzig 1871, S. 316.

19 Ebd.

die folgenden Fabelbücher – insbesondere den „Ulmer Äsop" von Heinrich Steinhöwel – verdrängt und geriet mehr als zwei Jahrhunderte in Vergessenheit. Erst im Jahrhundert der Aufklärung wurde es neu entdeckt und gewürdigt – u.v.a. von Gottsched, Bodmer und Breitinger und vor allem von Lessing. Er befaßte sich auch quellenkritisch mit dem Werk und korrigierte den Irrtum Gottscheds, der den Minnesänger Johann von Rinkenberg, dem das Buch gewidmet ist, für den Autor hielt.

Die Sammlung enthält 100 Fabeln, die Boner aus dem Lateinischen (u.a. von Avianus) übernommen hat. Aus dem Mittelhochdeutschen hört man die Mundart des aus einem Berner Patriziergeschlecht stammenden Autors. Die wichtigste Quelle, der Boner mehr als die Hälfte seiner Fabelstoffe entnahm, ist eine im Mittelalter weit verbreitete, anonym erschienene Sammlung lateinischer Fabeln, die J. Nevelet 1610 unter dem Titel „Mythologia Aesopica" herausgab und die seitdem als „Anonymus Neveleti" bezeichnet wird.

Boners Versfabeln (vierhebiger Jambus, paariger Reim) sind 40 bis 100, meist 50 bis 60 Zeilen lang. Die Lehre steht am Ende der Fabel. Sie wird ausführlich vorgetragen (10–15 Zeilen) und mit Redensarten und bildlichen Ausdrücken geschmückt. Unter dem Titel der Fabel gibt Boner jeweils das Thema mit einem Stichwort an. So steht z. B. „Von ungerechter Gewalt" unter der Überschrift „Von einem Wolf und einem Schafe".

Die Thematik ist so vielgestaltig wie das Leben selbst. Der Mensch soll mit dem zufrieden sein, was ihm die Natur gegeben hat, weder mit Neid und Habgier, noch mit Stolz und überheblichkeit auf die Mitmenschen sehen. Boner zeigt in seinen Fabeln die menschliche Torheit und Ungerechtigkeit, Undankbarkeit und Untreue; er preist Freiheit und Freundschaft und gibt wiederholt die Lehre, daß man dem guten Rat folgen und sich vor dem schlechten hüten soll. Von den vielen Lehren, die selten, d. h. meist nur in einer Fabel erscheinen, seien einige beispielhaft genannt: Wer erzieht und bestraft, muß selbst Vorbild sein; man soll Härte nicht mit Härte beantworten; man kann nicht zwei Herren dienen; ein erzwungener Eid ist nichts wert; nicht auf die Tat allein, sondern auf die Absicht kommt es an; usw. Ulrich Boner wendet sich ausdrücklich nur an den, der ihn hören will. Das zeigen die häufigen Wendungen „Wer das Gute tun will…“ oder „Wer meinen Rat hören will…“ usw. Er möchte mit seinen Fabeln beraten. Boner ist frei von der Schärfe des Kritikers und frei von dem moralisierenden Ton. Nüchtern und klar sieht er die menschlichen Schwächen. Mit Geduld belehrt er; mit Liebe warnt er und zeigt die schlimmen Folgen der bösen Tat.

Der „Edelstein“ enthält sehr viel mehr als nur die „bîschaft manger kluogkeit“, wie Boner im Prolog bescheiden notiert, aber die Lebensklugheit ist ein wesentlicher Bestandteil seines weltlich-geistlichen Verständnisses von *Weisheit*.

> „dar umb list man ein bîschaft guot,
> daz wîser werd des menschen muot.“ (Epilog)

Der Predigermönch beginnt und beendet seine Sammlung mit einem Gebet und stellt im Prolog und Epilog grundsätzliche Überlegungen über die Fabel (bîschaft) an:

> „Ez sprechent ouch die meister wol:
> ‚mê denne wort ein bîschaft tout!‘
> die sterket manges menschen muot
> an tugenden und an saelekeit.
> guot bîschaft treit der êren kleit,
> guot bîschaft kestigt wilden man,
> guot bîschaft vrouwen zemen kan,
> guot bîschaft zieret jung und alt,
> recht als daz grüene loup den walt.“

Dieser knappen „Fabeltheorie“ geht im Prolog ein dreimal so langes Gebet voraus, in dem Boner die Allmacht Gottes preist und darum bittet, daß der Mensch Gott in seiner Schöpfung erkenne und nach dem Willen des Schöpfers lebe. Die Schöpfung Gottes ist Spiegelbild und Lehrmeister, den Weg der Tugend und Ehre und Gottesliebe zu wählen.

„Edelstein“ nennt Boner sein Buch, weil es – so liest man im Prolog – die „bîschaft“ von mancher Weisheit in sich trägt und das Gute hervorbringt wie der Dorn die Rose. Wer jedoch den Stein nicht erkennt und dessen Kraft, wer die „bîschaft“ nur äußerlich versteht und nicht innerlich erfaßt, hat geringen Nutzen.

Den Titel der Sammlung, wie ihn Boner im Prolog versteht, veranschaulichen die ersten beiden Fabeln, die berühmte von Hahn und Perle (Edelstein bei Boner) mit dem Untertitel „Von Unerkanntnisse“ und die Fabel vom Affen und der Nuß, die – entsprechend dem Gestaltungsprinzip Boners, jeweils in zwei Fabeln dasselbe Problem zu behandeln – ebenfalls den Mangel an rechter Einsicht zeigt. Ein Affe, der gehört hatte, daß Nußkerne gut schmecken, fühlt sich getäuscht, als er in die harte und bittere Schale beißt, und wirft die Nuß weg. Das ausführliche fabula docet mündet in Boners christlicher Überzeugung, daß der Weg zum ewigen Leben durch viel Leid führt. Boner hat alle Fabeln mit einem Untertitel versehen, die den vom Autor gewünschten Transfer andeuten. Bei dieser Fabel lautet er (in der auch heute noch gültigen Ausgabe von F. Pfeiffer von 1844) „von trâkheit und lîdene“, zielt also allgemein auf Trägheit (im Erkennen) und (Abfinden mit dem) Leid. In einer anderen Handschrift liest man statt dessen: „Vom geistlichen Leben“.

Boner schreibt bewußt schlicht („ungezieret sind mîn wort“), ohne sprachlichen und auch ohne den geistigen Zierat der „verschrobenen Gnomologen„ (Gervinus) seiner Zeit („ez predigt manger hohen rât/der doch sich selben nicht verstât“).

Er rühmt sich im Prolog und wörtlich wiederholend im Epilog seiner „einvalt an allen orten“.

Hinter dieser äußerlichen Schlichtheit verberge sich jedoch ein Schatz von großer Weisheit. Boner verwendet die traditionellen Topoi: die dünne Schale, die einen dicken Kern von großer Süßigkeit enthält; der kleine Garten, der reiche Früchte hervorbringt, durch die man gestärkt und getröstet (in dem umfassenden Sinn von mittelhochdeutsch „troesten“ = trösten, ermutigen und erheitern!) werde. Wer diese Fabeln lese oder höre, könne frei von Unglück und Leid werden, da er den inneren Seelenfrieden gewinne.

4. Übersetzungen

„Dis ist das buch der byspel der alten wysen von geschlechten der welt“[20], schreibt der Übersetzer Anton von Pforr, d. h. es ist das

---

[20] Wilhelm Ludwig Holland (Hg.), Das Buch der Beispiele der alten Weisen, Stuttgart 1860, S. 8.

Buch der Beispiele der alten heidnischen – im Gegensatz zu den jüdischen – Weisen. Danach hat der Herausgeber K. W. Holland den Titel des Werkes gewählt, der in den Handschriften und ältesten Drucken fehlt. Den Auftrag zur Übersetzung der orientalischen Fabeln ins Deutsche erhielt Anton von Pforr von „Eberhard im Barte", d. i. Graf Eberhard von Württemberg, der so genannt wurde, weil er von der Pilgerfahrt zum heiligen Grab 1468, wo er zum Ritter geschlagen wurde, bärtig zurückkam. Eberhard von Württemberg ließ außer den Werken der Kirchenväter (Augustin) und antiken Klassikern auch die Sprüche Salomonis mehrfach übersetzen. An seinem Grab soll Kaiser Maximilian gesagt haben: „Hier liegt ein Fürst, welchem ich im ganzen Römischen Reich an Verstand und Tugend keinen zu vergleichen weiß."

Das „Buch der Beispiele der alten Weisen" (BdB) enthält 17 Kapitel und ist eine mittelbare Übersetzung der arabischen Fabelsammlung „Calila und Dimna". Auch hier erzählen anfangs diese beiden Fabeltiere gleichnishafte Geschichten; aus Dabschelim wurde der König Dibles, aus dem Philosophen Bidpai der Weise Sendebar.

Anton von Pforr hat seiner Übersetzung der orientalischen Fabeln eine Vorrede vorausgeschickt, in der es heißt[21]:

> „diß buch ist liblicher wort vnd kostlicher rede, da durch die alten haben wollen ir weyßheit außgissenn, damit sie ire weyßheit durch die wort der vornufft ertzeigten, vnd habenn diß buch gesetzt auff gleichnis zu reden der thyer vnd der vogel vnd das gethan vmb drey vrsach: Des ersten, das sie sache funden ires außsprechens, zu dem andern, zu kurtzweyl der lesenden vnd der figuren, dan dar ynne list der vornufftige vnd findet die weysheit, vnd dem slechten einfeltigen liebet dar ynne die kurtzweil der figuren, zum dritten, wan die lernenden seind geneygt zu lesenn die beyspile vnd sein yn liplich zu lernen vnd behaltlich durch anzeygung der thire vnd vogel. Vnd ob sie die yn irer iugent nicht zu endtlicher vorstantniß nemen mogen, so ist doch, wan sie yn vornufft erwachssen, das ynn die weysen ding betrechtlich seind. So werden sie dan bedechtlich, was sie yn disem buch durch die beyspile der thier vnd vogel gelesen habenn, vnd magk ynn das zu hoher vernufft vnd furbetrachtung, zu gutem hut, eren vnd gutzs fruchtbarliche dynen, dan ein vornufftiger mag mancherley meynung mit der welt vbung des argen vnd guten hir ynne finden. Wer dieß buch betrechtlich vnd mit merckung des synnes der figuren vnd der vrsache erkennet, da durch er sich pillich vor dem argen bewaren vnd das gute vben magk."

---

[21] Friedmar Geißler (Hg.), Anton von Pforr, Das Buch der Beispiele der alten Weisen, 2 Teile, Berlin 1964/1974, 1. Teil (1964), S. 1.

Die drei Gründe für das Reden in Gleichnissen, die Anton von Pforr hier angibt, sind auch in der gewählten Reihenfolge bezeichnend. Man schreibt Fabeln, weil man einen Stoff für die Gestaltung braucht, weil man unterhalten und weil man belehren will.

Um die „zwu vorstandniß“[22], ein offenbares und ein verborgenes, zu veranschaulichen, wählt Pforr ebenso wie Boner das Bild von der Nuß, die man aufbrechen muß, um den verborgenen Kern zu finden. Durch das folgende Bild von der Frucht wird der Tatcharakter der Fabel betont.

„Dan es sprechen die weysen, das die weißheit nicht dan durch die wercke der weyßheit fruchtbar werden. Dan die weißheit ist gleich einem bawme, des fruchtvbung der wercke heyssen.“[23]

Dabei ist es eine Frage der Vernunft, ob man gut oder böse handelt; denn wer das Gute, das er erkannt hat, nicht tut, sich statt dessen von seiner Lust und Begierde beherrschen läßt, ist ein Tor und zugleich ein blinder Blindenführer. „Dan der weyse soll geflissen sein, gute wercke zu thun und andere das auch zu leren.“[24]

1476, also bereits vier Jahre vor dem „Buch der Beispiele“, erschien die Übersetzung der griechisch-römischen Fabeln des Ulmer Arztes Heinrich *Steinhöwel.*

„Mit dieser Ausgabe beginnt der hundertjährige Siegeslauf der humanistisch schwankfreudigen und vernunftgläubigen Fabel durch die europäischen Sprachlandschaften; ihr Triumph überlebt sogar noch den Humanismus, wird durch die geistigen Verheerungen im Zeitalter der Glaubensspaltung kaum beeinträchtigt, fällt der vordringenden Gegenreformation keineswegs zum Opfer: im Jahr 1593 übersetzen Jesuiten Äsop ins Japanische, ziehen ihn also für ihre Missionsaufgaben neben der Bibel hinzu.“[25]

Das zweisprachige und mit Holzschnitten illustrierte Werk wurde bei Johannes Zainer in Ulm verlegt. Es erregte mehr noch als das „Buch der Beispiele“ über Deutschlands Grenzen hinaus Aufsehen und wurde immer wieder nachgedruckt und übersetzt.

---

[22] Ebd., S. 2
[23] Ebd., S. 2.
[24] Ebd., S. 3.
[25] Arno Schirokauer, Die Stellung Äsops in der Literatur des Mittelalters. In: Festschrift für Wolfgang Stammler, Berlin 1953, S. 189.

Der erste der vielen Nachdrucke erschien bereits ein Jahr später bei Günther Zainer in Augsburg. Wenige Jahre später folgten die ersten der zahlreichen Übersetzungen – ins Französische (1484), Englische (1484), Holländische (1485), Spanische (1487) usw.

Steinhöwels Zusammenstellung und Übersetzung wurde zur Grundlage der folgenden Fabelsammlungen. Den größten Teil der zweisprachigen Ausgabe[26] bilden 4 Bücher mit je 20 Fabeln aus dem Romulus; es folgen 61 Fabeln aus verschiedenen anderen Sammlungen und schließlich ein Anhang mit 15 Schwänken von Petrus Alphonsus und 7 Fazetien des Poggio. Diese „schimpfreden" zeigen verschiedene Möglichkeiten der verheirateten Frau, mit ihrem Geliebten der Göttin Venus zu dienen. Steinhöwel ist zwar noch frei von den pädagogisierenden Überlegungen der Fabelbearbeiter, die in Deutschland bereits mit der Reformationszeit beginnen, trotzdem hat er als Kompilator bereits Skrupel und fügt dem derben Schwank „De iuvencula impotentiam mariti accusante", den er volkstümlich übersetzt mit „Ain frow verklaget ieren man, er hette kainen" eine „Entschuldigung schrybens lychfertiger schimpfred"[27] an, in der er auf die vielen anderen Texte des Poggio verweist, die er mit Rücksicht auf die weiblichen Leser weggelassen habe.

Als anstößig kritisiert wurden aber nicht nur die Fazetien des Poggio, auf die Steinhöwel angesichts der Gesamtkonzeption seines Werkes hätte verzichten können, sondern auch die in die Vita Esopi eingefügten Fabeln. Auf die legendäre Lebensgeschichte des phrygischen Sklaven, die Steinhöwel – wegweisend für künftige Fabelbearbeitungen – an den Anfang seines Werkes stellt, werden wir später noch ausführlich eingehen. Steinhöwel übersetzt nach seinem eigenen Urteil schlicht, verständlich und frei – „nit wort uß wort, sunder sin uß sin"[28]. Die gewünschte Rezeption drückt er metaphorisch aus. Der Leser seines Buches soll wie die Biene weniger auf die Farbe der Blumen achten als auf die Süßigkeit des Honigs, den man aus ihr saugen kann, d. h. auf „die guoten lere, dar inn begriffen, zuo guoten sitten und tugend ze lernen"[29]. Denn wer in diesem Buch nur „märlin" lesen wolle, gleiche dem Hahn der ersten Fabel.

---

[26] Steinhöwels Äsop, hg. v. Hermann Österley, Tübingen 1873.
[27] Ebd., S. 342.
[28] Ebd., S. 4.
[29] Ebd., S. 4.

Der Humanist Steinhöwel definiert die Fabel als eine erfundene Geschichte, damit der Mensch durch das Wort der unvernünftigen Tiere Sitten und Tugend lerne und die menschliche Würde erkenne.

„also sint die fabeln Esopi uf die sitten der menschen geordnet. Und wir finden des glychen in dem buoch der richter, do di boum ains künigs begerten, und redten mit dem ölboum, figenboum, winreben und brunberstuden, das beschicht ye alles, die sitten der menschen ze betütten, daz man durch erdichte ding zuo der warhait, der man begerend ist, komen müge."[30]

Literaturauswahl

(1) Die Fabeln der Marie de France, hg. v. Karl Warnke, Halle 1898
Marie de France, Äsop, hg. v. Hans Ulrich Gumbrecht, München 1973

(2) Mishlé Shu'alim, ed. A. M. Habermann, Jerusalem/Tel Aviv 1946
Haim Schwarzbaum, The Mishlé Shu'alim (Fox Fables) of Rabbi Berechiah Ha-Nakdan, Kiron (Near Tel Aviv) 1799

(3) Ulrich Boner, Der Edelstein, Faksimile der ersten Druckausgabe Bamberg 1461. Einleitung von Doris Fouquet, 2 Bde., Stuttgart 1972
Boners Edelstein in hundert Fabeln, hg. v. Johann Joachim Eschenburg, Berlin 1910
Der Edelstein von Bonerius, hg. v. Georg Friedrich Benecke, Berlin 1816
Der Edelstein von Ulrich Boner, hg. v. Franz Pfeiffer, Leipzig 1844

(4) Das Buch der Beispiele der alten Weisen, hg. v. Wilhelm Ludwig Holland, Stuttgart 1860
Anton von Pforr, Das Buch der Beispiele der alten Weisen, hg. v. Friedmar Geißler, 2 Teile, Berlin 1964/1974
Steinhöwels Äsop, hg. v. Hermann Österley, Tübingen 1873
Paul Sparmberg, Zur Geschichte der Fabel in der mittelhochdeutschen Spruchdichtung, Diss. Marburg i. H. 1918
Arno Schirokauer, Die Stellung Äsops in der Literatur des Mittelalters. In: Festschrift für Wolfgang Stammler, Berlin 1953, S. 179-191
Hans Robert Jauß, Untersuchungen zur mittelalterlichen Tierdichtung, Tübingen 1959
J. G. T. Grässe, Die beiden ältesten lateinischen Fabelbücher des Mittelalters, Tübingen 1880. Nachdruck Hildesheim 1965
Helmut de Boor, Über Fabel und Bîspel, München 1966
Klaus Grubmüller, Meister Esopus. Untersuchungen zur Geschichte und Funktion der Fabel im Mittelalter, München 1977

---

[30] Ebd., S. 6.

IV. Reformation

1. Martin Luther

Vorlage für Luthers Fabelbuch, dessen Bedeutung zuerst Ernst Thiele erkannt hat[1], war nicht eine der griechischen oder lateinischen Sammlungen seiner Zeit, sondern die deutsche Übersetzung von Heinrich Steinhöwel. Das Werk Steinhöwels wurde von Martin Luther, der es für eine Gemeinschaftsarbeit hielt und den Verfasser nicht kannte, als grundlegend gepriesen und zugleich seiner vermeintlichen Unzüchtigkeiten und zotigen Texte wegen scharf kritisiert. Ausrotten möchte Luther diesen „Deudschen Esopum" mit Texten, die von Säuen geschrieben und für das Wirtshaus und Frauenhaus geeignet seien.
Die Empfindlichkeit Luthers gegenüber der Derbheit der ursprünglichen Fabel, wie sie Steinhöwel überliefert hat, ist erstaunlich für den, der Luthers Schriften und Tischreden in ihrer bisweilen sehr derben und bildlich-drastischen Sprache kennt, zumal der Humanist Steinhöwel betont, daß er auch im Anhang, bei den Texten von Alfonsus und Poggio, auf die sich vermutlich Luthers emotionale Kritik richtet, ausgewählt habe. Sicher denkt Luther bei seiner Kritik aber auch an einige Passagen der Vita Esopi, die Steinhöwel seinem Werk vorangestellt hat. Denn er will seinen eigenen, den gereinigten Esopus, den er allen „frommen Hertzen" an Stelle des „Deudschen schändlichen Esopum" Steinhöwels empfiehlt, durch eine Vita Esopi ergänzen. „Denn wir vleis gethan haben eitel feine, reine, nützliche Fabeln in ein Buch zubringen dazu die Legend Esopi" (WA 50,454)[2] – ein Plan, der hier als bereits realisiert erscheint, aber ebenfalls nicht verwirklicht wurde.

Drei Hütten will Luther auf seinem Sinai, der Koburg, bauen: eine für den Psalter, eine für die Propheten und eine für die Fabeln Äsops. Noch am Tag der Ankunft (24.4.1530) schreibt er an Philipp Melanchthon: „Pervenimus tandem in nostrum Sinai, charis-

---

[1] Luthers Fabeln nach seiner Handschrift und den Drucken neubearbeitet von Ernst Thiele (1888), 2. Aufl., Halle (Saale) 1911.

[2] Ich zitiere nach der Weimarer Lutherausgabe (WA; Tischreden: WA TR; Briefe: WA Br).

sime Philippe, sed faciemus Sion ex ista Sinai, aedificabimusque ibi tria tabernacula, Psalterio unum, Prophetis unum, et Aesopo unum. Sed hoc temporale.“ [3]

Daß bei diesem immensen Arbeitsprogramm, das er sich trotz des schlechten Gesundheitszustandes und der psychischen Belastung durch die unfreiwillige Muße zu einer Zeit der politischen und religiösen Kämpfe auferlegt hatte und in dem außer der Prophetenübersetzung auch eine Auslegung des gesamten Psalters vorgesehen war, die dem Äsop erbaute Hütte fragmentarisch blieb, ist verständlich, zumal Luther bereits hier eine deutliche Abgrenzung vornimmt. Im Gegensatz zu den geplanten Bibelkommentaren hat die Bearbeitung des Äsop nur zeitlichen Wert („sed hoc temporale“).

Trotzdem war Luthers Arbeit am Äsop keineswegs eine Freizeitbeschäftigung zur Entspannung von den religiösen und politischen Kämpfen seiner Zeit, wie es Mathesius seiner Gemeinde darstellt. [4]

Luther hatte – wie die Handschriften und ihre Überarbeitungen zeigen – erhebliche Mühe beim Formulieren, geriet bereits bei der ersten Fabel in einen theologischen Konflikt und versuchte bis zur sechsten Fabel eine ethische Systematik, die er schließlich aufgeben mußte.

Luther will, wie er am 8. 5. 1530 von der Koburg aus an Wenzeslaus Link schreibt, die Fabeln Äsops für Kinder und einfache Menschen in eine verständliche und anschauliche Sprache bringen. „Aesopi quoque fabulas pro puerili et rudi vulgo proposui adornare, ut utilitatem aliquam Germanis afferant.“ (WA Br 5,309)

Diese und ähnliche Äußerungen Luthers zielen jedoch nicht auf einen beschränkten Adressatenkreis. Luther nennt als Rezipienten

---

[3] WA Br 5,285; vgl. auch den Brief an Melanchthon vom 12.5.1530 (WA Br 5,316 f.).

[4] „Denn als unser Doctor nun vil jar / wie jr gehört / wider die Münch und Schwermer heftig gestritten / und sich mit predigen und dolmetschung inn der heyligen Bibel abgearbeyt / und sehr ein schwaches heuptlein bekam / wie er auß Coburg schreibet / da er sich diser arbeyt unterfienge / will er sich auch / wie grosse leut pflegen / ein wenig erquicken und erlustern (.....) und machet 16 schöner Fabel / (.....) de casibus mundi, wie es inn der Welt / inn Regimenten und Haußwesen / auff erden pfleget zuzugehen.“ (Luthers Leben in Predigten, a.a.O., S. 138 f.)

nicht nur die Jugend und das Gesinde, sondern auch die Fürsten und hohen Herren.

In seinen Spekulationen über den vermeintlichen Ahnherrn der Gattung bezweifelt Luther, daß Äsop eine historische Gestalt ist, hält ihn vielmehr für eine Erfindung, um für die von zahlreichen Gelehrten (wie Hesiod u. a.) nach und nach geschriebenen und dann gesammelten Fabeln bei den Kindern und Jugendlichen eine noch bessere Wirkung zu erreichen. Zugleich aber weiß er, daß die Fabel außerhalb des pädagogischen Schonraums, wo sie mit Lust und Liebe zu Kunst und Weisheit führt, politische Brisanz besitzt. Hier ist Äsop nicht mehr „Larve" und „Fastnachtsputz", sondern der reale oder fiktive Verkünder der Wahrheit, der trotz des Schutzes, den ihm die Fabel als eingekleideter Wahrheit bieten sollte, vom Felsen gestürzt wurde.

Die Narrenkappe hat in Luthers Fabeltheorie eine politische und eine pädagogische Spitze, zielt einerseits auf die Obrigkeit, andererseits auf die Erziehung der Kinder zu Kunst und Weisheit. Es ist bekannt, daß Martin Luther seinem Sohn Hans deutsche Fabeln gab, die er ins Lateinische übersetzen mußte, beispielsweise die Fabel von dem Krebs und der Schlange.[5] Aber die Jugend sollte durch Fabeln nicht nur die Kunst des Übersetzens (und die lateinische Sprache) lernen, sondern vor allem Lebensweisheit. Deshalb sieht Luther seine Aufgabe darin, Steinhöwels Esopus zu reinigen („läutern und fegen") und selbst einen Esopus vorzulegen, der „feine, reine, nützliche Fabeln" enthält, die man „ohne Sünde" lachend annehmen kann (WA 50, 454 f.). Das gilt nicht nur für die Jugend, sondern ebenso für das Gesinde. Denn Luther hofft, daß auch der Hausvater bei Tisch mit Frau und Kind, Knecht und Magd solche Fabeln erzählt und bespricht, und er gibt am Ende seiner Vorrede zwei Beispiele für diese Art der Rezeption.

Luthers Fabeln erschienen erstmalig 1557 im fünften Band der *Jenaer Lutherausgabe*[6] unter dem Titel

---

[5] Vgl. Mathesius, Luthers Leben in Predigten, a.a.O., S. 142 und 148 f.; vgl. dazu auch Ernst Thiele, a.a.O. (1911), S. X – XII.

[6] Der Fünffte Teil aller Bücher und Schrifften des thewren seligen Mans Doct. Mart. Lutheri / vom XXX. jar an / bis auffs XXXIII. Gedruckt zu Jhena / durch Christian Rödingers Erben. M.D.LVII [Geheimes Staatsarchiv Berlin], S. 285 b – 287 (Vorrede) und S. 287 b – 290 (Fabeln).

„Etliche Fabeln aus Esopo / von D.M.L. verdeudscht / sampt einer schönen Vorrede / von rechtem Nutz und Brauch desselben Buchs / jederman wes Standes er auch ist / lustig und dienlich zu lesen. Anno M.D. XXX."

und ein Jahr später, ebenfalls gemeinsam mit der Vorrede, im neunten Band der *Wittenberger Lutherausgabe*[7], für den Philipp Melanchthon im Auftrag des Herausgebers Georg Rörer ein Vorwort, vom 16. August 1557 datiert, schrieb.

Luthers Bearbeitung beschränkt sich auf das erste Buch Steinhöwels, das zwanzig Fabeln enthält, und endet mit der sechzehnten. Diese Tatsache verleitete bereits Mathesius zu der irrigen Ansicht, Luther habe sechzehn Fabeln neu übersetzt. Es fehlen jedoch *Mann und Schlange, Adler und Fuchs, Adler, Schnecke und Krähe*. Außer diesen drei Lücken zeigen auch die Überschriften den fragmentarischen Charakter von Luthers Äsop. Entsprechend der Vorlage wählt er weitgehend die Namen der Akteure. Das von „Armut" bis „Zeit" reichende Stich- und Sprichwortregister Steinhöwels wird von Luther zu einem Lasterkatalog verengt. Diese Systematik der Überschriften (Torheit / Haß / Untreue / Neid / Geiz / Frevel / Gewalt) endet mit der sechsten Fabel.

Steinhöwel	*Luther*
1. Hahn und Perle	1. Hahn und Perle (Torheit)
2. Wolf und Lamm	2. Wolf und Lamm (Haß)
3. Maus, Frosch und Weiher	3. Frosch und Maus (Untreue)
4. Hund und Schaf	4. Hund und Schaf (Neid)
5. Hund und Fleisch	5. Hund und Fleisch (Geiz)
6. Löwe, Rind, Geiß und Schaf	6. Löwe, Rind, Ziege und Schaf (Frevel, Gewalt)
	7. Löwe, Fuchs und Esel
7. Dieb und Sonne	8. Dieb
8. Wolf und Kranich	9. Wolf und Kranich
9. Zwei Hunde	10. Hund und Hündin
10. Mann und Schlange	11. – fehlt –
11. Esel und Wildschwein	12. Esel und Löwe
12. Zwei Mäuse	13. Stadtmaus und Feldmaus

[7] Der Neundte Teil der Bücher des Ehrwirdigen Herrn D. Martini Lutheri, Wittenberg 1558 [Universitätsbibliothek Heidelberg], S. 454b-456 (Vorrede) und S. 456-458.

13. Adler und Fuchs	14. – fehlt –
14. Adler, Schnecke und Krähe	15. – fehlt –
15. Fuchs und Rabe	16. Rabe und Fuchs
16. Löwe, Eber, Stier und Esel	
17. Esel und Hund	
18. Löwe und Maus	
19. Zwei Weiher	
20. Schwalbe und andere Vögel	

Die Fabel „Vom Han und perlen", mit der Luthers Sammlung „Etliche Fabeln aus Äsop" beginnt, ist mit „Torheit" überschrieben. Das als „Lere" abgetrennte Epimythion lautet: „Diese Fabel leret, das dis Büchlin bey Bawren und groben Leuten unwerd ist, wie denn alle Kunst und Weisheit bey den selbigen veracht ist, Wie man spricht, Kunst gehet nach Brod. Sie warnet aber, das man die Lere nicht verachten sol." (WA 50,455) Im Lauf der Jahrtausende wurde diese Fabel mit sehr unterschiedlichen Epimythien versehen, weitgehend aber am Anfang der jeweiligen Sammlung stehend als Fabel von der Fabel[8] verstanden. „Hec Esopus illis narrat, qui ipsum legunt et non intelligunt." Dieses knappe Epimythion übersetzt Steinhöwel, indem er den Übergang von Äsop als Erzähler zur äsopischen Fabel als Gattung verdeutlicht und zugleich im Sinne seiner eigenen Fabeltheorie verbildlicht. „Dise fabel sagt Esopus denen, die in lesent und nit verstant, die nit erkennen die kraft des edeln bernlins, und das honig uß den bluomen nit sugent künent; wann den selben ist er nit nüczlich ze lesen."[9]

Der von Steinhöwel nicht näher bestimmte Nutzen der Fabel („nüczlich") wird in Luthers Epimythion entsprechend der Intention für seine Fabelbearbeitung auf „Kunst und Weisheit" verengt und diese Verengung durch das folgende Sprichwort nochmals hervorgehoben. Der Bauer steht synonym für „grobe Leute" und ist nicht standesspezifisch zu verstehen. Luther „verdeutscht" den Äsop, wie es im Titel steht, „für jederman wes Standes er auch ist".

Ursprünglich hatte Luther für diese programmatische Fabel zwei Epimythien vorgesehen, um sie gleichzeitig in zwei Reichen anzu-

---

[8] Vgl. Klaus Speckenbach, Die Fabel von der Fabel. Zur Überlieferungsgeschichte der Fabel von Hahn und Perle. In: Frühmittelalterliche Studien, Berlin 1978, S. 178-229.

[9] Steinhöwels Äsop, hg. v. Herman Österley, Tübingen 1873, S. 80.

siedeln. Im ersten bezog er sie auf die Juden, die Jesus als Messias ablehnten und kreuzigten. „Malum. Malum dicit omnis emptor, Wer (Christum) nicht hat der begerd sein sicut gentes Wer yhn hat der creutzigt yhn und wil yhn nicht wie die Juden Sic omnis ars praesens, absens habet“ (WA 50,440).

Es war erheblich mehr als nur „Takt- und Stilgefühl“[10], was Luther veranlaßte, dieses Epimythion wieder zu streichen. Seine spontane Arbeitsweise und das Engagement für die äsopische Fabel hatte ihn vorübergehend zu einer Vermischung der Reiche verleitet, wie wir sie später in anderer Weise bei Chytraeus finden werden, der eine christliche Ethik mit weltlichen Fabeln zu schreiben versucht.

Luther rückt zwar den ESOPUS in erstaunliche Nähe zur Bibel, begrenzt seine Wirkung aber in der Auslegung des 101. Psalms ebenso wie bereits am Anfang der Vorrede zu seinem Fabelbuch auf das weltliche Reich. Ein sehr berühmtes Buch sei der ESOPUS gewesen, „sonderlich unter den Heiden“, und sei es auch noch heute, wenn es gilt, „die Wahrheit zu sagen, von eusserlichem Leben in der Welt zu reden“ (WA 50,452).

In seiner fragmentarischen Äsopbearbeitung hat Luther Steinhöwels Übersetzung nicht, wie er laut Vorrede wollte, „gereinigt“, dafür bestand bei diesen dreizehn Texten keine Veranlassung, wohl aber veranschaulicht und mit bisweilen recht derb-drastischen Begriffen und Bildern versehen. Luthers bekannte Vorliebe für Sprichwörter, die er jedoch nur gesammelt und ebenso wie die zahlreichen Fabelzitate übernommen hat[11], spiegeln auch diese Fabelbearbeitungen, insbesondere die Epimythien.

Daß Luther die Fabeln jedoch nicht nur verbildlicht und durch sprichwörtliche Wendungen veranschaulicht, sondern zugleich auch in ihrer kritischen Weltsicht verschärft, belegen vor allem die Fabeln von *Wolf und Lamm, Frosch und Maus, Kranich und Wolf* im Vergleich mit der Vorlage. Sie lehren nach Luthers Meinung, daß in dieser Welt Gewalt über das Recht siegt, Falschheit und

---

[10] Denkmäler der Älteren deutschen Litteratur III.3: Martin Luther, hg. v. Richard Neubauer, 2. Teil, 1891, S. 93.

[11] Vgl. Reinhard Dithmar (Hg.), Martin Luthers Fabeln und Sprichwörter, Frankfurt/M. 1988

Treulosigkleit regiert und Undank der Lohn ist. Steinhöwels Sicht war differenzierter: Ungerechte Ankläger gibt es überall; Treulosigkeit wird bestraft; den Bösen einen Dienst erweisen, kann gefährlich sein.

Obwohl Luther die auf der Koburg begonnene Fabelbearbeitung, die ihm im Interesse der Jugend so wichtig zu sein schien, nie mehr fortsetzte, hat er die Gattung zeitlebens geschätzt. So liest er beispielsweise am 6.11.1538 die Vorrede bei Tisch vor und preist den Esopus wie damals:

> „Wer wol reden kann, der ist ein Mann. Reden kömmt von rathen, a consilio; sonst heißt es gewaschen, und nicht geredt. Also redt Aesopus, wäscht nicht; legt ein Ding und die Wahrheit für unter einer andern Gestalt, als Fabeln, wie ein Narr. Noch muß er drüber verfolget werden." (WA TR 4,126)

Ende 1536 erzählt er in einer Tischrede (WA TR 3,353-355) mehrere Fabeln – in Anlehnung an Steinhöwel, aber über seine eigene Steinhöwel-Bearbeitung von 1530 hinausgehend – und entwirft in seiner „Aesopi commendatio" einen Plan für eine Fabelausgabe. Er rühmt die äsopischen Fabeln neben den Schriften Catos als wichtigste Schullektüre nach der Bibel.

> „Und es ist eine sonderliche Gnade Gottes, daß des Catonis Büchlein und die Fabeln Aesopi in den Schulen sind erhalten worden. Es sind beide nützliche und herrliche Büchlein. Der Cato hat gute Wort und feine Praecepta, so sehr nütze sind in diesem Leben; aber Aesopus hat feine, liebliche res et picturas; ac si moralia adhibeantur adolescentibus, tum multum aedificant. Und als viel ich urtheiln und verstehen kann, so hat man nächst der Bibeln keine bessere Bücher, denn des Catonis scripta, und die Fabulas Aesopi...".

In Luthers Briefen findet man zahlreiche Fabeln oder fabelartige Passagen, die zwar noch kein Beleg für „Luther als Fabeldichter" (Thiele)[12] sind, wohl aber für die Fabulierfreude und bildhafte Schreibweise des Reformators.

Seinen fünfjährigen Sohn Hans ermahnt er zum Lernen und Beten mit einer Geschichte vom Paradiesgarten (WA Br 5,377 f). In dem ebenfalls 1530 von der Koburg aus geschriebenen Brief an die Wittenberger Tischgesellen parodiert er den Augsburger Reichstag, an dem er zwar nicht teilnehmen kann, den er aber von seinem Fenster aus erlebt als einen Reichstag der Dohlen und Krähen:

„was sie aber beschließen, weiß ich noch nicht. So viel ich aber von einem Dolmetscher habe vernommen, haben sie für einen gewaltigen Zug und Streit wider Weizen, Gersten, Hafern, Malz und allerlei Korn und Getreidig, und wird mancher Ritter hie werden und große Taten tun.
Also sitzen wir hie im Reichstag, hören und sehen zu mit großer Lust und Liebe, wie die Fürsten und Herrn sampt andern Ständen des Reichs so fröhlich singen und wohlleben. Aber sonderliche Freude haben wir, wenn wir sehen, wie ritterlich sie schwänzen, den Schnabel wischen und die Wehr stürzen, daß sie siegen und Ehre einlegen wider Korn und Malz. Wir wünschen ihnen Glück und Heil, daß sie allzumal an einen Zaunstekken gespießet wären.“ (WA Br 5,294)

Seinem Diener Wolfgang Sieberger antwortet er 1534 mit einem lustigen Spottbrief, in dem er als Anwalt der Vögel – die Luther als Vorbilder des Gottvertrauens (Matthäus 6,26) besonders liebte – auftritt und sich gegen den von Sieberger errichteten Vogelherd wendet (WA Br 7,103 und WA 38,290-293).

Bedeutsamer als diese Beispiele der Fabulierkunst ist die bereits 1528 erschienene „neue Fabel Aesopi neulich verdeutscht gefunden: Vom Löwen und Esel“ (WA 26,534-554), eine nach dem Urteil Ernst Thieles[13] freie Erfindung Luthers, die zur Quelle für die gereimte Fabel „Von dem Löwen und Esel“ des Erasmus Alberus wurde. Sie hat ihre Tradition allerdings weniger in der äsopischen Fabel als in der deutschen Tierdichtung, die Luther sehr schätzte. Bisweilen brachte er, wie u. a. Mathesius berichtet, eine Ausgabe des Reineke Fuchs mit zu Tisch und las daraus vor.

Luther wendet sich mit beißender Ironie gegen die Vermischung der Regimenter und den Papst, hier und öfter in der Gestalt des Esels, als Herrscher beider Reiche, und gegen die Torheit der Deutschen, die sich durch fuchsische List unter das geistliche Regiment beugen, statt ihrem rechtmäßigen weltlichen Herrn und König zu folgen.

Der Überredungskunst des Fuchses gelingt es, daß die Tiere nach dem Tod des alten nicht den jungen Löwen zu ihrem König wählen, sondern den Esel. Daß allein er von Gott erwählt sei, könne man an dem Kreuz auf seinem Rücken erkennen, läßt Luther den Fuchs sagen und spielt damit an auf den Volkswitz, der das Kreuz

---

12 Ernst Thiele, a.a.O. (1911), S. XXXVI.
13 Ebd., S. XXXVII.

auf der Rückseite des priesterlichen Meßgewandes mit dem Kreuz auf dem Eselsrücken verglich.

> „Da der fuchs des creutzs gedacht, entsatzten sich dafur alle stende des reichs, fielen zu mit grossem schall: Nu haben wir den rechten koenig funden, welcher kan beide, weltlich und geistlich regiment, verwesen, Da preiset ein iglicher etwas am esel, Einer sprach, Er hette feine lange ohren, die weren gut zum beicht hoere, Der ander sagt, Er hette auch eine gute stymme, die wol toechte ynn die kirchen zu predigen und zu singen, Da war nichts am gantzen esel, das nicht koeniglicher und Bepstlicher ehren werd were, Aber fur allen andern tuegenden leuchtet das creutze auff dem ruecken, Also ward der Esel zum koenige unter den thieren erwelet." (WA 26,548)

Pointiert und den Widerspruch provozierend endet Luthers Fabel mit der Feststellung: „Also bleyb der Esel könig und regieret sein geschlecht bis auff diesen tag gewaltiglich ynn der welt unter den THIEREN." (WA 26,550)

Luthers Auslegung des 101. Psalms (WA 51, 197-264/1534-35) wurde zu einem Fürstenspiegel mit zahlreichen Anspielungen auf den Hof von Johann Friedrich, seit 1532 Kurfürst von Sachsen, den sein Vetter Moritz „die dicke Hoffahrt von Wittenberg" nannte und den Luther wegen der Gelage, insbesondere der Trunksucht am kursächsischen Hof wiederholt öffentlich kritisierte.

In dieser mit zahlreichen Sprichwörtern und bildlichen Redewendungen ausgeschmückten Schrift wird der äsopischen Fabel besondere Bedeutung beigemessen. Luther weist nachdrücklich auf die Trennung der beiden Regimenter. Im weltlichen Reich, das nicht mit dem Wort Gottes und der Propheten regiert wird, sondern mit der Vernunft, soll man „die Heidnischen bücher und schrifften" (242) lesen, um klug zu werden, insbesondere den Esopus.

> „Und ich wil ander bücher jtzt schweigen, wie kündte man ein feiner buch jnn weltlicher Heidnisscher weisheit machen, denn das gemeine, albere kinderbuch ist, So Esopus heisst? Ja, weil es die kinder lernen, und so gar gemein ist, mus nicht gelten. Und lesst sich jder düncken wol vier Doctor werd, der noch nie eine fabel drinnen verstanden hat." (243)

Bei der Exegese von Psalm 101,5 b („den Hoffärtigen und Hochmütigen kann ich nicht ausstehen") verwendet Luther nicht nur derb-drastische Bilder, sondern auch die äsopische Fabel zur Veranschaulichung:

> „Es ist wol zu weilen ein betler auch stoltz und hohmütig. Aber dafur fürchtet sich niemand, Sondern jederman lachet sein und spricht: Arm hoffart, da wisschet der Teufel seinen hindern an, Und ob sie wol fast drücket, so kan sie doch nichts machen, denn sie hat nichts im bauche. Davon sagt Esopus, wie der frosch sich auffbleset und wil so gros sein als der ochse. Aber das junge fröschlin sagt: Nein, liebe mutter, wenn du dich gleich zurissest und börstest. Aber David redet von ernster hoffart, die schaden thun kan und zu Hofe gemein ist, wie denn die gewaltigen, Reichen, grosse leute thun können. (.....) Hofe stoltz oder hoffart ist nicht baur hoffart (.....) So ist Hanses hoffart, nicht des Fürsten hoffart oder Privatisch und nicht Regimentisch hoffart. Aber Hofe stolz und hoffart heisst auff Griechisch Tyrannis, zu Deutsch Wütrich..." (251).

Bereits fünf Jahre vorher, nämlich in der Vorrede zu seinem Fabelbuch, hatte Luther die gesellschaftskritische Bedeutung der Fabel erkannt und hervorgehoben. Unvermittelt schärfer wird er in dieser Vorrede, sobald er nicht mehr nur die Kinder und Jugendlichen, sondern die „grossen Fürsten und Herren" als Adressaten benennt. Da sie die Wahrheit nicht hören wollen, selbst wenn sie ihnen von Weisen gesagt wird, muß man sie unversehens zur Wahrheit führen („betriegen zur Warheit"), indem man sie ihnen von Narren sagen läßt. Da jederman die Wahrheit haßt, wenn sie ihn selbst betrifft, gab man ihr einen täuschenden Anstrich („Lügenfarbe") und schrieb Fabeln, damit durch „Bestien mund" gesagt werde, was Menschen nicht auszusprechen wagen.

Bevor Luther dann wieder ebenso unvermittelt wie zu Beginn dieser Fürstenpassage des Vorworts auf seine eigene Arbeit am Äsop eingeht („dis Buch ... zu fegen ... Allermeist umb der Jugend willen"), schreibt er über die Wirkung der äsopischen Fabeln:

> „So geschichts denn, wenn man die Fabeln lieset, das ein Thier dem andern, ein Wolff dem andern die Warheit sagt, Ja zuweilen der gemalete Wolff oder Beer oder Lewe im Buch dem rechten zweifüssigen Wolff und Lewe einen guten Text heimlich lieset, den jm sonst kein Prediger, Freund noch Feind lesen dürffte. Also auch ein gemalter Fuchs im Buch, so man die Fabeln lieset, sol wol einen Fuchs uber Tisch also ansprechen, das jm der Schweis möchte ausbrechen, und solte wol den Esopum gern wöllen erstechen oder verbrennen. Wie denn der Tichter des Esopi anzeigt, das auch Esopus umb der Warheit willen ertödtet sey und jn nicht geholfen hat, das er in Fabeln weise als ein Narr, dazu ein ertichter Esopus, solche Warheit die Thier hat reden lassen, Denn die Warheit ist das unleidlichste ding auff Erden." (WA 50,454)

2. Melanchthon, Mathesius, Chytraeus

„Nicht nur Lutherus und sein Sohn Johannes sind Fabul-Hansen gewesen / sondern auch Philippus Melanchthon, der Hochgelahrte Mann / welchen auch seine ärgste Feinde in und ausser Teutschland / seiner Philosophischen Wissenschaft halben geliebet und gelobet haben.“[14] So konnte Anton Menon Schupp ein Jahrhundert später schreiben, um seinen Vater gegen die evangelischen Verächter der Fabel zu verteidigen.

Melanchthon schätzt die Bedeutung der Fabel für den Unterricht ebenso hoch ein wie Luther und drängt ihn zur weiteren Arbeit auf diesem Gebiet.

Daß Martin Luther die äsopische Fabel auch in seinen berühmt gewordenen TISCHREDEN wiederholt mit besonderer Hochschätzung erwähnt und konkrete Situationen spontan durch das Erzählen einer Fabel beleuchtet, „wenn er zumal vom Regiment und Hofwesen pflegte zu reden“[15], wird u. a. von dem Tischgenossen Mathesius bezeugt, der mehrere der von Luther erzählten Fabeln überliefert hat.

> „Item / wie man meldet / das etliche Hurneusel grosse Klöster güter an sich gezogen / und Hofschrantzen damit begnadet hetten / sagt er: Esopus leret / wenn jemand ein praten vom Altar zuckt / bleibt gemeinigklich ein glüend kölein dran hencken / das brendt nest und jungen / wie dem Adler geschach.“[16]

Hier ist es die uns bereits von Archilochos fragmentarisch überlieferte Fabel von Adler und Fuchs, mit der Luther die „Hurneusel“, die Hornissen als Bild für große Übeltäter, warnt. Diese auch von Steinhöwel überlieferte Fabel hatte Luther bei seiner Äsop-Bearbeitung bezeichnenderweise übersprungen.

> „Item / auff ein zeyt kaufft ein Bergherr frembde gewercken auß / vnnd wolte den genieß gar allein haben / Wie solchs uber tisch gedacht wird / spricht der Herr Doctor: Eben so thet jener Baur im Esopo auch / dem leget ein Ganß alle quartal ein guelden ey / da jn aber der geytz bestund / schurfft er die Ganß auff / da schnidt sich das Ertz mit abe / Also gehets /

---

[14] Joh. Balth. Schupp, Schrifften, 1663, S. 846.

[15] Johannes Mathesius, Ausgewählte Werke, 3. Bd.: Luthers Leben in Predigten, hg. v. Georg Loesche, Prag 1898, S. 141.

[16] Ebd., S. 141 f.

wenn man sich nicht will an den gfellen genuegen lassen / so Gott ordenlich bescheret / vnd wenn der Jeger den Hunden vnd Sperbern jr jeger recht versaget. Bauren sollen pfluegen vnd dreschen / Herrn sollen der Zinß / Zehenden vnnd Pacht warten / vnd jren armen leuten schutz halten / Pfarrner sollen leren vnd beten / sagt D. Martin Luther / so richtet ein jeder das seinige auß / vnd Gott spricht sein segen darzu.“[17]

Johannes *Mathesius* (1504–1565) schreibt 1562–64 eine Biografie Luthers in Predigten, die 1566 gedruckt wird.[18] Von den sechzehn ursprünglich für die eigene Bergwerksgemeinde verfaßten Predigten ist die siebte, die Mathesius sinnigerweise zu Fastnacht (1563) hält, dem Interesse Luthers an der äsopischen Fabel gewidmet.

Mathesius übernimmt die Kritik am „verunreinigten“ Esop Steinhöwels zur Begründung für Luthers eigene Fabelbearbeitung. Auch seine Bestimmung der Fabelfunktion orientiert sich an Luther, zugleich aber auch an der sehr bildlichen Fabeltheorie des Erasmus Alberus („überzuckerter Wurmsamen“ u. ä.), der die Topoi von der Wahrheit als einer bitteren Arznei und der Fabel als Zucker und Honig, um das Einnehmen angenehmer zu machen, prägt und die Notwendigkeit des Gebrauchs von Fabeln mit der verderbten Natur des Menschen begründet.

„Weyl nun diß die artigst und subtilest weyse eine ist / bittere und scharpffe warheyt / die sonst feindselig unnd unangenhem ist / also von grossen leuten auch inn die kinder / wie uberzuckerten Wurmsamen unnd Kellershals (d. i. ein Abführungsmittel – R. D.) zu bringen / unnd hochberümpte leut offt mit solchen fabeln groß ding beyn Regenten / Unterthanen / Kind und Gesind außgerichtet / Hat unser Doctor sein mühe und arbeyt an den alten und verunreinigten Esopum legen / und seinen Deutschen ein vernewertes und geschewrets (erneuert und gescheuert – R. D.) mehrlein buch zurichten wöllen / daran der zeyt vil guter leut ein sonders gefallen trugen.“ (140)

Origineller als die traditionelle Definition der Fabel als eine „verdeckte und vermentelte warheyt und weyßheit mit Thierleins heutlein und sprüchen uberzogen“ (139), als „verdeckter unnd vermumliger reden“ (142) ist das Bild von den Fabeln, die im

---

[17] Ebd., S. 145.

[18] Mit über 50 Auflagen ist sie bis zum Anfang unseres Jahrhunderts die erfolgreichste Lutherbiografie. (Elschenbroich 1979, S. 454. Vgl. auch: Hans Volz, Die Lutherpredigt des Johannes Mathesius, Leipzig 1930.)

Herzen rumpeln und poltern und wie ein Floh im Ohr sitzen. Mathesius will seiner Gemeinde mit dem Erzählen von Fabeln „ein kletten inn bart werffen / oder stifft ins hertz stecken lassen“ (148).

Die *Jothamfabel*, die das Königtum mit beißender Ironie grundsätzlich in Frage stellt, gewinnt bei Mathesius – ebenso wie bei zahlreichen Theoretikern nach ihm – exemplarische Bedeutung und wird zum Thema seiner siebten Predigt. Sie beweist, daß die Fabeln („mehrlein“) des Alten Testaments „höchste weißheyt / nach Gottes wort“ (138) enthalten. Und die für seine Gemeinde offensichtlich schwer verständliche Tatsache, daß sich der Reformator so intensiv mit den äsopischen Fabeln beschäftigte und der als erster Biograf Luthers geltende Theologe dem eine Predigt widmet, begründet Mathesius mit der von Luther selbst gesetzten Priorität, „das nach der heyligen schrifft / die feinste weltweyßheyt in vernünfftigen fabeln zu finden ist / wer allein den selben mit fleyß nachdencke.“ (139)

Die Fabelbearbeitung Luthers wird von Nathanael *Chytraeus* (1543–1598) fortgesetzt und auf hundert Texte ergänzt. Seine Tätigkeit als Professor an der Universität Rostock und Direktor der Rostocker Stadtschule läßt Chytraeus, der vor allem durch seine Christliche Ethik bekannt wurde, die Bedeutung der Fabel für die Jugend erkennen und bietet die Begründung für seine eigene Bearbeitung: „ist dises meines fleisses der anfang gewesen / das ich (...) teglich mit der jugent vmbgehe vnnd die so mir bevohlen / in Gottes furcht / sprachen vnd kunsten / nach meinem vermügen trewlich vbe. Dazu mir dan dise Fabeln nicht wenig dienstlich vnnd nutzlich gewesen.“[19]

Daß die Fabelsammlung des Chytraeus, die erstmalig 1571 und in erweiterter Fassung bereits drei Jahre später in Rostock erschien, kein eigenständiges Werk ist und sein soll, sondern bewußt in die lutherische Tradition gestellt wird, zeigt bereits der Titel:

> „Hundert Fabeln aus Esopo / etliche von D. Martin Luther und herren Mathesio / etliche von andern verdeudschet“.

[19] Vgl. Ernst Heinrich Rehermann, Ines Köhler-Zülch, Aspekte der Gesellschafts- und Kirchenkritik in den Fabeln von Martin Luther, Nathanael Chytraeus und Burkhard Waldis, in: Peter Hasubek (Hg.), Die Fabel, Berlin 1982, S. 27–42; hier: S. 29, Anm. 14.

3. Burkard Waldis und Erasmus Alberus

Zwei der berühmtesten Fabelsammlungen stammen aus der Zeit Luthers: der „Esopus“ von Burkard Waldis und „Das Buch von der Tugend und Weisheit“ von Erasmus Alberus.[20]

Gemeinsam ist beiden, daß es sich wie bei Ulrich Boner um Reimpaardichtung handelt, im Gegensatz zu der knappen und nüchternen Prosa Luthers. Wenn man weniger auf das Wesen der Fabel und mehr auf das Dichterische sieht, wird man Markschies zustimmen, der im Reallexikon schreibt: „Erst in der Reimpaardichtung kommt die Fabel dieses Zeitraums zu ihrer eigentlichen Blüte mit Boner, Waldis, Alberus und Sachs.“[21]

Gemeinsam ist beiden außerdem die Konfession. Beide Dichter haben ein sehr unruhiges und wechselvolles Leben im Dienst der neuen Lehre geführt. Erasmus Alberus war Lehrer, dann Pfarrer und schließlich Superintendent in den verschiedensten Orten. Der ehemalige Mönch Burkard Waldis war später evangelischer Pfarrer und Propst. Er hatte, wie auch die vielen Anspielungen im „Esopus“ zeigen, sehr unter Verfolgung und Haft zu leiden.

Paul Böckmanns *Formgeschichte* enthält ein Kapitel mit dem Thema „Die Überwindung der satirischen Haltung durch ein reformatorisches Pathos“. Böckmann zeigt hier, wie die überkommenen Sprachformen des Schwanks, der Parodie und der Satire durch parabolische Formen abgelöst werden. Und er begründet diese Ablösung mit dem neuen Willen zur Weltgestaltung, der im Gegensatz steht zur Resignation des Satirikers. Der Weg führt von der satirischen zur reformatorischen Haltung, von der Selbstgenügsamkeit zum neuen Pathos, vom Pathos zum Ethos. „Die Macht des Glaubens ist durch die Reformation viel enger zu dem Verhalten jedes einzelnen Menschen in Beziehung gebracht worden als bisher, so daß nun auch in der Dichtung etwas von dieser persönlich-

---

20 Esopus. Von Burchard Waldis, hg. v. Julius Tittmann, 2 Teile, Leipzig 1882 – Die Fabeln des Erasmus Alberus. Abdruck der Ausgabe von 1550 mit den Abweichungen der ursprünglichen Fassung, hg. v. Wilhelm Braune, Halle a.S. 1892.

21 Reallexikon der deutschen Literaturgeschichte, 2. Aufl., hg. v. W. Kohlschmidt und W. Mohr, 1. Bd., Berlin 1958, S. 435.

innerlichen Welt greifbar werden muß. Es geschieht in den für das sechzehnte Jahrhundert so wesentlichen Formen des Kirchenlieds und des Schuldramas, die ihre Bedeutung gerade durch das neue Glaubensprinzip gewinnen und insofern in ihren Möglichkeiten sich weitgehend von Luther aus umgrenzen lassen. Besonders das Schuldrama, aber auch die Fabelerzählung bringen die parabolisch-didaktischen Formen zu voller Entfaltung."[22]

Diese allgemeine Feststellung Böckmanns dürfte gerade für Waldis und Alberus gelten.

Die Fabelsammlung des Burkard Waldis erschien erstmalig 1548, und zwar unter dem Titel:

> „Esopus, Gantz New gemacht, und in Reimen gefaßt. Mit sampt Hundert Newer Fabeln, vormals im Druck nicht gesehen, noch außgegangen, durch Burcardum Waldis."

Zwei Jahre später, 1550, erschien die erste vollständige Ausgabe der Fabeln des Erasmus Alberus, betitelt:

> „Das buch von der Tugent und Weißheit, nemlich, Neunundviertzig Fabel, der mehrer theil auß Esopo gezogen, unnd mit guten Rheimen verkleret, durch Erasmum Alberum, Allen stenden nützlich zu lesen."

Beide Ausgaben haben auf der Titelseite einen Holzschnitt: Ein Narr mit Kolben und Klapper, von Kindern verfolgt (Waldis); ein dicker und bäurisch aussehender Mann, der einen Lorbeerkranz auf dem Haupt trägt und Äsop darstellen soll, umgeben von verschiedenen Tieren und Gegenständen (Alberus).

Sowohl Waldis wie Alberus sehen in Äsop den Narren, den klassischen Eulenspiegel.

„Das Buch von der Tugend und Weisheit" (1550) enthält 49 Fabeln, die paarig gereimt sind. Am Ende steht das „Morale". Der Umfang der einzelnen Fabeln liegt zwischen 50 und 300 Zeilen; die meisten Fabeln haben mehr als 100 Zeilen. Die Erzählfreude zeigt sich vor allem in den geographischen Details (genaue Ortsangabe; Entfernungen etc.). Vielfach spielen die Fabeln in der Wetterau, der Heimat des Dichters.

---

[22] Paul Böckmann, Formgeschichte der deutschen Dichtung. 1. Bd.: Von der Sinnbildsprache zur Ausdruckssprache, Hamburg, 2. Aufl. 1965, S. 290.

Erasmus Alberus warnt vor zu großem Vertrauen. Er wendet sich gegen Undankbarkeit, gegen Geiz und Zwietracht, gegen Stolz und Hoffart. Man soll in seinem Stand bleiben, sagt er, und sich mit ihm zufrieden geben, die gottgewollte Obrigkeit achten und ihr gehorsam sein. Die Regierenden sollen der Ungerechtigkeit wehren und in ihrem Verhalten ein Vorbild sein.

Der „Esopus" (1548) ist mit insgesamt 400 Fabeln die umfangreichste Sammlung des 16. Jahrhunderts. Die 4 Bücher enthalten je 100 Fabeln (in der Ausgabe von Tittmann ist der 4. Band auf 60 Fabeln gekürzt). Die Fabeln sind paarig gereimt und meistens 30–40 Zeilen lang. Die Lehre steht immer am Ende und nimmt etwa ein Viertel des Umfangs ein. Im „Esopus", „der in gewisser Weise seine ganze Weltanschauung, den Schatz seiner Erfahrung von dem Treiben der Menschen widerspiegelt"[23], hat Waldis eine Fülle verschiedenartiger Themen behandelt. Einige erscheinen besonders oft: Weil er die Bosheit und Ungerechtigkeit der Welt nüchtern und klar sieht, warnt Waldis vor dem leichtfertigen Vertrauen. Er kritisiert die menschliche Undankbarkeit und fordert Demut und Bescheidenheit. Man soll die Armen und Geringen nicht verachten, Nächstenliebe üben und Erbarmen zeigen. Die Erziehung der Kinder soll verständnisvoll, aber streng sein. – Der parabolische Charakter der Texte wird am Ende der Sammlung (vgl. besonders das 4. Buch) schwächer, gleichzeitig wird die Polemik stärker.

Beide Dichter haben dieselbe Quelle benutzt, eine um 1500 bekannte Fabelsammlung[24], Waldis außerdem noch verschiedene andere, weniger bekannte Quellen. Dazu kommen bei Waldis vor allem im 4. Buch die eigenen Erfindungen. Die Quelle wird von beiden Dichtern frei bearbeitet. Während Waldis meist knapp gestaltet, schmückt Alberus reich aus mit Details, die nur dem Erzählerischen dienen und auf das Tierepos weisen, mit eingefügten Nebenerzählungen und vorangestellten Ortsbeschreibungen.[25]

---

[23] Tittmann, Vorwort, S. XLVI.

[24] Vgl. das Vorwort von Braune (a.a.O., S. XXX) und Tittmann (a.a.O., S. LVIII).

[25] „Dem Tierepos sehr nahe kommen Fabeln wie 21, 34, 11, in denen, ganz wie Reineke Vos, menschliche soziale Verhältnisse in ausgeführter Weise unter Tiermasken satirisch geschildert werden." (Braune, a.a.O., S. LXI)

Ein wertender Vergleich zwischen beiden Dichtern scheint wenig sinnvoll. Nur soviel soll vergleichend gesagt werden: Alberus entfernt sich vom Wesen der Fabel durch seine erzählerische Ausweitung. Seine Fabeln sind poetischer als die von Waldis und zugleich frei von der Derbheit mancher Fabeln des „Esopus". Während Waldis mit diesen derben, zotigen Fabeln in die Richtung des Schwanks zielt, bewegt sich Alberus mit vielen seiner Fabeln zum Tierepos hin. Was Wilhelm Braune[26] bei Alberus festgestellt hat, gilt in gleicher Weise für Waldis: „Ihm ist es ernst mit seinem Glauben und mit dem Streben, sein Volk religiös-sittlich zu belehren. Denn darauf hin geht in erster Linie der Zweck seiner Fabeln."

4. Hans Sachs

In die Nähe des Schwanks gerät die Fabel vor allem bei Hans Sachs. Die Formgrenzen zwischen Fabel und Schwank werden fließend. Wie sich das auf Intention und Gehalt der Fabel auswirkt, kann man beispielhaft an der Fabel von Wolf und Lamm ablesen.[27]

1558 erscheint die Erstausgabe der Fabeln des Hans Sachs unter dem Titel:

> Sehr Herrliche Schöne und wahrhaffte Gedicht. Geistlich und Weltlich, allerley art als ernstliche Tragedien, liebliche Comedien, seltzame Spil, kurtzweilige Gesprech, sehnliche Klagreden, wunderbarliche Fabel, sampt andern lecherlichen schwencken und bossen... Durch den sinreichen und weyt berümbten Hans Sachsen ein liebhaber teudscher Poeterey / vom MDXVI. Jar / biß auf diß MDLVIII. Jar / zusamen getragen unnd volendt.

H. L. Markschies schreibt in seiner Einleitung: „Die Fabeldichtung des Hans Sachs bildet einen integrierenden und bisher noch wenig untersuchten Bestandteil in der Geschichte der äsopischen Fabel"[28], Als „Summa all meiner Gedicht" bezeichnet Hans Sachs selbst:[29]

> Dergleich vil poetischer fabel,
> Welche samb in einer parabel

[26] A.a.O., S. LXVII.
[27] Vgl. dazu R. Dithmar (Hg.), Fabeln, Parabeln und Gleichnisse, 8. Aufl., München 1988.
[28] Sämtliche Fabeln und Schwänke von Hans Sachs, hg. v. Edmund Goetze, 2. Aufl. von Hans Lothar Markschies, 1. Bd., Halle/Saale 1953, S. V.
[29] Ebd., S. IX.

Mit verborgen, verblümten worten
Künstlich vermelden an den orten,
Wie gar hochlöblich sey die tugend
Beide bey alter und der jugend,
Dergleich, wie laster sind so schendlich;
Darnach sind auch begriffen endlich
Schulkünst, straffler, loica, renck,
Auch mancherley kurtzweilig schwenck,
Zu fröhlichkeit den trawring kommen,
Doch alle unzucht außgenommen.

Literaturauswahl

(1) WA: Weimarer Ausgabe der Werke Luthers (WA TR: Tischreden; WA Br: Briefwechsel)
Martin Luthers Fabeln und Sprichwörter. Im Kontext. Mit Einleitung und Kommentar hg. v. Reinhard Dithmar, Frankfurt/M. 1988
(2) Melanchthons Werke, hg. v. Robert Stupperich, Gütersloh 1951 ff.
Johannes Mathesius, Ausgewählte Werke, 3. Bd: Luthers Leben in Predigten, hg. v. Georg Loesche, Prag 1898
(3) Esopus. Von Burchard Waldis, hg. v. Julius Tittmann, 2 Teile, Leipzig 1882
Die Fabeln des Erasmus Alberus. Abdruck der Ausgabe von 1550 mit den Abweichungen der ursprünglichen Fassung, hg. v. Wilhelm Braune, Halle 1892
(4) Sämtliche Fabeln und Schwänke von Hans Sachs, hg. v. Edmund Goetze, 2. Aufl., besorgt von Hans Lothar Markschies, 1. Bd, Halle (Saale) 1953

V. Jean de La Fontaine

1. Werk und Wirkung

„Ihm gelang es, die Fabel zu einem anmuthigen poetischen Spielwerke zu machen; er bezauberte."[1] Dieses Urteil über Jean de La Fontaine (1621–1695) ist treffend, aber aus der Feder eines deutschen Kritikers wie Lessing nicht positiv gemeint. Bekannt ist die Kritik, die Lessing an diesem „sonderbaren Genie" mit seiner „lustigen Schwatzhaftigkeit" geübt und am Beispiel vom Besitzer des Bogens veranschaulicht hat. „Freilich geht es dem La Fontaine und allen seinen Nachahmern wie meinem Mann mit dem Bogen."[2]

Die von Lessing kritisierte Ausschmückung, die auch von französischen Theoretikern wie Patru und Boileau angegriffen wurde, da sie dem „brevitas"-Ideal widersprach[3], hat La Fontaine im Vorwort zur ersten Sammlung (1668) begründet. Hier konnte er sich, da einige seiner Fabeln bereits vorher teils gedruckt, teils handschriftlich bekannt geworden waren, auf Leserreaktionen beziehen. Trotz der Kritik Patrus hofft La Fontaine, daß andere seinem Versuch, die Fabeln in Verse zu fassen, folgen werden. Falls sie kürzer seien, werde man sie um so länger loben. Da er nicht in der Kürze des Phädrus schreiben könne, wolle er mehr als dieser aufheitern. Heiterkeit aber ist für La Fontaine nicht das, was zum Lachen reizt, sondern der Zauber („un certain charme, un air agréable"), den man auch den ernstesten Dingen und Ereignissen verleihen kann. Wichtiger als die Form ist ihm der Nutzen seiner Fabelsammlung. Hier verweist er auf Platon, der Homer aus seiner Republik verbannte, Äsop aber einen Ehrenplatz gab und wünschte, daß die Kinder die Fabeln sozusagen mit der Muttermilch einsaugen, da man sie nicht früh genug an Weisheit und Tugend gewöhnen kann, und zwar so, daß sie sich weitere Scherze dieser Art

---

[1] Vgl. Karl August Ott, Lessing und La Fontaine, GRM N.F. 1959, S. 235ff.

[2] Vgl. S. 186 dieser Untersuchung.

[3] Vgl. Peter Bürger, La Fontaines Fabeln. In: Neues Handbuch der Literaturwissenschaft, hg. v. Klaus von See, Bd. 10, Frankfurt/M. 1972, S. 316-327.

wünschen. Aber, schreibt La Fontaine in der Vorrede in Übereinstimmung mit dem poetologischen Beginn der Fabel von Hirt und Löwe (VI,1), diese Scherze sind nicht das, was sie zu sein scheinen, sondern bergen einen tiefen Sinn.

La Fontaine weiß und weist ausdrücklich darauf hin, daß die Fabel belehren will. „Et conter pour conter me semble peu d'affaire." (Erzählung nur um der Erzählung willen ist mir zu wenig.) In „Le Pouvoir des Fables" (VIII,4) veranschaulicht er die politische Relevanz der Fabel, und die bereits erwähnte Fabel „Le Patre et le Lion" (VI,1) bietet eine poetologische Einleitung, deren wichtigste Aussage („il faut instruire et plaire") auch auf die in Deutschland zur Zeit der Aufklärung neu geführte Diskussion über das „docere et delectare" der antiken Rhetorik vorausweist. Die Fabel beginnt (in der Übersetzung von R. Mayr):

> „Die Fabeln sind nicht, was sie scheinen:
> als Lehrer treten darin simple Tiere auf.
> Nackte Moral langweilt, sollt ich meinen:
> erzählt nimmt man die Vorschrift gern in Kauf.
> Im Gleichnis kann man lehren und gefallen
> (instruire et plaire);
> Erzählung nur zum Spaß, das ist noch nicht genug."

Wie man in unterhaltsamer und humoristischer Weise belehren kann, zeigen die zwölf Fabelbücher, die 1668 (1-6), 1678 (7-11) und 1694 (12) erschienen. Den grundsätzlichen Unterschied zwischen Äsop, La Fontaine und Lessing erkennt man bereits an der bekannten Fabel von Fuchs und Rabe, die in Lessings „Abhandlungen" eine beispielhafte Rolle spielt. Aus der trockenen antiken Fassung entstand die moralistische Fabel Lessings mit dem bewußt veränderten Schluß und der giftigen Lehre. La Fontaines Versfabel dagegen ist humoristisch und elegant, vornehm und höflich auch in der Entlarvung menschlicher und gesellschaftlicher Schwächen. Die dem Fuchs als einem Mann von Welt in den Mund gelegte Lehre wird schmunzelnd und dezent vorgetragen. Die menschlichen Schwächen werden hier nicht so bitter ernstgenommen wie von Lessing. Humor relativiert.

Aber diese Heiterkeit („gaité"), die, wie wir gesehen haben, La Fontaine selbst als kennzeichnend für seine Fabeln bestimmt, kann nicht über die Gewichtigkeit und Ernsthaftigkeit der Aussagen hinwegtäuschen. „La Fontaines zwölf Bücher voll Fabeln bilden einen einzigen schauerlichen Triumphzug der Mordgier und Arglist, obgleich alles mit der heitersten Laune vorgetragen ist."[4] Das Fabelwerk dieses vor allem in Deutschland als unpolitisch mißverstandenen Dichters ist ein kritisches Spiegelbild der Epoche Ludwigs XIV. Viele seiner Fabeln beziehen sich auf die Kriege und allgemein auf die Außenpolitik Ludwigs XIV. oder auf die Innenpolitik, auf soziale Fragen, Machtmißbrauch, Ausbeutung der Provinzen, Verhältnis der Stände etc.

In Deutschland wurden sie durch eine tradierte Lesebuchauswahl weitgehend als Kinderlektüre verstanden. Aber der französische Dichter schrieb nicht primär für Kinder, obwohl er die erste Fabelsammlung (1.-6. Buch, 1668) dem siebenjährigen Dauphin widmete. Doch dieses Kind war ein König; und die Widmung ist in der dreitausendjährigen Geschichte der Fabel eine Textsorte besonderer Art.[5]

Jürgen Grimm hat in seinem Forschungsbericht mit Recht die spärliche und einseitige deutsche Literatur über La Fontaine kritisiert.[6] Die Rezeption der Fabeln La Fontaines wurde in Deutschland u. a. durch Karl Voßler geprägt, der 1919 ein sehr eigenwilliges Bild des französischen Dichters zeichnete. Voßlers Buch ist nicht „aus dem Bedürfnis eines Brückenschlages zwischen Deutschland und Frankreich", d. h. zur Herstellung freundschaftlicher Bande entstanden, wie J. Grimm meint.[7] Im Gegenteil. Das negative Charakterbild La Fontaines erklärt sich aus Voßlers deutscher Brille, die vermeintliche Oberflächlichkeit und Gesinnungslosigkeit La Fontaines wird der deutschen Tiefe und Charakterfestigkeit konfrontiert. Voßlers Nationalismus wird nicht erst durch die vielen Invektiven gegen den „bon homme", sondern bereits im Vorwort deutlich: „La Fontaine gehört zu den Wenigen in Frankreich, deren gemütliches und geistiges Leben durch politische und sonstige Tendenz nicht wesentlich beengt ist. Bei ihm kann auch

---

[4] Dolf Sternberger, Figuren der Fabel, Frankfurt 1950, S. 22.

[5] Auf die finanzielle Abhängigkeit La Fontaines und das Mäzenatentum seiner Zeit kann ich in diesem Zusammenhang nicht eingehen, obwohl es für die Gattung der Fabel von besonderer Bedeutung ist. Zur Verschlüsselung als Schutz („littérature à clef") vgl. die Andeutungen bei J. Grimm (a.a.O., S. 21 f. und 82 f.).

[6] Jürgen Grimm, La Fontaines Fabeln, Darmstadt 1976, S. IX u.ö.

[7] Ebd., S. 52.

der deutscheste Germane sich Freude und Erholung suchen, ohne eine gallische Vergiftung befürchten zu müssen.“ [8]

Im Gegensatz zur französischen Forschung, insbesondere den Untersuchungen von Hippolyte Taine, der La Fontaines Fabeln als umfassende Darstellung der französischen Gesellschaft des 17. Jahrhunderts erkennt, sind deutsche Forscher wie Voßler bemüht, La Fontaines Fabelwerk als unpolitisch zu interpretieren, und selbst bei den Fabeln, die nicht zu leugnende eindeutige politische Anspielungen enthalten, zu bemerken, daß sie sich wie eine Allegorie „ebensogut auch anders deuten“ lassen. „Kurz, unser *bon homme*, wie man ihn nannte, war ebenso fähig, alles zu verstehen und mitzumachen, wie alles zu verspotten.“ [9]

Voßlers Kritik an La Fontaines vermeintlich banaler Moral, dem Opportunismus, der Charakterlosigkeit etc. ist in sich widersprüchlich. Wenn er ihn „eine Seele von Mensch“ [10] nennt, ist das ebenso abwertend gemeint wie die durchgehend gebrauchte Kennzeichnung als „bon homme“, meint geringe Tatkraft, nachlässige Lebensführung u.ä. La Fontaine gilt ihm als ein „lässiger, bequemer, eigensüchtiger und gesinnungsloser Hans Träumer“ [11], als ein Müßiggänger, der sich über die arbeitsamen Menschen lustig macht. [12]

Voßler spielt Kleist gegen La Fontaine, die tiefere und kämpferische deutsche Natur gegen La Fontaines Oberflächlichkeit und „französische Selbstverständlichkeit“ [13] aus. Hinter Voßlers Kritik an La Fontaines Weltanschauung steht die in der Weimarer Republik weit verbreitete klischeehafte Vorstellung von deutscher Gedanken- und Charaktertiefe und französischer Oberflächlichkeit.

Voßlers politische Einstellung wird besonders deutlich im Kapitel über „La Fontaine und das Königtum“. [14] Hier kritisiert er u. a. die Fabel vom Magen und den Gliedern (III,2). [15] In La Fontaines

---

[8] Karl Voßler, La Fontaine und sein Fabelwerk, Heidelberg 1919, S. V.
[9] Ebd., S. 54.
[10] Ebd., S. 136.
[11] Ebd., S. 9.
[12] Ebd., S. 42.
[13] Ebd., S. 137.
[14] Ebd., S. 142-153.
[15] „Eigentlich als Verherrlichung des Königtums geplant“ (Voßler 142). Zu dem Fabelmotiv vgl. auch Heinrich Gombel (Die Fabel „Vom Magen und den Gliedern“ in der Weltliteratur, Halle 1934), der Voßlers Urteil über La Fontaine unkritisch übernimmt.

Fassung fehle das Nationalbewußtsein; an die Stelle der Verherrlichung des Königtums trete der Sozialismus. „So geht's, wenn ein unpolitischer Kopf sich auf das Politisieren legt. Er verplaudert sich und gerät, ohne daß er es merkt, mit der Unschuld eines Naturkindes in hochverräterische und staatsgefährliche Lehren. Da er sich aber auf so unverbindliche und anmutige Weise verplaudert hat, so merken es, Gott sei's gedankt, auch seine Leser nicht."[16]

Die Fabel von den pestkranken Tieren (VII,1), eine Satire auf die zeitgenössische Justiz, zeigt nach Voßlers Meinung La Fontaine nicht mehr nur als Sozialisten, sondern als Anarchisten.[17] „Das Königtum erscheint hier nicht mehr, wie in der Fabel vom Magen, als das Prinzip der Solidarität und des Sozialismus, sondern als das der Zersetzung aller Solidaristät und des Krieges aller gegen alle."[18] Selbst die Tatsache, daß La Fontaine diese Fabel 1674, am Anfang von Ludwigs zweitem Eroberungskrieg (1672-78) schrieb, kann Voßlers negatives Urteil über La Fontaines Kritik am Königtum nicht beeinflussen. Er läßt die Kritik auf den Kritiker zurückschlagen.

„So gleicht dieses reine Kunstwerk einer duftenden und süßen Schmarotzerpflanze, die ihre Säfte aus dem harten und scheinbar unverwüstlichen Stamm einer monarchischen Kultur und Rechtsordnung zieht. Im Innern aber schleicht das erste Gift, von dessen zersetzender Wirkung die Schönheit der Schmarotzerblume einen Vorgeschmack gibt."[19]

Wie sich die Ideen von Karl Voßler, dem Deutschkundler Johann Georg Sprengel und anderen gleichgesinnten Interpreten La Fontaines auf den Unterricht auswirkten, zeigen Methodiken wie die von Hans Strohmeyer.[20] Aus der Besprechung einer Fabel des La Fontaine wird im Rahmen der „Wesenskunde" ein Unterricht der nationalen Vorurteile. Der in den Unterrichtsentwürfen ohnedies beliebte Schematismus der Tafelskizzen, in denen man den beiden

[16] Ebd., S. 144.
[17] Ebd., S. 145-153.
[18] Ebd., S. 149.
[19] Ebd., S. 153.
[20] Hans Strohmeyer, Methodik des Neusprachlichen Unterrichts, Braunschweig, Berlin und Hamburg 1928; vgl. ders., Das Neusprachliche Gymnasium, Braunschweig und Hamburg 1926.

Tieren der Fabel bestimmte menschliche Eigenschaften zuordnet, wird zur Basis nationaler Klischees. Der Franzose ist munter, eitel usw., der Engländer kalt, hochmütig etc., der Deutsche treu und bescheiden. Denn zu den Aufgaben der Deutschkunde und des deutschkundlichen Fremdsprachenunterrichts gehört es, „die fremden Ströme im deutschen Geistesland aufzudecken„ (Sprengel).[21] „Was bringt uns Deutsche gerade La Fontaine mit seinen Fabeln – nicht mit seinem sonstigen Politisieren, das ganz in der Zeit stecken bleibt – heute so nahe wie keinen andern von den Klassikern aus dem Zeitalter Ludwigs XIV?“[22] Diese Frage beantwortet Sprengel mit der – an Karl Voßlers Interpretation orientierten – Feststellung, La Fontaine sei „übervölkisch“ und „überzeitlich“[23] wie die Dichtung Homers. Er finde die Lösung des Stilproblems im Allgemeinmenschlichen und Zeitlosen.

2. Europäischer Einfluß

Jean-Pierre Claris *de Florian* (1755–1794) stellt seiner Fabelsammlung (1792)[24] als Motto den Zweizeiler La Fontaines (V,1) voran: Ich verkehre das Laster ins Lächerliche, da ich es nicht mit der Kraft eines Herkules bekämpfen kann. Der ausführlichen Vorrede „De la Fable“ folgt ein Gedicht, das im Vergleich mit den zahlreichen allegorischen Darstellungen zur Theorie der Fabel in Deutschland im Jahrhundert der Aufklärung sehr interessant ist.

Beschrieben wird die Begegnung zwischen der nackten Wahrheit und der reich gekleideten und mit meist falschen aber dennoch schönen Diamanten und Federn geschmückten Fabel. Die Wahrheit, deren Reize im Lauf der Zeit zerstört scheinen, steigt eines Tages aus ihrem Brunnen und erlebt, daß Junge und Alte vor ihrem Anblick fliehen und daß sie nirgends Zuflucht findet. „Sie haben alle Angst vor mir“, klagt sie der Fabel und meint, daß sie, die alte Frau, nichts mehr erreichen könne. Aber die Fabel erklärt ihr, daß

[21] Johann Georg Sprengel, Deutschkunde im Französischen Unterricht – La Fontaine, in: Zs. f. dt. Bildung 1927, S. 219.

[22] Ebd., S. 226.

[23] Ebd., S. 226 f.

sie, die Jüngere, überall gut aufgenommen werde und daß es ungeschickt sei, sich ganz nackt zu zeigen. Sie schlägt eine Zusammenarbeit im gegenseitigen Interesse vor. „Schlüpfen Sie unter meinen Mantel. Dann werde ich Ihretwegen von den Weisen nicht abgewiesen, und Sie werden meinetwegen nicht von den Narren mißhandelt. Auf diese Weise werden wir dank Ihrer Vernunft (raison) und meiner Narrheit (folie) überall gemeinsam durchkommen."

Eine bildhafte Gestaltung von „La Fable et la Vérité" kennen wir von dem Meister der Fabelillustration in Frankreich J. J. Grandville.[25]

Tommaso *Crudeli* (1703-1745) versuchte in Nachahmung La Fontaines der italienischen Fabelliteratur des 18. Jahrhunderts die französische Leichtigkeit und Anmut zu vermitteln.[26] Von La Fontaine beeinflußt sind auch die Italiener Gian Carlo *Passeroni* (1739-1812), dessen siebenbändiges Fabelwerk zwischen 1779 und 1788 erschien,[27] und Lorenzo *Pignotti* (1739-1812), der 1782 einen Band Fabeln und Erzählungen herausgab und dessen vierbändige Werkausgabe von 1798 vorwiegend Fabeln enthält,[28] Aurelio de Giorgio *Bertola* (1753–1798), dessen Fabeln erstmalig 1788 veröffentlicht wurden[29], und der teilweise unter dem Pseudonym Clasio schreibende Luigi *Fiacchi* (1754–1825), der um die Jahrhundertwende drei Fabelbände (1795, 1802, 1807) herausgab.[30]

Den Einfluß La Fontaines auf die spanische Fabeldichtung des 18. Jahrhunderts zeigt u. a. das Werk von Samaniego und Iriarte. Die Erstausgabe der 9 Bücher mit insgesamt 157 Fabeln von Felix

---

[24] Fables de M. de Florian, Paris 1792. – Vgl. Fables de Florian. Nouvelle Edition, Berlin 1797 (Diese Neuausgabe enthält zahlreiche Kupfer sowie ein Portrait des Autors, aber nicht das ausführliche Vorwort „De la Fable" der Ausgabe von 1792).

[25] Grandville. Das gesamte Werk. Einleitung von Gottfried Sello, Rogner und Bernhard 1969, 1. Bd., S. 735.

[26] Lirici del Settecento. A cura di Bruno Maier ..., Milano-Napoli 1959, S. 216 ff.

[27] Gian Carlo Passeroni, Favole esopiane, Milano 1779-1788.

[28] Lorenzo Pignotti, Favole e novelle, 1782. – Poesie di Lorenzo Pignotti. Aretino, Tomo I-IV, Pisa 1798 (Bd. 1: Fabel 1-30; Bd. 2: Fabel 31-49; Bd. 3: keine Fabeln; Bd. 4: neben Oden, Novellen etc. auch einige Fabeln).

[29] Aurelio de Giorgi Bertola, Favole, Pavia 1788.

[30] Luigi Fiacchi, Favole, 1795, 1802, 1807.

Maria *Samaniego* (1745–1801) erschien 1781, ein Jahr danach die Sammlung von 74 Fabeln des Spaniers Tomás *de Iriarte* (1750–1791), ein Jahrhundert später eine gemeinsame Gesamtausgabe mit Illustrationen von Grandville.[31]

Samaniego stellt seinen „Fábulas" den bekannten Zweizeiler des Phaedrus voran, orientiert sich aber weniger an der antiken Fabel als an der des La Fontaine und John Gay. Den Einfluß La Fontaines kann man beispielhaft an Samaniegos Fabeln „La cigarra y la hormiga" (I,2) und „El curvo y el zorro" (V,9) – zwei der bekanntesten Motive der Weltliteratur – im Vergleich mit den ersten beiden Texten aus La Fontaines Sammlung, „La Cigale et la Fourmi" (I,1) und „Le Corbeau et la Renard" (I,2), erkennen.

Die im kastilischen Vers geschriebenen Fabeln Samaniegos entstanden als Auftragsarbeit, auf Wunsch des Direktors der Real Sociedad Vascongada, wurden also zunächst für Schüler geschrieben. Rousseaus Feststellung, daß es in La Fontaines Sammlung nur fünf bis sechs kindlich einfache Fabeln gebe, nimmt Samaniego als Warnung (wie er im Vorwort schreibt), vielleicht aber auch als Rechtfertigung für die eigene sprachliche Gestaltung, die bewußt einfach ist. Nicht ohne Stolz weist Samaniego im Vorwort seiner Fabelsammlung darauf hin, daß er der erste in seinem Land ist, der den Fabeln eine Bahn geschaffen habe, während die berühmten kastilischen Dichter es nicht für nötig hielten, sich damit zu befassen.

---

[31] Félix Maria de Samaniego, Fabulas, Madrid 1969. – Tomás de Iriarte, Fabulas Literarias, Madrid 1965. – Fábulas completas de Samaniego et Iriarte, magníficamente ilustrada por Grandville, 1881.

Literaturauswahl

(1) Jean de La Fontaine, Die Fabeln. Gesamtausgabe. Übertragen von Rolf Mayr. Mit 30 Illustrationen von Gustav Doré, Düsseldorf-Köln 1964
Jean de La Fontaine, Hundert Fabeln. Übertragen von H. Hindenberger und N. O. Scarpi. Nachwort von Theophil Spoerri. Hundert Illustrationen von Gustav Doré, Zürich 1965
Jean de La Fontaine, Sämtliche Fabeln. Vollständige zweisprachige Ausgabe. In den Übersetzungen von Ernst Dohm und Gustav Fabricius, mit den Illustrationen von Grandville sowie mit Anmerkungen, Zeittafel und einem Nachwort von Hermann Lindner, München 1978
Jürgen Grimm, La Fontaines Fabeln, Darmstadt 1976 (mit umfangreicher Bibliografie)

(2) Fables de M. de Florian, Paris 1792
Gian Carlo Passeroni, Favole esopiane, T. 1-7, Mailand 1779–1788
Poesie di Lorenzo Pignotti, Tomo I-IV, Pisa 1798
Aurelio de Giorgi Bertola, Favole, Pavia 1788
Luigi Fiacchi, Favole, T. 1-3, 1795, 1802, 1807
Félix Maria de Samaniego, Fabulas, Madrid 1969
Tomás de Iriarte, Fabulas Literarias, Madrid 1965
Lirici del Settecento. A cura di Bruno Maier con la collaborazione di Mario Fubini, Dante Isella, Giorgio Piccitto. Introduzione di Mario Fubini, Milano-Napoli 1959 (enthält u. a. Fabeln von Crudeli, Passeroni, Pignotti, Fiacchi, Bertola)
Fabeln aus drei Jahrtausenden, hg. v. Reinhard Dithmar, Zürich 1976 (enthält u. a. Übersetzungen der Fabeln von Florian, Crudeli, Passeroni, Pignotti, Bertola, Fiacchi, Samaniego, Iriarte)

VI. Barock

Die Ansicht, daß die Fabel zwischen ihren Blütezeiten im 16. und 18. Jahrhundert zur Bedeutungslosigkeit abgesunken sei[1], wird durch die neuen Untersuchungen zur Barockforschung widerlegt. Die vermeintliche Geringschätzung der Fabel in den Barockpoetiken als einer Textsorte, die nur der „gemeine pöfel“ (Opitz) hört und die den „Kindern und alten Mütterlein“ (Harsdörfer) vorbehalten bleibt[2], erweist sich bei einem kritischen Quellenstudium mit Blick für das Verhältnis von Dichtung und Rhetorik als irrig. Die Terminologie ist irreführend; denn die Begriffe „fabel“, „mehrlein“ u. ä. werden widersprüchlich verwendet und können deshalb nur im Zusammenhang mit dem jeweiligen Kontext richtig definiert werden.

Martin Opitz gebraucht den Begriff nicht gattungspoetisch. Der Doppelbegriff „reime und fabel“ steht synonym für die Dichtung, die als eine „verborgene Theologie und unterricht in Göttlichen sachen“[3] von weisen Männern erfunden wurde.

Denn als die Welt zu grob geworden war für das rechte Verständnis der himmlischen Weisheit, habe man sie „in reime und fabeln / welche sonderlich der gemeine pöfel zu hören geneiget ist / verstecken und verbergen müssen“.[4]

---

[1] Vgl. Wolfgang Kayser, Die Grundlagen der Deutschen Fabeldichtung des 16. und 18. Jahrhunderts. In: Archiv für das Studium der neueren Sprachen, hg. v. A. Brandl und G. Rohlfs, 86. Jg., Braunschweig, Berlin und Hamburg 1931. – Die vermeintliche „Blüte hier und den Ausfall dort“ (S. 19) begründet Kayser vor allem mit der für die Fabel wesentlichen „Wendung an die Massen“ (S. 29), die sie in der Barockzeit in Mißkredit gebracht habe.

[2] „Und um das Vorbild aller Poetikenverfasser und den Vater der Barockdichtung zu zitieren: Opitz redet gleichfalls von den ‚Fabeln‘ welche sonderlich der gemeine Pövel zu hören geneigt ist‘. Selbst Harsdörfer, der das Lehrgedicht hoch schätzt, weist die Fabel den ‚Kindern und alten Weibern‘ zu.“ (W. Kayser, a.a.O., S. 30)

[3] Martin Opitz, Buch von der Deutschen Poeterey (1624). Nach der Edition von Wilhelm Braune neu herausgegeben von Richard Alewyn, Tübingen 1963, S. 7.

[4] Ebd., S. 7.

Philipp Harsdörfer mißt der Fabel, die er im „Poetischen Trichter" verschiedentlich kurz erwähnt, ausführlich und in systematischer Einordnung in „Nathan und Jotham", größere Bedeutung bei und weist zugleich auf das 18. Jahrhundert voraus. Während Opitz die „Poeterey" als eine „verborgene Theologie" versteht, weist Harsdörfer auf den Zusammenhang zwischen Dichtung und Rhetorik und wendet sich gegen das Sprichwort, daß Dichter geboren und Redner durch Kunst und Übung erzogen werden. Im Gegensatz zu Opitz, der die Vorstellung, „man könne iemanden durch gewisse regeln und gesetze zu einem Poeten machen", ablehnt[5], schreibt Harsdörfer ein Lehrbuch und ergänzt für diejenigen Leser, die „keine Poeten worden / ob sie zwar den Trichter gelesen"[6] einen zweiten Teil mit weiteren sechs Lehrstunden. Die zehnte dieser insgesamt zwölf Lehrstunden handelt von den Gleichnissen. Dem dritten Teil, der aus zehn „Betrachtungen der Teutschen Wohlredenheit" besteht, folgt ein fast vierhundert Seiten langes alphabetisches Verzeichnis der „verblümten Reden und Kunstzierlichen Ausbildungen", also eine Art Metaphorik mit 539 Stichwörtern.

Harsdörfer gebraucht bisweilen die Begriffe „Fabel" und „Gleichnis" synonym, spricht beispielsweise sowohl vom Gleichnis wie auch von der Fabel des Menenius Agrippa.[7]

Unter Bezug auf die alttestamentlichen Texte 2. Samuel 12, 1–15, und Buch der Richter 9, 7-15, d. h. auf Nathan, „den Urheber und Geber dergleichen Erfindungen", und Jotham, den „gerechten Herrn / der vermittels dieser Dichtkunst das Unrecht bestraffen / und die bittere Warheit frey heraus sagen dörffen"[8], wählt er den Titel seines Buches. Er unterscheidet zwischen geistlichen (Nathan) und weltlichen (Jotham) Lehrgedichten und nennt im Vorwort verschiedene Arten: die Erzählung einer möglichen Begebenheit

---

[5] Martin Opitz, Buch von der deutschen Poeterey, a.a.O., S. 7.

[6] Georg Philipp Harsdörfer, Poetischer Trichter. Drei Teile in einem Band. Reprografischer Nachdruck der Ausgabe Nürnberg 1648-1653, Hildesheim – New York 1971, 2. Teil, Vorwort (ohne Seitenzahl).

[7] Ebd., 3. Teil, S. 55-62: Von den Gleichnissen.

[8] G. Ph. Harsdörfer, Nathan und Jotham: Das ist Geistliche und Weltliche Lehrgedichte, Nürnberg 1650, Vorwort (ohne Seitenzahl).

(z. B. die Parabel des Propheten Nathan)[9], einer erdichteten Geschichte, mit Tieren als Akteuren (z. B. die äsopischen Fabeln) oder der unbelebten Natur.

Harsdörfer bezeichnet so unterschiedliche Texte wie die Fabel Jothams, die Parabeln Jesu, das Gleichnis von Menenius Agrippa als Lehrgedichte, spricht bisweilen aber auch von Gleichnissen oder von „Gleiniß und Lehrgedicht“. Im Gegensatz dazu verwendet er den Begriff „Fabel“ in diesem Zusammenhang widersprüchlich. Die „klugen Fabeln der Poeten“ gehören ebenso wie die Tierfabeln des Äsop zu den „wichtigsten Lehrgedichten“. Zugleich bezeichnet er mit dem Begriff „Fabel“ auch die belanglose Geschichte und schreibt (den vielzitierten und meist mißverstandenen, weil aus dem Zusammenhang gerissenen Satz): „Die Fabel und gemeinen Mährlein lassen wir den Kindern und alten Mütterlein / welche sich von wichtigen Lehrgedichten selbsten unterscheiden.“[10]

Johannes Ulrich Meggerle, 1668 zum Priester geweiht, seit 1670 Wallfahrtsprediger und 1677 von Leopold I zum kaiserlichen Hofprediger ernannt, wurde als *Abraham a Sancta Clara* (1644–1709) berühmt. Er galt bereits zu Lebzeiten als der bedeutendste Prediger des katholischen Deutschlands, wurde aber auch von Protestanten gern gehört, obwohl er den konfessionellen Gegner – und nicht nur ihn – scharf (allerdings humoristisch und nicht verletzend) angriff. Sein Erfolgsrezept erläutert er im Vorwort von „Reim dich“ (1684) u. a. folgendermaßen: „Ich setze beinebens auch etwas Konfekt auf, verstehe hierdurch kein *fabas* (Bohnen), sondern *fabulas*, deren ich mich bisweilen bediene wie die Zuckerbäcker, welche nicht selten etwas Räßes (= Versalzenes) oder Bitteres mit Zucker überziehen. Also ich auch die ohnedies verhaßte Warheit in etwas verkleide und desto füglicher unter die Leut bringe.“[11]

---

[9] „Nathan hätte wol sagen können: es ist nicht recht / daß du mit deines getreuen Dieners Weib / Ehebruch getrieben / er wuste aber / als ein weiser Mann / daß man die guldne Warheit bey hohen Personen / mit gelinder Baumwollen auftragen muste / und daß durch diese Lehrgedicht David sein Unrecht erkennen / und zugleich Beklagter und Richter seyn würde / wie dann auch erfolgt / und er sich selbst unwissend zu dem Tod verurtheilt“ (ebd. Vorwort ohne Seitenzahl).

[10] Ebd. (Vorwort ohne Seitenzahl).

[11] Abraham a Sancta Clara, Blütenlese aus seinen Werken, hg. v. Karl Bertsche, 2. Aufl., Freiburg 1911, S. 22 (kursiv im Original).

Im Vorwort zu „Judas der Ertzschelm“ konnte sich der Pater Fabel-Hans, wie ihn Kritiker und Verehrer gleicherweise nannten, auf die Kirchenväter und andere Autoritäten berufen. Zugleich erkennt er, daß „eine schöne, zierliche, wohlberedte, eine aufgeputzte, mit Fabeln und sinnreichen Sprüchen unterspickte Predigt“[12], wie sie dem Barockgeschmack entsprach, auch zu einer reinen Unterhaltsamkeit werden und von der unangenehmen Wahrheit wegführen kann. Im Gegensatz dazu versteht er in „Hui und Pfui“ die Fabeln als einen Deckmantel für den einsamen Leser.[13]

Der Pater und sein evangelischer Kollege Schupp, der berühmte Prediger der Protestanten, waren keineswegs die einzigen, die eigene oder überlieferte Fabeln in ihre Predigten fügten. Die Fabel blühte in der Predigt der Barockzeit.[14] Sie hatte bereits in der Volkspredigt des Mittelalters einen festen Platz, eine Tradition, an die auch die Gegenreformation anknüpfte. Sie kam der Erzählfreude, die in der zweiten Hälfte des 17. Jahrhunderts wuchs, entgegen. Sie war beim Kirchenvolk beliebt, zog die Leute in die Kirche und – wie es in zahlreichen Dokumenten heißt – vertrieb den Kirchenschlaf.

Johann Balthasar *Schupp* (1610–1661), Professor für Beredsamkeit, Hauptpastor und Hofprediger, der die politische Weisheit des *Reineke Fuchs* rühmte[15] und dem man nachsagte, daß er „offtmals mit einer Fabel oder mit einer schertzhafftigen Gleichnis / in vornehmen Conventen mehr außgerichtet habe / als wenn er den gantzen Aristotelem und Ciceronem auff dem Rücken getragen hätte“[16], wurde wegen der Fabeln, die er in seine zeitkritischen Predigten flocht, von der Orthodoxie unter Berufung auf Timotheus 4 und die Sächsischen Kirchenordnungen heftig angegriffen und als „Fabul-Hansen“ tituliert.
In einem Schreiben an den Superintendenten von Lübeck verteidigt

[12] Ebd., S. 66.
[13] P. Abraham a St. Clara, Hui! und Pfui! der Welt, Passau 1836 (Vorrede).
[14] Vgl. Predigtmärlein der Barockzeit, hg. v. Elfriede Moser-Rath, Berlin 1964. Vgl. auch E. Moser-Rath, Die Fabel als rhetorisches Element in der Predigt der Barockzeit, in: Die Fabel, hg. v. Peter Hasubek, Berlin 1982, S. 59-75.
[15] Johann Balthasar Schupp, Schrifften, 1663, S. 845.
[16] Ebd., S. 843.

Anton Mennon Schupp seinen Vater, indem er auf die parabolischen Texte des Alten und Neuen Testaments verweist.

„Daß sonsten alle *parabolische* Reden / Gleichnissen oder Fabeln in Gottes Wort allerdings verbotten seyen / das kan ich nirgend finden. Warumb hat der H. Geist auffzeichnen lassen die Fabel / welche Jotham den Bürgern zu Sichem erzehlete? Warumb sagte Nathan nicht alsbald / König David / du bist ein Mörder und Ehebrecher / und die Mörder und Ehebrecher werden das Reich Gottes nicht ererben / sondern erzehlete Ihme erstlich die Fabul von dem Schaf? Warumb hat der Sohn Gottes / der Meister mit der gelehrten Zungen / der gewaltig predigte / und nicht wie die Schrifftgelehrte / nicht eine solche Art zu predigen gebrauchet / wie Moses und die Propheten / sondern hat die vornembste Articul deß Glaubens / die vornembste Geheimnüs / in allerhand schönen *Parabeln* und Gleichnüssen vorgestellet ...“[17]

Johannes Mathesius wird zum Kronzeugen, seine ein Jahrhundert zuvor gehaltene Predigt über Jothams „Mehrlein“ vollständig abgedruckt.[18] Im Nachwort beruft sich Anton Mennon Schupp, um die Kritiker seines Vaters zum Schweigen zu bringen, außer auf den Lutherbiografen auch auf Philipp Melanchthon und vor allem auf Luther selbst.

Die Streitfrage, „ob es sich gezimme, daß ein Apostolischer Prediger mit einer Fabel oder Ostermärlein auf die Cantzel komm“[19], beantwortet der Jesuitenpater Wolfgang *Rauscher* (1641–1709) mit einem Kompromiß. Paulus habe sich in seinem Brief an Timotheus nicht gegen alle, sondern nur gegen die possenhaften und geschwätzigen Fabeln gewandt. Deshalb soll man auf der Kantzel nicht zu oft Fabeln erzählen und niemals solche, „warinnen grobe Zotten, ungereimte Lotters-Possen“, die nur das Gelächter hervorrufen. Auch soll sich der Prediger niemals mit der Erzählung allein begnügen, sondern stets den Kern aus der Nuß nehmen, die Wahrheit entdecken. Nicht immer, wohl aber zu bestimmten Zeiten des Kirchenjahres wie Pfingsten und vor allem Ostern darf man nach altem Brauch eine Fabel auf der Kanzel erzählen.

---

17 Ebd., S. 826 (kursiv im Original).

18 Ebd., S. 827-839.

19 Catholische, mit Christlichem Ernst, Geist-reicher Schärpffe und Mildigkeit vermischte Schriften... (Dominicale). 3 Tle. Dillingen 1689, 1690, 1698; 2. Aufl. 1695-98; hier: Teil II, S. 206 ff., zit. n. Predigtmärlein der Barockzeit, hg. v. Elfriede Moser-Rath, Berlin 1964, S. 22-26.

Literaturauswahl

Abraham a Sancta Clara, Blütenlese aus seinen Werken, hg. v. Karl Bertsche, 2 Bde, 2. Aufl., Freiburg 1911

Johannes Balthasar Schupp, Schrifften, 1663 (enthält u. a. Abgenöthigte Ehrenrettung; Fabul-Hanß von Anton Mennon Schupp; Der ungeschickte Redner)

Predigtmärlein der Barockzeit, hg. v. Elfriede Moser-Rath, Berlin 1964

VII. Aufklärung

Im Zeitalter der Aufklärung erreicht die Fabeldichtung ihren zweiten und eigentlichen Höhepunkt. Goethe, der zwar einige Fabeln geschrieben hat, aber kein Freund dieser Gattung war, hat das in „Dichtung und Wahrheit" (2. Teil, 7. Buch) mit Erstaunen notiert:

> „Nach diesen sämtlichen Erfordernissen wollte man nun die verschiedenen Dichtungsarten prüfen, und diejenige, welche die Natur nachahmte, sodann wunderbar und zugleich auch von sittlichem Zweck und Nutzen sei, sollte für die erste und oberste gelten. Und nach vieler Überlegung ward endlich dieser große Vorrang, mit höchster Überzeugung, der Äsopischen Fabel zugeschrieben.
> So wunderlich uns jetzt eine solche Ableitung vorkommen mag, so hatte sie doch auf die besten Köpfe den entschiedensten Einfluß. Daß Gellert und nachher Lichtwer sich diesem Fache widmeten, daß selbst Lessing darin zu arbeiten versuchte, daß so viele andere ihr Talent dahin wendeten, spricht für das Zutrauen, welches sich diese Gattung erworben hatte."

In den drei Jahrzehnten zwischen Gottscheds „Critischer Dichtkunst" (1730) und Lessings „Abhandlungen" (1759) erscheinen die Fabelsammlungen und -theorien von Breitinger, Bodmer, Triller, Stoppe, Hagedorn, Gellert, Gleim, Lichtwer, Pfeffel – um nur die bekanntesten zu nennen.

Im Jahrhundert der Aufklärung sind nicht nur die meisten Fabeln geschrieben worden; es wurde auch am intensivsten über das Wesen der Gattung nachgedacht. Die Poetiken und Vorreden finden eine bezeichnende Ergänzung in zahlreichen Illustrationen, den allegorischen Darstellungen, die die Fabel als die eingekleidete Wahrheit zeigen.

Antoine Houdar *de La Motte*[1] wirkt bahnbrechend und wird zum oft zitierten Theoretiker, da er die meisten Vorstellungen, die im 18. Jahrhundert diskutiert werden, und die Begriffe, um die gestritten wird, darlegt – bisweilen allerdings so unklar und widersprüchlich, daß sich die unterschiedlichen Richtungen auf ihn berufen konnten.

---

[1] Fables Nouvelles. Par M. de La Motte. Avec un discours sur la Fable. Paris 1719.

La Motte, Fables nouvelles, Paris 1719 (neben dem Titelblatt):
„Die Fabel erweist hier ihre sanfte Autorität.
Sie vermag sogar den Königen die Wahrheit zu zeigen.“

Die „Fables nouvelles“ von La Motte (1672–1731) erscheinen 1719 in Paris, eingeleitet durch den berühmten „Discours sur la Fable“. Bereits zwei Jahre später findet man im Anhang des ersten Teils von Berthold Heinrich Brockes (1680–1747) „Irdisches Vergnügen in Gott“, das von 1721 bis 1748 in neun Teilen erschien, eine Auswahl von zehn Fabeln La Mottes in französischer und deutscher Sprache; eine deutsche Übersetzung der fünf Bücher mit insgesamt 99 Fabeln erscheint 1736.[2]

Als Kennzeichen der echten Fabel gelten Ursprünglichkeit des Stoffes und Lafontainesche Art der Gestaltung. Der Stempel eines „deutschen La Fontaine“ wird im 18. Jahrhundert zahlreichen Dichtern aufgedrückt, auch solchen, die sich dagegen wehrten wie Lichtwer und Gellert. Als man ihn bei einer Audienz Friedrichs II. als den deutschen La Fontaine vorstellt, erwidert Gellert: „Ich bin ein Original!“ Und auf die Frage des Königs, ob er La Fontaine gelesen habe, antwortet er: „Ja, Ihro Majestät, aber nicht nachgeahmt.“

1. Gottsched und Breitinger

Johann Christoph *Gottsched* (1700–1766) beschäftigt sich in seiner „Critischen Dichtkunst“ (1730) im 4. Kapitel mit der Fabel und gebraucht den Begriff im weiten Sinn. Wenn er die literarische Gattung meint, spricht er von der „äsopischen Fabel“. Das „Morale“ aber ist nicht nur Bestandteil der literarischen Gattung der Fabel, sondern der Dichtung überhaupt.

Die Fabel im weiten Sinn muß zur Erläuterung einer moralischen Wahrheit erdacht werden. „Die Morale ist nur die Absicht des Dichters, die er seinen Leser erraten läßt.“[3] So hat nach Gottscheds Ansicht Homer die „Ilias“ geschrieben, um seinen Mitbürgern im

[2] B. H. Brockes, Irdisches Vergnügen in Gott. 1. Teil. 6. Aufl. Hamburg 1737, S. 537ff. – Houdart de la Motte, Neue Fabeln. Aus dem Frantzöschen in Deutsche Verße übersetzt und durchgehends mit Kupfern gezieret. Francкfurt und Leipzig 1736.

[3] Joh. Christoph Gottsched, Versuch einer Critischen Dichtkunst vor die Deutschen, Leipzig 1730, S. 551.

Blick auf die Uneinigkeit der griechischen Staaten zu dieser Zeit an einem anschaulichen Beispiel vor Augen zu führen, wie schädlich die Uneinigkeit ist. Da er ihnen die nackte Wahrheit nicht sagen durfte, habe er sie in eine Fabel gekleidet. – Gottscheds Definition der Fabel lautet[4]:

> „eine unter gewissen Umständen mögliche, aber nicht wirklich vorgefallene Begebenheit, darunter eine nützliche moralische Wahrheit verborgen liegt."

Daß man eine Fabel nur zur Belustigung ersinnt, lehnt Gottsched ab. Er unterscheidet
die unwahrscheinlichen Fabeln, in denen Tiere oder Dinge vernünftig reden – z. B. die Fabel Jothams (Richter 9) oder die von Wolf und Lamm;
die wahrscheinlichen Fabeln, in denen nur Menschen und andere vernünftige Wesen auftreten – z. B. die Fabel Nathans (2. Samuel 12) oder die Fabel vom verlorenen Sohn;
die vermischten Fabeln, die beides enthalten – z. B. die meisten äsopischen Fabeln.

Im 5. und 6. Kapitel befaßt sich Gottsched mit dem Wunderbaren und mit der Wahrscheinlichkeit in der Poesie. Schon um der Neugier der Leser willen darf sich der Dichter etwas Ungewöhnliches ausdenken, wenn es nur dem Endzweck, der Besserung und Belehrung, dient.

> „Nun kann man wohl freilich die Fabel selbst, davon wir im vorigen Kapitel gehandelt haben, von dem Wunderbaren nicht ausschließen. Die äsopischen Fabeln insonderheit sind von der Art, daß sie Kindern und Einfältigen sehr wunderbar vorkommen; bloß weil es neu und seltsam zu hören ist, daß Tiere, Bäume und andere leblose Dinge vernünftig sollen geredet haben."[5]

Gottsched fordert vom Dichter poetische Wahrscheinlichkeit und versteht darunter Ähnlichkeit zwischen Dichtung und Wirklichkeit, Übereinstimmung von Fabel und Natur. Daß in den meisten äsopischen Fabeln Tiere und leblose Dinge als vernünftige, redende und handelnde Wesen auftreten, widerspricht dem nicht, da Gottsched

---

4 Ebd., S. 125.
5 Ebd., S. 141.

zwischen der unbedingten und der hypothetischen Wahrscheinlichkeit unterscheidet.

> Die *unbedingte Wahrscheinlichkeit* „findet sich freilich in den äsopischen Fabeln nicht, wenn Bäume und Tiere als vernünftige Menschen handelnd eingeführt werden. Nach dem gemeinen Lauf der Natur pflegt solches nicht zu geschehen, daher pflegt man auch Kindern bei der Erzählung solcher Fabeln vorher zu sagen: sie hätten sich damals zugetragen, als die Tiere noch reden konnten; wodurch man ihnen zugesteht, daß solche Begebenheiten freilich nach der jetzigen Beschaffenheit der Tiere keinen Schein der Möglichkeit an sich haben. Deswegen aber kann man doch diesen Fabeln die *hypothetische Wahrscheinlichkeit* nicht absprechen, die unter gewissen Umständen dennoch statt hat, wenn gleich so schlechterdings keine vorhanden wäre. Daß z. B. die Bäume sich einen König wählen können, ist an sich selbst weder möglich noch wahrscheinlich; gleichwohl macht im Buche der Richter Jotham eine schöne Fabel daraus, der es an ihrer hypothetischen Wahrscheinlichkeit nicht im geringsten mangelt. Denn man darf nur die Bedingung voraussetzen, daß die Bäume Verstand und Sprache haben, so geht alles übrige an. (...) Hier tun weder die Bäume überhaupt, noch jeder insbesondere etwas, das nach der einmal angenommenen Bedingung unmöglich wäre. Ein Ölbaum redet wie ein Ölbaum, und ein Feigenbaum wie ein Feigenbaum reden würde, wenn beide den Gebrauch der Sprache hätten. Hier ist nichts Widersprechendes in der Begebenheit, folglich auch nichts Unwahrscheinliches".[6]

Gottsched interessiert die Fabel als Stoff, als Handlungsverlauf einer Dichtung; die literarische Gattung spielt eine nur untergeordnete Rolle. Johann Jacob *Breitinger* (1701–1766) aber widmet der äsopischen Fabel als einziger Gattung ein Kapitel seiner „Critischen Dichtkunst" (1740) mit einem Umfang von fast hundert Seiten. Hier schreibt er:

> „Da nun die Erzehlung die Fabel angenehm, und das Lehrreiche dieselbe nützlich und erbaulich machet, so ist hiemit in der Fabel das Angenehme und das Nützliche, und also die höchste Kraft der Schönheit und eines Vortrages vereinigt, welches Horatius in der Anmerckung haben will."[7]

Die Ansicht, daß die vollkommene Dichtung sowohl Unterhaltung wie Nutzen verlangt, hat Horaz (Ars poetica, V. 333f.) von Neptolemos von Parion (3. Jh. v. Chr.) übernommen, der sich

---

[6] Ebd., S. 165f.; Sperrung von mir. R. D.

[7] Johann Jacob Breitinger, Critische Dichtkunst. Faksimiledruck nach der Ausgabe von 1740. Mit einem Nachwort von Wolfgang Bender, 2 Bde., Stuttgart 1966, 1. Bd., S. 164–262 (7. Kapitel); hier: S. 182.

damit gegen die Ansicht des Eratosthenes (um 295/280 bis Ende des 3. Jhs. v. Chr.), daß die Dichtung Unterhaltung und nicht Belehrung bezwecke, wendet. Analog zu Horaz sieht Cicero (De oratore 2, 115f.; vgl. 121, 128f. u. ö.) die Aufgabe des Redners im Belehren, Erfreuen und Erregen des Zuhörers.

Der Berufung auf die „Ars Poetica" des Horaz folgt in Breitingers „Critischer Dichtkunst" übergangslos der Bezug auf Äsop: „Weil nun Esopus die Fabel zum Unterrichte des gemeinen bürgerlichen Lebens angewendet, so waren seine Lehren meistens gantz bekannte Sätze und Lebens-Regeln (...)."[8]

> „Die Fabel ist in ihrem Wesen und Ursprung betrachtet nichts anderes als ein lehrreiches Wunderbares. Dieselbe ist erfunden worden, moralische Lehren und Erinnerungen auf eine verdeckte und angenehm-ergötzende Weise in die Gemüter der Menschen einzuspielen und diesen sonst trockenen und bitteren Wahrheiten durch die künstliche Verkleidung in eine reizende Maske einen so gewissen Eingang in das menschliche Herz zu verschaffen, daß es sich nicht erwehren kann, ihren heilsamen Nachdruck zu fühlen."[9]

Gottscheds Dreiteilung finden wir auch bei Breitinger, der jedoch nicht von unwahrscheinlichen, sondern statt dessen von wunderbaren Fabeln spricht.

Der Mensch in seinem Stolz ist empfindlich gegenüber Verboten und Vorwürfen, sagt Breitinger; deshalb kann man ihm die moralischen Wahrheiten nicht in nackter Gestalt vortragen. Man muß ihn überlisten. Zwei Mittel dienen dazu, die moralischen Lehren angenehm zu machen und die Aufmerksamkeit des Lesers zu gewinnen: die *Erzählung* und das *Wunderbare.* Die Fabel besteht aus zwei Teilen. Die Erzählung ist als sichtbarer Teil der Körper der Fabel; die Lehre, die durch Vergleichung und Nachdenken entdeckt werden muß, ist die Seele der Fabel. Entscheidend ist die Harmonie zwischen Körper und Seele, d. h. die Erzählung muß in jedem Zug von der Absicht her konzipiert sein. Da eine Erzählung aus dem Alltag wenig Reiz bietet, braucht die Fabel das Wunderbare bei der Person oder bei der Handlung – z. B. die unvermutete Absicht, den unerwarteten Ausgang oder Götter, Tiere, Pflanzen u. a. statt Menschen. Das Wunderbare in der Fabel ist „allein zu dem Zweck

---

[8] Ebd.
[9] Ebd., S. 166.

notwendig, damit die Erzählung desto leichter Gehör und die darunter versteckte Lehre zugleich einen glücklicheren Eingang bei den Menschen finde".[10] Durch das Wunderbare wird die Aufmerksamkeit des Lesers geweckt. Nach dem Grad der *Wahrscheinlichkeit,* nach der Entfernung von der Wahrscheinlichkeit unterscheidet Breitinger bei den wunderbaren (= unwahrscheinlichen) Fabeln zwischen solchen, in denen redende Tiere, und solchen, in denen Pflanzen und leblose Dinge als Akteure auftreten. Dabei zeigt sich der „Naturalismus" Breitingers[11] in den ständigen Versuchen, die Wahrscheinlichkeit auch der unwahrscheinlichen Fabeln zu retten – besonders amüsant bei der Beurteilung der Joas-Fabel (2. Könige 14,9)[12]:

„Man wird dieses als eine orientalische Ausschweifung ansehen, die alle Wahrscheinlichkeit übersteigt", schreibt Breitinger im Blick auf die Ehe zwischen Bäumen, versucht sie aber doch in ihrer Wahrscheinlichkeit zu retten mit der Überlegung, daß man eheliche Vereinigung zwischen Bäumen als Einpfropfen oder Impfen verstehen kann, das Vermählen bei Pflanzen als ein Umschlingen und Zusammenwachsen wie beispielsweise beim Efeu. „Der andere dem Scheine nach unglaubliche Umstand ist dieser, daß der Dornstrauch durch einen Gesandten mit der Ceder habe handeln lassen: Allein dieses Unglaubliche wird in der Erzählung sehr künstlich verhehlt, wenn es einfältig heißt: ‚der Dornstrauch sandte zur Ceder und ließ ihr sagen'; und die Wahrscheinlichkeit ist gerettet, wenn man sich vorstellt, daß dieser Gesandte nicht ein Baum oder eine Pflanze, sondern entweder ein vierfüßiges Tier oder ein Vogel gewesen sei."

Das Bemühen um die Wahrscheinlichkeit des Wunderbaren erkennt man auch im 6. Kapitel der „Critischen Dichtkunst".

Hier bezeichnet Breitinger das Wunderbare als Verkleidung der Wahrheit, als „vermummtes Wahrscheinliches" (132). Der Dichter hat „große Vorsicht und Behutsamkeit zu gebrauchen, daß das Wunderbare nicht unglaubhaft wird und allen Schein der Wahrheit verliert". (137) „Die eigentliche Kunst des Poeten besteht demnach darin, daß er die Sachen, die er durch seine Vorstellung angenehm machen will, von dem Ansehen der Wahrheit bis auf einen gewissen Grad künstlich entfernt, jedoch allzeit in dem Maße, daß man den Schein der Wahrheit auch in ihrer weitesten Entfernung nicht gänzlich aus dem Gesicht verliert. Folglich muß der Poet das Wahre als wahrscheinlich und das Wahrscheinliche als wunderbar

[10] Ebd., S. 186.
[11] Max Staege, Die Geschichte der deutschen Fabeltheorie, Bern 1929, S. 28.
[12] J. J. Breitinger, Critische Dichtkunst, a.a.O., S. 257.

vorstellen, und hiermit hat das poetische Wahrscheinliche immer die Wahrheit, gleichwie das Wunderbare in der Poesie die Wahrscheinlichkeit zum Grunde." (139)

Dieser „Naturalismus" ist entscheidend didaktisch begründet und ergibt sich meines Ermessens u. a. aus Breitingers Einschätzung des Fabellesers. Denn die Fabel hat nach Breitingers Meinung die Absicht, „zu belustigen und zu erklären oder auf eine angenehme Weise zu unterrichten und für solche Leute zu dienen, deren Verstand zur Einsicht philosophischer Erweise viel zu träg und schwach ist".[13]

1740 erscheint noch ein zweites Werk von Johann Jacob Breitinger: „Critische Abhandlung von der Natur, den Absichten und dem Gebrauche der Gleichnisse".[14]
Breitinger unterscheidet in dieser Darstellung von über 500 Seiten zwischen erleuchtenden, auszierenden, nachdrücklichen und lehrreichen Gleichnissen (Kap. 1–4). Er untersucht sehr ausführlich und detailliert die Absicht (Kap. 5), den rechten Ort (Kap. 6), Umfang und Häufigkeit der Gleichnisse (Kap. 8), Originalität (Kap. 9) und Abänderung der Gleichnis-Bilder (Kap. 10) und die Frage, wann ein Gleichnis-Bild schön und passend ist (Kap. 12). Er betrachtet kritisch die Gleichnisse in den deutschen Trauerspielen (Kap. 7) und geht speziell auf B. H. Brockes „Irdisches Vergnügen in Gott" (Kap. 14) und auf Lohenstein (Kap. 15) ein. Angesichts dieser Ausführlichkeit im Detail und der Unmenge von Beispielen aus der Ilias und Odyssee ist die enge Begrenzung besonders auffallend. Breitinger erwähnt die biblischen Gleichnisse überhaupt nicht, die äsopischen Fabeln nur einmal ganz knapp.

2. Triller und Stoppe

J. J. Breitinger greift in seiner „Critischen Dichtkunst" einen einzigen Fabeldichter seiner Zeit wiederholt scharf an. Ursache dieser Auseinandersetzung, die vielfach zur Polemik ausartet, ist die unterschiedliche Ansicht über die Wahrscheinlichkeit der Fabel. Breitinger kritisiert, daß Daniel *Triller* (1695–1782) die menschliche

[13] Ebd., S. 213.
[14] Johann Jacob Breitinger, Critische Abhandlung von der Natur, den Absichten und dem Gebrauche der Gleichnisse. Faksimiledruck nach der Ausgabe von 1740. Mit einem Nachwort von Manfred Windfuhr, Stuttgart 1966.

oder wahrscheinliche Fabel nicht gelten lassen will.[15] J. J. Bodmer rügt unter Berufung auf Breitingers „Critische Dichtkunst", daß in Trillers Fabeln „nichts anderes geschähe, als daß eine absonderliche menschliche Handlung einem Thiere zugelegt würde".[16] Kritische Seitenhiebe Bodmers fallen auch immer wieder gegen Daniel Stoppe.[17] Vielleicht haben diese Urteile mit dazu beigetragen, daß Triller als Fabeldichter und -theoretiker zu gering geschätzt wird. Denn man kann ihn weder als „geistesarmen Dichter"[18] abtun, noch ist seine Abhandlung über die Fabel „so unbedeutend und kleinlich, daß sie füglich übergangen werden kann".[19]

Daniel Wilhelm Triller schreibt in seinen „Poetischen Betrachtungen", daß es „sowohl der morgenländischen als auch himmlischen Weisheit" – im Alten und Neuen Testament – gefallen habe, „die an sich selbst rauhe und bittere Wahrheit in anmutige und gelinde Fabeln einzukleiden".[20] Er beginnt die Aufzählung mit der Nathan-Fabel und mit Äsop. Die höchste Stellung in der *deutschen* Fabeldichtung nimmt nach Trillers Ansicht der „Froschmäusler" ein, den man als einen deutschen La Fontaine bezeichnen könne. Zur Frage, was eine gute Fabel ausmacht, verweist Triller auf de la Mottes Discours über die Fabel, dem er nur einige Kleinigkeiten beizufügen hat. Die Fabel muß „kurz, einfach, lebhaft, lustig, natürlich und am Ende sinnreich" sein.[21]

Im Gegensatz zur einfachen Geschichte muß die Fabel etwas *Unglaubliches* enthalten, das jedoch nicht unvernünftig oder widernatürlich sein darf. Daß Tiere vernünftig miteinander reden, ist

---

[15] Critische Dichtkunst, a.a.O., S. 230; 234; 261f. u. ö. – Polemik findet sich u. a. in den Anmerkungen auf S. 173; 175; 177 u. ö., da Triller meist (etwa zur Frage des Epimythions) dieselbe Ansicht vertritt; vgl. Trillers „Poetische Betrachtungen", a.a.O., S. 561ff.

[16] J. J. Bodmers Vorwort (ohne Seitenzahl) zu: L. Meyer von Knonau, Neue Fabeln, 3. Aufl., Zürich 1757.

[17] Ebd.

[18] Hubert Badstüber, Die deutsche Fabel von ihren Anfängen bis zur Gegenwart, Wien 1924, S. 34.

[19] Max Staege, a.a.O., S. 25.

[20] Daniel Wilhelm Triller, Poetische Betrachtungen über verschiedene, aus der Natur- und Sitten-Lehre hergenommene Materien, 1. Teil, 1725; 2. Teil, Hamburg 1737; hier: 2. Teil, S. 548.

[21] Ebd., 2. Teil, S. 560.

zwar unglaublich, aber nicht unvernünftig oder widernatürlich, wie es etwa ein fliegender Fuchs oder Wolf wäre. Andererseits ist die Erzählung vom Fuchs, der dem Bauern ein Huhn stiehlt und dafür geprügelt wird, auch mit angefügter Lehre noch keine Fabel. Denn wenn gar nichts Unglaubliches enthalten ist, handelt es sich um eine bloße Geschichte, die keine Verwunderung und Aufmerksamkeit verdient. Deshalb lehnt Triller Menschen als Hauptpersonen der Fabel ab, weil man ihnen „nicht so leicht etwas Unglaubliches andichten kann wie Tieren oder Pflanzen oder anderen Geschöpfen".[22]

Triller hat seinen „Neuen Äsopischen Fabeln" ein Gedicht vorangestellt, in dem er das Wesen der Fabel bestimmt.[23]

Im Vorwort schreibt er, daß er mit seinen Fabeln „zugleich erbauen und belustigen" möchte. Um die Würdigkeit der Fabel hervorzuheben, verweist er auf das Urteil von Luther und Melanchthon und zitiert das Urteil von Balthasar Schupp, daß in den äsopischen Fabeln mehr Weisheit und Verstand zu finden sei als in allen Streitfragen und Wortgefechten aller Schüler von Occam und Thomas von Aquin.

Triller betont den Tatcharakter der Fabel:

> „Das Wissen macht es nicht aus, sondern das Tun, nie aber kann dies genug gesagt werden, was nie genug getan wird. Man begeht die meisten Laster nicht aus Mangel des Wissens, sondern aus Mangel einer lebhaften Erinnerung, weil man sich die Häßlichkeit derselben nicht so natürlich und gründlich vorstellt, ehe man sie begeht, als nachdem man sie begangen."[24]

Der 2. Teil von Trillers „Poetischen Betrachtungen" (1737) enthält 31 Fabeln und außerdem einige Übersetzungen u. a. der Fabeln La Fontaines (z. B. Hahn und Fuchs). Trillers Sammlung „Neue Äsopische Fabeln" (1740) bietet 150 Fabeln.

Nur in wenigen Fällen läßt Triller der Freude am detaillierten Erzählen freien Lauf und nimmt dadurch der Lehre, die entsprechend erzählerisch ausgeweitet wird, ihre Wirkung. Das gilt u. a.

---

[22] D. W. Triller, Poetische Betrachtungen, a.a.O., S. 573.

[23] D. W. Triller, Neue Äsopische Fabeln, worinnen in gebundener Rede allerhand erbauliche Sittenlehren und nützliche Lebensregeln vorgetragen werden, Hamburg 1740 (ohne Seitenzahl).

[24] Ebd.

für die Joas-Fabel (nach 2. Könige 14,9) mit 192 Zeilen, zu der Triller jedoch eine zehnzeilige Kurzfassung geschrieben hat, und für die Fabel von der Stadtmaus und Feldmaus mit 108 Zeilen, die mit der im Vergleich zu Luther trivialen Moral endet:

„Seid vergnügt in eurem Stande,
Liebsten Kinder, und verbleibt in der Stille
auf dem Lande,
In den Städten und Palästen lebt man reichlich,
das ist wahr,
Aber die Gemütsruh fehlet und man schwebt
stets in Gefahr."

Von wenigen Ausnahmen abgesehen sind Trillers Fabeln knapp gefaßt. Entsprechend seiner Theorie steht die Lehre am Ende und gipfelt bisweilen in einem Sprichwort:

Art lässet nimmermehr von Art.
Was sich nicht biegen läßt, muß brechen. –
Und kurz: So klein war keine Ratte,
Die kein Kamel im Kopfe hatte.

Trotz gelegentlicher Kritik ist Trillers Obrigkeitsgläubigkeit auffallend; sie wird christlich verbrämt. Der Mensch soll sich in das gottgegebene Schicksal fügen und unter die gottgewollte Obrigkeit beugen. Auf die Vergänglichkeit wird hingewiesen und Geduld im Leiden gefordert. Triller kritisiert in seinen Fabeln die Beurteilung nach dem Äußerlichen, die Verachtung der Weisheit und Wissenschaft. Er weist auf menschliche Schwächen wie Eitelkeit, Stolz, Neugier und zeigt, daß in der Welt die Stärke siegt; zugleich warnt er vor zu großem Vertrauen auf die Mitmenschen.

Die Fabeldichtung des 18. Jahrhunderts steht nicht mehr so stark in der Tradition wie die der Reformationszeit. Die Titel der Fabelsammlungen – statt „äsopische Fabeln" heißt es jetzt meistens „Fabeln und Erzählungen" – deuten bereits darauf hin, daß weniger die alten Fabelmotive als neue, freie Erfindungen dominieren. Die Möglichkeiten sind unbegrenzt. Zugleich ist die Gefahr groß, dabei in die Trivialität abzugleiten, wie es vielfach bei Daniel *Stoppe* (1697–1747) der Fall ist. Daniel Wilhelm Triller wurde von Breitinger und Bodmer kritisiert, weil er den Akzent besonders stark auf das Unglaubliche in der Fabel setzt. Das führt zum Bemühen um originelle Konstellationen. So geht es bei den insgesamt 200 Fabeln von Daniel Stoppe[25] weniger um die gezielt und knapp vorgetragene „Lehre“ als um originelle Ideen, um interessante und ungewöhnliche Ereignisse, die erzählt werden. Die Lehre ist oft sehr bescheiden und begrenzt. Stoppe begnügt sich mit meist recht belanglosen Kleinigkeiten und Trivialitäten des Alltags. Im Gegensatz dazu ist der Vergleichsbereich sehr weit gespannt. Nicht nur Tiere reden und handeln oder Baum und Pflanze, sondern auch Fenster und Ofen, Harnisch und Fingerhut, Fernglas und Auge, Degen und Bratspieß, Spiegel und Pinsel, Bratenwender und Wanduhr usw. Es debattieren nicht nur Tischtuch und Löschpapier, sondern auch das große A und die Nullen hinter der Eins: „Fünf nachbarliche Nullen kam die Torheit in den Sinn, sich von der Eins zu scheiden ...“. Mäuse, die den Seneca gelesen haben, philosophieren über den Tod, und die Lehre der Fabel beginnt mit bestechender Logik:

„Der Mensch ist zwar ein Mensch und folglich keine Maus;
Doch sein gegebner Trost sieht oft nicht besser aus.“

Bezeichnend ist bereits der Titel von Stoppes Fabelsammlung. Wie die meisten seiner Zeitgenossen will er belehren und unterhalten. Zugleich bringt er die Gattung in Mißkredit, indem er die doppelte Moral bereits durch den Titel einführt. Stoppe wird trivial, indem er für Kinder schreibt oder glaubt, die Trivialität durch den beschränkten Adressatenbezug rechtfertigen zu können. In vielen seiner Fabeln wendet er sich direkt an den jungen Leser. Die Lehre beginnt dann beispielsweise: „Ihr Kinder, merkt's euch hier ...“.

Der zu weit gespannte Bildbereich in Stoppes Fabeln wurde bereits von den Zeitgenossen, obwohl sie originelle Erfindungen schätzten, als bisweilen „lächerlich und abgeschmackt“, der familiäre Ton als „niederträchtig“ kritisiert.[26]

---

[25] Daniel Stoppe, Neue Fabeln oder Moralische Gedichte, der deutschen Jugend zu einem erbaulichen Zeitvertreib aufgesetzt, 2 Teile, Breslau 1745.

[26] Vgl. Christian Fürchtegott Gellert, Schriften zur Geschichte und Theorie der Fabel. Historisch-kritische Ausgabe, bearbeitet von Siegfried Scheibe, Tübingen 1966, S. 119.

3. Hagedorn, Gellert, Gleim

Die meist verkürzt als *prodesse et delectare* oder *docere et delectare* wiedergegebene berühmte Maxime des Horaz „aut prodesse volunt aut delectare poetae / aut simul et iucunda et idonea dicere vitae“ (Ars poetica V. 333f.), hat bereits Phädrus in leicht abgewandelter Form übernommen. „Duplex libelli dos est: quod risum movet / et quod prudentis vitam consilio monet“ (Liber fabularum V. 3.f.).

Im Jahrhundert der Aufklärung wird sie zum bestimmenden Prinzip und somit zugleich zur Begründung für die Wertschätzung der Fabel in dieser Zeit. Wie die Gattung belustigen und erfreuen kann, zeigen vor allem die Texte von Hagedorn, Gellert und Gleim, die bereits bei den Zeitgenossen sehr beliebt waren, und zwar nicht nur bei den literarisch Gebildeten. Das spiegelt sich in der Anekdote von dem Bauern, der Gellert eine Fuhre Holz schenkte „als Anerkennung für die schönen Fabeln des Herrn Professors“.[27]

Um die gewünschte und erreichte Spannweite des Leserkreises anzudeuten, sei auf eine andere, in mehreren Varianten überlieferte Anekdote über Friedrich II. und Gellert verwiesen, die allerdings nicht nur die Wertschätzung dieses Fabeldichters, sondern zugleich auch die königliche Mißachtung der deutschen Dichtung zeigt.
Bei einem Aufenthalt im Jahre 1760 in Leipzig bestellte Friedrich II. den Professor zu sich und begrüßte ihn mit der Frage: „Ist Er der Fabeldichter Gellert?“ Auf den Wunsch des Königs, daß er ihm eine seiner Fabeln auswendig vortrage, wählte Gellert nach einigem Zögern die Fabel „Der Maler“. Der Vortrag gefiel dem König so sehr, daß er weitere Besuche des Dichters wünschte, um sich dessen Fabeln vorlesen zu lassen. Später äußerte er Garve gegenüber, Gellert sei der einzige deutsche Dichter, der zur Nachwelt gelangen werde; er habe zwar nur in einer kleinen literarischen Gattung, aber in dieser erfolgreich gearbeitet.[28]

Auf die Frage „Quis sit apologus?“ („Was eine Fabel sey?“) antwortete Christian Fürchtegott *Gellert* (1715–1769) in seiner lateinischen Habilitationsschrift von 1744:

„Fictionem breuiorem et allegoricam ita instructam, ut delectando prosit, apologum dicimus.“

---

[27] Zitiert nach Hubert Badstüber, Die deutsche Fabel von ihren ersten Anfängen bis auf die Gegenwart, Wien 1924, S. 37.

[28] Vgl. u. a. Chr. F. Gellert, Poetische Werke, 2. Teil, 1879, S. 133ff.

(„Eine kurze und auf einen gewissen Gegenstand anspielende Erdichtung, die so eingerichtet ist, daß sie zugleich ergötzet und zugleich nutzet, nennt man eine Fabel.")[29]

Aus diesem „doppelten Endzweck"[30] leitet Gellert alle weiteren Bestimmungen ab. Die Fabel muß „etwas Seltnes, Neues und Wunderbares"[31] bieten, ohne der Wahrscheinlichkeit zu widersprechen. Sie braucht Schmuck durch die Art der Gestaltung. Und sie, d. h. der Erzählteil, muß mit der aus ihr gezogenen Lehre übereinstimmen.

1. Daß die Tiere in menschlicher Sprache reden, ist noch nicht genug des Wunderbaren. Sie müssen etwas Ungewöhnliches reden oder tun, und das erzählte Geschehen muß einen unerwarteten Ausgang nehmen (die Maus befreit einen Löwen).
2. Um der Wahrscheinlichkeit willen müssen die Tiere der Fabel naturgemäß handeln (so wie sie ihrer Natur nach handeln würden, wenn sie Verstand und Sprache hätten). Äsops Wolf, der nach der Freiheit verlangt, verhält sich naturgemäß im Gegensatz zu La Mottes Tauben, die einen Liebesbrief tragen (4. Fabel des 3. Buches).
3. In der Kunst des Erzählens haben die modernen Dichter (La Fontaine, La Motte, Hagedorn) die alten (Phädrus) übertroffen. Ein gewisser Schmuck erhöht das Interesse des Lesers; die Ausschmückung darf jedoch nicht abschweifend werden. Die Schreibweise der Fabel soll leicht und fließend sein, aber nicht – wie bei manchen gegenwärtigen Dichtern[32] – nachlässig und fehlerhaft.
4. Gellert nennt drei Gründe für das ursprüngliche Entstehen der Fabel: die Unachtsamkeit bei der Ermahnung, den Mangel an Einsicht und den Haß gegenüber dem Sittenrichter. Die Fabel als „angenehme Unterweisung"[33] wurde zum Hilfsmittel gegen

[29] Christian Fürchtegott Gellert, Schriften zur Theorie und Geschichte der Fabel. Historisch-kritische Ausgabe, bearbeitet von Siegfried Scheibe, Tübingen 1966, S. 10f.
[30] Ebd., S. 17.
[31] Ebd., S. 17.
[32] Hier denkt Gellert vermutlich an Stoppe, dessen Nachlässigkeit in der Ausdrucksweise er in anderem Zusammenhang kritisiert (vgl. ebd., S. 119).
[33] Ebd., S. 17.

diese Übel. Durch das Erzählen seltener Vorfälle erregt sie die Aufmerksamkeit. Die Kürze der Erzählung erleichtert das Nachdenken. Da sie die Wahrheit in ein Bild kleidet, ist sie leicht verständlich und verhindert zugleich den Zorn des Lesers auf den Poeten. So wird sie wie die Fabeln des Stesichoros und Menenius Agrippa zum „Stachel in dem Gemüthe des Lesers".[34]

Im Vorwort zum 1. Teil seiner „Fabeln und Erzählungen" bezeichnet Gellert die äsopische Fabel als *„die älteste Spur des menschlichen Witzes.* Sie war in den meisten Ländern, ehe die Wissenschaften dahin kamen, und sie vertrat in den Zeiten der Unwissenheit bei diesem und jenem Volk fast ganz allein die Stelle des Witzes und der Moral. Sie erhielt sich bei ihrer Ehre, da die Wissenschaften aufgingen; und eine Erfindung, die Barbaren gefallen hatte, gefiel auch gesitteten und witzigen Völkern und ward unter ihren Händen immer mehr verschönert!"[35]

Seit 1741 erscheinen Gellerts Fabeln in der Monatsschrift „Belustigungen des Verstandes und Witzes", finden großen Beifall bei den Lesern, werden übersetzt und weit verbreitet und begründeten Gellerts Ruhm als Fabeldichter. Trotzdem nimmt Gellert in die beiden Fabelbücher von 1746 und 1748 nur fünf von ihnen, in umgearbeiteter Form, auf („Der Hund", „Das Pferd und die Bremse", „Damötas und Phyllis", „Das Heupferd", „Die Biene und die Henne").

Die Diskrepanz zwischen der Zurückhaltung des sensiblen und sehr selbstkritischen Dichters und den Leseneigungen seines Publikums bewirkt, daß die beliebtesten Fabeln wiederholt ohne Gellerts Einverständnis nachgedruckt werden. So erscheint 1756 eine „Besondere Sammlung verschiedener Fabeln und Erzählungen, die zwar der Herr Professor C. F. Gellert verfertiget, aber in denen unter seinem Namen herausgegebenen Poetischen Schriften nicht mitenthalten sind". In der Vorrede begründet der anonyme Herausgeber sein Unternehmen mit der „Unersättlichkeit des Publikums in Gellert'schen Fabeln".[36]

---

[34] Ebd., S. 19.

[35] Christian Fürchtegott Gellert, Fabeln und Erzählungen, Leipzig 1746 und 1748 (beide Teile in einem Band), Vorwort zum 1. Teil (ohne Seitenzahl).

[36] Zitiert nach: Chr. F. Gellert, Poetische Werke, 1. Teil: Fabeln und Erzählungen, Berlin 1879, S. 192.

Gellert fügt sich den Wünschen seiner Leser. Er gesteht in der Vorrede zu seinen Schriften 1769, daß er, obwohl er die wünschenswerten Verbesserungen aus gesundheitlichen Gründen nicht habe vornehmen können, seine Werke dem Publikum, das sie mit Beifall aufgenommen, nicht mehr vorenthalten dürfe.[37] Er erfülle sein öffentliches Versprechen, das man ihm abgezwungen habe, und liefere den Lesern den größten Teil seiner Fabeln aus den „Belustigungen“ in verbesserter Form, schreibt Gellert in der Vorrede der Ausgabe von 1756,[38] die zusammen mit der von 1754 das dritte der Gellertschen Fabelbücher bildet. Mit der ihm eigenen Selbstkritik fügt er drei exemplarisch verstandene „Beurtheilungen“[39] – für „Anfänger der Poesie“ und flüchtige Leser[40] – bei.

> „Damit diejenigen Leser, die meine Fabeln in den *Belustigungen* immer noch für gut halten, prüfen können, ob ich Recht habe, wenn ich nicht ihrer Meynung bin, so will ich drey derselben, die noch gar nicht die schlechtesten sind, wählen und sie beurtheilen. Ich hoffe zu gleicher Zeit Anfängern in der Poesie einen Dienst zu thun und sie an meinem Exempel zu lehren, wie sie ihre eigenen oder ihrer Freunde Versuche beurtheilen, und sich nicht sofort mit den Gedanken schmeicheln sollen, daß sie für die Welt schreiben können, weil sie schreiben können.“[41]

1738 erscheint das erste Fabelbuch von Friedrich *von Hagedorn* (1708–1754), dem später ein zweites mit rund fünfzig Fabeln folgt.[42] Hagedorn schätzt La Fontaine und kennt den Essay von La Motte (dem er ein epigrammatisches Gedicht gewidmet hat); er ist mit der Fabeldichtung der „Alten und Neuern“ nicht nur bestens vertraut, sondern nutzt sie auch als Vorlage für seine eigene Dichtung. Dem ausführlichen Quellenverzeichnis, das Hagedorn der Erstausgabe seiner Fabeln beigefügt hat, kann man entnehmen, daß er nur für 10 der 71 Fabeln keine Vorlage benutzte.

---

[37] C. F. Gellerts sämtliche Schriften, 1. Teil, Leipzig 1840, S. 3f.

[38] Sammlung vermischter Schriften von C. F. Gellert, 1. Teil, Leipzig 1756, S. III–VI, – „Ich habe also diese ganze Sammlung mehr gezwungen als freywillig herausgegeben.“ (Ebd., S. VI.)

[39] Ebd., S. 117–160 („Die Lerche“; „Der Schäfer und die Sirene“; „Der Sperling und die Taube“).

[40] Ebd., S. IV.

[41] Ebd., S. 117.

[42] Friedrich von Hagedorn, Versuch in poetischen Fabeln und Erzählungen, Hamburg 1738 – Friedrich von Hagedorn, Poetische Werke, 2. Teil, Hamburg 1769 (enthält die beiden Bücher, Fabeln und Erzehlungen).

In der Vorrede schreibt er bescheiden:

„Bey dem Verzeichnisse dieser Kleinigkeiten sind diejenigen angeführet worden, deren Beispiele mich zu dieser Schreibart aufgemuntert haben und in welchen man dasjenige antrifft, was ich in meinen poetischen Fabeln und Erzehlungen nicht selbst erfunden. Ich habe solches für dienlich erachtet, damit desto leichter wahrzunehmen stehe, daß ich meinen Vorgängern, und insonderheit dem La Fontaine auf eine eben so frei Art gefolget sey, als dieser dem Phaedrus, Ovidius, Ariosto, Boccaccio und Marot nachgeeifert hat."[43]

Der Leser kann und soll vergleichen; denn Hagedorns Erzählkunst ist die Kunst, anders zu erzählen. Die Übergänge zwischen Fabel und Erzählung werden fließend, und der belehrende Charakter fehlt fast ganz. Das Interesse an ungewöhnlichen Dingen, an fremden Ländern u. ä. überwiegt. Die Erzählfreude ist ihm wichtiger als die parabolische Aussage.

Gellert sah in Hagedorn „einen Fabeldichter und Poeten, um dessentwillen sich Teutschland Glück wünschen muß. Denn, wem sollten nicht die Fabeln des Herrn Friedr. von Hagedorns gefallen, die er von alten und neuen Schriftstellern entlehnet, und in ganz vortreffliche Verse gebracht, auch an vielen Orten durch seine Geschicklichkeit und Genie so bereichert hat, daß man sie mit Recht für seine, nicht für fremde Erfindung hält? Diese Fabeln lehren, wie man der Einfalt in der Erfindung, durch einen bedächtigen und mit Blumen bestreuten Ausdruck zu statten kommen, und wie man die Natur mit der Kunst vereinigen müsse."[44]

Johann Wilhelm Ludwig *Gleim* (1719–1803) hat seine Fabeln dem Prinzen Friedrich von Preußen gewidmet, der ihn zum Schreiben anregte, indem er ihm 1753 Kupferstiche zu den Texten La Fontaines zeigte mit der auffordernden Frage, ob er auch Fabeln schreiben könne.[45]

In den Briefen findet man weitere Gründe für Gleims Interesse an dieser literarischen Gattung. Statt Hagedorn und Gellert um

---

[43] Friedrich von Hagedorn, Versuch in Fabeln und Erzehlungen, Hamburg 1738 (Vorwort ohne Seitenzahl).

[44] Christian Fürchtegott Gellert, Schriften zur Theorie und Geschichte der Fabel, Historisch-kritische Ausgabe, bearbeitet von Siegfried Scheibe, Tübingen 1966, S. 119.

[45] Fabeln von Gleim, Berlin 1786, S. 16 – vgl. das Widmungsgedicht und die zweite Fabel (S. 16–18: „Der Löwe. Der Tiger und der Wandersmann"), die dem Prinzen Friedrich von Preußen gewidmet ist.

Fabeln für Ramlers Anthologie zu bitten, wolle er lieber selbst zum „Fabelhans“ werden.[46] Er schreibt „gleichsam in einer Art von äsopischem Raptu“[47] und zunächst in therapeutischer Absicht. Er will den melancholischen Freund v. Kleist durch täglich neue Fabeln aufheitern. Drucken ließ er sie angeblich nur, um festzustellen, ob die Freunde ihn als Autor erkennen würden.[48]

Die ersten beiden Bücher der „naiven und nachläßig-schönen“[49] Fabeln erscheinen 1756 und 1757. Sie und die ebenfalls anonym erschienene vierbändige Sammlung „Lieder, Fabeln und Romanzen“ (1758), die diese beiden Bände mit je 25 Fabeln enthält, verraten dem kundigen Zeitgenossen die Handschrift des Autors. Denn „wie könnte man einen Gleim verkennen“.[50]

Gleim weist am Ende des zweiten Bandes darauf hin, daß vom ersten Buch alle, vom zweiten nur die ersten drei Fabeln eigene Erfindungen sind, während er die übrigen übernommen und neu eingekleidet habe. Phädrus und La Fontaine sind die bevorzugten Quellen.

Moses Mendelssohn rühmt in seiner Rezension[51] vor allem die 10., 12. und 23. Fabel des ersten und die beiden ersten des zweiten Buches.[52] Er vergleicht die 13. Fabel des zweiten Buches („Das

---

[46] Briefwechsel zwischen Gleim und Ramler, hg. v. Carl Schüddekopf, 2. Bd. (1753–1759), Tübingen 1907, S. 61 (Brief v. 26. 8. 1753).

[47] Ebd., S. 241 (Brief v. 16. 5. 1756).

[48] Ebd.

[49] Auf Gleims Frage an den Freund und Kenner – „Sie sollen mir sagen, wer diese Fabeln gemacht hat.“ – antwortete Ramler: „Ich will Ihnen wol sagen, wer die naiven und nachläßig-schönen Fabeln gemacht hat: Sie haben sie gemacht. (...) ich kenne ihre jetzige Vers-Art allzuschön, als daß ich Sie nicht gleich beim ersten Gedicht hätte errathen sollen.“ (Briefwechsel, a.a.O., S. 239ff. – Briefe vom 28. 4. und 1. 5. 1756) – Von „naiven Fabeln“ schreibt Ramler auch im Brief v. 26. 5. 1756 (vgl. Briefwechsel, a.a.O., S. 242).

[50] Moses Mendelssohn, Gesammelte Schriften. Jubiläumsausgabe, Bd. 4: Rezensionsartikel in Bibliothek der schönen Wissenschaften und freyen Künste (1756–1759), bearbeitet von Eva J. Engel, Stuttgart 1977, S. 237.

[51] Ebd., S. 237–248.

[52] Vgl. die von Gleim selbst herausgegebene Sammlung von 1776 (die Ausgabe von 1786 hat eine andere Reihenfolge der Fabeln):
1. Buch: 10. Fabel: *Der Adler. Die Lerche* (S. 21f.); 12. Fabel: *Der Hirsch. Der Haase. Der Esel* (S. 25); 23. Fabel: *Der Esel. Die Nachtigall.*

Pferd und der Esel") mit La Fontaine – mit dem Ergebnis, daß Gleim hier wie auch mit der 16. Fabel („Der Esel in der Löwenhaut") seine Vorlage übertroffen habe.

Aufschlußreich für Gleims Fabeltheorie ist das Gedicht am Anfang des ersten Buches:

Die reisende Fabel

Die arme Tochter des Aesop,
Die Fabell, reiste von Athen,
Entfernte Länder zu besehn.

Ihr Anzug war zwar schlecht, jedoch nicht grob,
Und sonsten sehr bequem;
Wohin sie kam, da war sie angenehm.

Zu Rom gab ihr ein römisch Kleid
Ein Freygelassener, es war ihr nicht zu weit,
Es lag recht an, es war gemacht
Nett, aber ohne Pracht.

Darinn begab sie sich von dannen nach Paris,
Ein Ritter nahm sie auf, und unterwies
Die Pilgerinn, die seine Freundin ward,
In seiner Landesart.

Einst führt er sie in einer Gallanacht
An Ludwigs Hof, in Hofestracht.
Ein Fuchs schlich nach, bis an des Königs Haus,
Und mit hinein lief eine Maus.
Weil sie der Maintenon viel glich,
So zog sie Ludwigs Aug auf sich.

Er rühmte sie den Damen, sie gefiel,
Und sitzend bey dem Spiel
Nannt' eine sie die *Menschenlehrerin.*

Ach! sagte sie, Madam, ich bin,
Ich weiß es wohl, nur eine *Zeitvertreiberin;*
Die Kinder hören mich nur gern.
Ich, Menschen lehren? Das sey fern!
Das ist das Amt der Priester und der Weisen,
Die müssen unterweisen.

Der Staar (S. 42f.); 2. Buch: 1. Fabel: *Der Löwe. Die drei Tyger* (S. 55f.); 2. Fabel: *Die Götter. Jupiters Sohn* (S. 57–59); 13. Fabel: *Das Pferd. Der Esel* (S. 83); 16. Fabel: *Der Esel in der Löwenhaut* (S. 88). – Den Patrioten um Ramler gefiel vor allem die Zueignung an den Prinzen und – aus dem späteren zweiten Buch – die in der Voßischen Zeitung abgedruckte Fabel „Der Löwe und die drei Tiger" (1756), die den Angriffskrieg als Präventivkrieg verherrlicht (vgl. Briefwechsel S. 253, 265, 268; Briefe v. 17. 8. 1756 und 10. 1. 1757).

Gleim weist in dem Gedicht[53] auf die Tradition (Äsop – Phädrus – La Fontaine) und kennzeichnet die Fabel als einfach und gefällig. Ursprünglich schlicht und schmucklos, vermag sie sich dem jeweiligen Zeitstil anzupassen, so daß sie – wie der Kupferstich allegorisch illustriert – im Frankreich Ludwigs XIV. festlich gekleidet von Ritterhand in den Saal geführt werden kann und des Königs Aufmerksamkeit erregt, da sie seiner Geliebten gleicht.

Den hohen Anspruch der Belehrung und Unterweisung lehnt Gleim mit ironischer Bescheidenheit ab und verweist ihn in den Bereich der Theologie und Philosophie. In der zehn Jahre später erschienenen Ausgabe (1786) fehlt der religiöse Aspekt. Die „Pilgerin" ist nun „das wohlerzogene Kind"; an die Stelle der „Priester" sind die „Herrn und Könige" getreten.[54]

Daß die Fabel Lehrdichtung ist und nicht nur – wie es in Gleims Gedicht heißt – „Zeitvertreiberin" und ein Vergnügen für Kinder, beweisen beispielhaft zwei der besten Fabeln Gleims: „Der Löwe. Der Fuchs" und die bereits von Mendelssohn gerühmte Fabel „Der Hirsch. Der Hase. Der Esel". Sie zeigen zugleich, wie meisterhaft Gleim es versteht, in unterhaltsamer und humorvoller Weise zu belehren. Für ihn ist „Menschenlehrerin" und „Zeitvertreiberin" kein Gegensatz.

Da das Gedicht von einigen Zeitgenossen mißverstanden wurde, u. a. von J. J. Bodmer in seiner Vorrede zu den Fabeln von Meyer-Knonau (Zürich 1757), weist Gleim seine Leser darauf hin, daß er „Zeitvertreiberin" scherzhaft gemeint habe, „daß die reisende Fabel hier eine Spötterin ist".[55]

Bereits 1754 schickt der „Fabelhans"[56], wie sich Gleim wiederholt nennt, dem Freund Ramler eine Versfabel in Anlehnung an „Frosch und Stier" von Phädrus mit der Bitte um Beurteilung und kommentiert: „Und wie gefällt ihnen die Moral im Munde des Thieres? – Mich dünckt, es könne die Menschen klüger machen, wenn man sie, in allen Fabeln, durch die Thiere selbst belehren

---

53 Gleims Fabeln, Zwey Bücher. Mit Kupfern, 1776, S. 7f.
54 Fabeln von Gleim, Berlin 1786, S. 14f.
55 Ebd., S. 15.
56 Briefwechsel zwischen Gleim und Ramler, a.a.O., S. 148.

ließe, und daß das besser wäre, als wenn der Poet die Moral sagt, der ein Thier aus ihrer Claße ist."[57]

4. Lichtwer und Pfeffel

„Das Werkchen (...) besteht aus vier Büchern, davon jedes fünf und zwanzig Fabeln enthält. (...) Meinen Namen bitte ich dem Verleger ja zu verschweigen. Ich habe höchst triftige Ursachen dazu."[58] So liest man in einem Brief, den Magnus Gottfried *Lichtwer* (1719–1783) an seinen Vetter Hecht schrieb mit der Bitte, ihm einen Verleger für seine Fabelsammlung zu suchen. Mit Erfolg.

Die Fabeln Lichtwers sind, wie bereits die Zeitgenossen feststellten, von unterschiedlichem Wert. Teilweise haben sie erhebliche sprachliche Mängel, sind langatmig, abstoßend in der Moral und trivial wie die meisten Fabeln Stoppes. Einige der Versfabeln Lichtwers[59] zeichnen sich aus durch originelle Ideen, bedeutsame Erkenntnisse und Lehren, die unaufdringlich vorgetragen werden, durch eine lebendige, meist dialogische Sprache und eine geistvoll-witzige Diktion. Sie sind denen Gellerts ebenbürtig und gehören zu den besten Fabeln des 18. Jahrhunderts. Ramlers Titeländerung – statt „aesopische Fabeln" heißt es bei ihm „Fabeln und Erzählungen" (Greifswald/Leipzig 1761) – ist bezeichnend und durchaus treffend. Denn Lichtwer schreibt nicht mehr im strengen äsopischen Stil, sondern wie seine Zeitgenossen Hagedorn, Gellert, Gleim und in der Nachfolge La Fontaines.

Im ersten Jahrgang der von ihm herausgegebenen Monatsschrift „Das Neueste aus der anmuthigen Gelehrsamkeit" (1751) erscheint – sinnigerweise im „Weinmonat" – eine Rezension von

---

[57] Ebd., S. 149.

[58] Magnus Gottfried Lichtwers Schriften, hg. v. seinem Enkel Ernst Ludwig Magnus von Pott. Mit einer Vorrede und Biographie Lichtwers von Friedrich Cramer, Halberstadt 1828, S. XVf.

[59] Vgl. die Auswahl von Minor (1883–1886, S. 14–43), Emmerich (1960, S. 97–110), Windfuhr (1977, S. 40–52), Dithmar (7. Aufl., 1983, S. 210–215).

Gottsched, der die Texte des ungenannten Autors zu den besten deutschen Fabeln zählt.

„Er ist in der That zu dieser Art von Gedichten gebohren, und erhält sich durchgängig auf derjenigen Mittelstraße, zwischen dem zu hohen und zu niedrigen, zwischen dem gar zu gekünstelten und gar zu einfältigen Ausdrucke, die insonderheit von Fabeldichtern niemals überschritten werden darf. Er hat die eigentlichen Regeln der *äsopischen* Schreibart eingesehen.“[60]

Gottsched rühmt vor allem die von Horaz geforderte Kürze und die „äsopische Einfalt“[61] im Gegensatz zur Schreibweise der Franzosen La Fontaine und de La Motte und ihrer Nachfolger.

Gottsched entschlüsselt die Anonymität des Dichters und trägt (trotz des Streits der Dichterschulen in dieser Zeit) wesentlich zu seinem Ruhm bei. Er veranlaßt, daß er am 24. 1. 1752 zum Mitglied der Deutschen Gesellschaft zu Königsberg ernannt wurde. Er sendet dem Prinzen Heinrich eine der mit Kupferstichen versehenen Ausgaben, fordert Lichtwer zur weiteren Arbeit auf diesem Gebiet auf und bittet ihn um Einsendungen für „Das Neueste aus der anmuthigen Gelehrsamkeit“.

Aber Lichtwer lehnt in fast spöttischer Weise ab, indem er Gottsched die fabelartige Erzählung „Der Springer“[62] sendet, die – auf Ramler, der in seiner Vorrede Lichtwers Fabeln als „feurig, munter, kurz“ gepriesen hatte, ebenso wie auf den einflußreichen Kunstrichter Gottsched anspielend – endet:

„Singt schön, singt feurig, muntre Dichter!
Erzwingt das Lob der strengsten Richter,
Doch hört auch, wenn es Zeit ist, auf.“

Die „Vier Bücher Aesopischer Fabeln in gebundener Schreib-Art“ erscheinen zunächst anonym (Leipzig 1748) und zehn Jahre später mit dem Namen und vollen Amtstitel des königl. preuß. Regierungsrathes im Fürstentum Halberstadt (Berlin 1758), aber ohne die Verbesserungen, die nicht nur die Zeitgenossen, sondern auch

---

[60] Das Neueste aus der anmuthigen Gelehrsamkeit. Leipzig 1751, S. 756–763; hier: S. 757.
[61] Ebd., S. 763.
[62] Die 27. Fabel des 4. Buches (^{4}1758, S. 181–183/Pott 1828, S. 154f.).

Lichtwer selbst als notwendig erkannt hatten.[63] Deshalb gibt Ramler 1761 anonym Lichtwer's auserlesene, verbesserte Fabeln, in zwei Büchern heraus, läßt 35 Fabeln weg und nimmt bei den übrigen 65 eigene Veränderungen vor. Im Vorwort preist er Lichtwer als den deutschen La Fontaine.

Lichtwer ist empört über diesen unerbetenen Liebesdienst und wettert in der Vorrede zur 3. Auflage (Berlin 1762) gegen Ramler, den er taktvollerweise jedoch nicht namentlich nennt. Er bezichtigt den Anonymus des geistigen Diebstahls und bezeichnet ihn als „Plagiarius". Die Veränderungen würden lediglich den Sinn seiner Fabeln entstellen; sie seien grundlos und lediglich eine Verschlechterung.

Kritik übt Lichtwer auch an der Vorrede Ramlers, mißversteht ihn allerdings, wenn er meint, die Erfindung sei für ihn nebensächlich. Auch für Ramler ist die Erfindung entscheidend wichtig.

> „Es ist auch lächerlich, wenn der Herr Verbesserer mich bald zu einem deutschen Aesop, bald zu einem Fontaine, den Zweyten, machen will. Ich bin ja weder der erste noch der einzige deutsche Fabeldichter. Der Herr Verbesserer muß keine Hagedorne, keine Gellerte, keine Leßinge kennen, und es geschieht ohne Zweifel aus bloßer Mißgunst gegen diese weit besseren Dichter, daß er mir dieses Kompliment macht."[64]

Exkurs:

Im Gegensatz zu Lichtwers Ansicht erweist sich Karl Wilhelm *Ramler* als ein Kenner dieser literarischen Gattung, der selbst Fabeln schreibt und zahlreiche Anthologien – allerdings in eigenwilliger Editionsweise – herausgibt.

Wie sehr Ramler bemüht ist, daß die Bedeutung der deutschen Fabel seiner Zeit auch im Ausland, insbesondere im Land des La Fontaine, anerkannt wird, zeigt das Schreiben an einen französischen Gelehrten als Vorrede zu seiner „Fabellese" von 1783, die

---

[63] Vgl. die Vorrede zur 3. Aufl. (Berlin 1762), die Lichtwer in die 4. (und zu seinen Lebzeiten letzten) Auflage (Berlin 1775) unverändert übernimmt (ein Vorwort zur 4. Aufl. gibt es nicht): „Ich läugne daher gar nicht, daß die erste Ausgabe meiner Fabeln im Jahre 1748 verschiedene Fehler hatte, die ich in der andern Ausgabe, welche im Jahr 1758 mit meiner Bewilligung herauskam, bey den damaligen bekannten Unruhen, zu ändern weder Muße noch Lust hatte." (S. XI)

[64] ^{4}1775, S. XIf.

fast 250 Fabeln (oder fabelartige Texte) von etwa 50 Autoren enthält. Er verzichtet auf die Angabe der Namen der Autoren und verändert bisweilen ihre Texte; denn „ohne diese Freyheit, einige Stellen zu ändern, würde ich an keine Sammlung gedacht haben" (S. IV).

Als Fortsetzung der „Fabellese" (1783) erscheint die Sammlung „Fabeln und Erzählungen aus verschiedenen Dichtern" (Berlin 1797), in die Ramler 150 Texte ohne Angaben der Autoren aufnimmt.[65] Die erste Fabel („Der Spiegel") ist ein interessanter Beitrag zur Fabeltheorie, der sich von den in dieser Zeit üblichen abhebt: Die zur Erde gestiegene Wahrheit hält den Menschen einen Wunderspiegel vor, in dem sie sich selbst erkennen können. Doch die Menschen, bei diesem Anblick empört, zerschlagen den Spiegel. Da nimmt die Fabel eine der Scherben, in der der Mensch zwar auch noch „seiner Seele Häßlichkeit" erkennen kann, aber jetzt in Tiergestalt. Mit dem Erfolg, daß jeder nicht sich selbst, sondern nur die anderen wiedererkennt.

„Verschiedne weilten zwar, zum kurzen Zeitvertreibe,
Doch ohne Nutzen, bey der Scheibe
Des Spiegels, lachend gaben ihn
Die meisten gar zum Spiel den Kindern hin." (S. 4)

Lichtwers Fabeln begeistern Ramler, wie u. a. die Vorrede seiner Ausgabe zeigt:

„In der That verdient Hr. L., wenn er nicht den Namen eines deutschen Aesopus verdient, doch den Namen eines deutschen La Fontaine. Beide sind in ihrer Sprache, die der gemeinen Rede am allernächsten kömmt, gar nicht schläfrig, kalt, weitschweifig, sondern feurig, munter, kurz. Der Reim ist beiden gleich ungezwungen, und scheint sich von selbst am Ende ihrer Zeilen eingefunden zu haben. Die Anklagen ihrer Fabeln, die Wendungen ihrer Gedanken sind mannigfaltig. Viele von ihren Versen verdienen Sprichwörter zu werden. Ihre Moral hat das Glück, niemals zu ermüden. Will man dem deutschen Dichter auch noch dieses als ein Verdienst anrechnen, daß die Erfindungen von ihm selbst herkommen, so sind wir sehr wohl damit zufrieden."

---

[65] Karl Wilhelm Ramler's Fabellese, Leipzig 1783. – Fabeln und Erzählungen aus verschiedenen Dichtern. Eine Fortsetzung der Fabellese. Gesammelt von Karl Wilhelm Ramler, Berlin 1797.

Ramler bemüht sich u. a. in Briefen an Gleim (1754), Lichtwer zur Verbesserung seiner Fabeln zu bewegen („helfen Sie ihm seine Fabeln theils wegwerfen, theils umschmeltzen, und rathen ihm, lieber nichts Neues zu schreiben als etwas mittelmäßiges" und „Helfen Sie ihm doch, wenn er sich helfen läßt, damit ich doch die Hälfte von ihm gebrauchen kan") und übernimmt dann die Verbesserung selbst. Er nennt seinen eigenen Namen nicht, nur den des Autors mit vollem Titel:
Herrn M. G. Lichtwers, Königl. Preuß. Hof- und Regierungsraths im Fürstenthum Halberstadt, auserlesene und verbesserte Fabeln und Erzählungen in zweyen Büchern, Greifswald und Leipzig 1761.
In der Vorrede schreibt er:

> „Hier übergeben wir den Liebhabern der Poesie die Fabeln des Herrn L. Wir liefern sie aber in etwas veränderter Gestalt. Wir haben nämlich diejenigen weggelassen, von denen wir glaubten, daß sie seine übrigen Meisterstücke verunzieren möchten; und selbst von diesen haben wir einige kleine Flecken abzuwischen gewagt, die ihn seine jetzigen Geschäfte gehindert haben, selbst hinwegzunehmen. Ein Dienst, von dem wir wünschten, daß er bei ähnlichen Fällen uns selbst widerfahren mögte, weil wir ihn für ein verstecktes Lob halten."

(Ende des Exkurses)

Lichtwers Empörung, so verständlich sie ist, wird von den Zeitgenossen nicht unbedingt geteilt, zumal man eine andere Vorstellung von geistigem Eigentum hat als heute. „Wer seine Schriften öffentlich herausgibt", notiert Lessing im 233. Literaturbrief, „macht sie durch diese Handlung publici juris, und so denn stehet es einem jeden frei, dieselbe nach seiner Einsicht zum Gebrauch des Publikums bequemer einzurichten. Zumal da dem Autor durch diese Handlung nichts von seinem Rechte benommen wird, indem das erste Geschenk, das er dem Publico gemacht hat, deswegen nicht vernichtet wird, und er selbst noch immer die Freiheit hat, die ihm angebotenen Veränderungen nach Belieben anzunehmen oder zu verwerfen."[66]

---

[66] G. E. Lessing, Briefe, die neueste Literatur betreffend. In: G. E. Lessings Werke. Vollständige Ausgabe in 25 Teilen, hg. v. Julius Petersen und Waldemar von Olshausen, 4. Teil, Hildesheim – New York 1970, S. 23ff.; hier: S. 267f. (233. Brief/13. 5. 1762).

Es mag dahingestellt bleiben, ob Lessing seinen Freund zu dem Unternehmen anregte. Jedenfalls verweist er auf die von ihm und Ramler verfaßte Logau-Ausgabe zur Begründung, daß der Autor dem „Verbesserer“ dankbar sein müsse, zumal er, wenn er (wie Lichtwer) noch lebt, die Empfehlungen für seine eigene neue Ausgabe nutzen könne.

Auf die notwendige Zusammenarbeit zwischen Dichter und Kritiker weist auch Moses Mendelssohn hin und vergleicht Lichtwers Fabelsammlung (2. Aufl. 1758) mit dem Bildersaal eines reichen Mannes, der keinen Geschmack hat und Werke Raphaels „neben schlechte Schmierereyen ordnet“.[67]

Im Gegensatz oder auch ergänzend zu den positiven Urteilen anderer Kritiker nennt er in seiner Rezension mit erfrischender Offenheit die Mängel, erläutert sie an Beispielen und kritisiert, daß Lichtwer sie in der zweiten Auflage nicht verbessert habe. „Dann ohne diese schlechten Stücke würde er ohnstreitig unter die größten Dichter Deutschlands müssen gezählt werden.“[68]

An Beispielen erweist Mendelssohn zugleich Ramlers Änderungen als Verbesserungen und fordert Lichtwer auf, sich einen solchen Dichter zum poetischen Freund zu wählen. Ein interessantes Beispiel ist die 15. Fabel des 4. Buches „Die Wespe und der Knabe“, von Mendelssohn als Meisterwerk gepriesen. Er kritisiert nur den Ausdruck „daß alles krachte“, der auch den von dieser Fabel begeisterten Ramler gestört hatte. Er verändert ihn (vgl. [4]1758, S. 165: „eh er es dachte“) und verweist auf diesen Text, um Gleim (im Briefwechsel von 1754) von Lichtwers Bedeutung zu überzeugen.

Mendelssohn bestätigt das Urteil Ramlers, der im Vorwort seiner Lichtwer-Ausgabe geschrieben hatte:

> „Man findet darinn mehrentheils eine nachdrückliche Kürze, eine vortreffliche und mannigfaltige Moral, schöne nicht geborgte Erfindungen, viel *Phädrische* Zierlichkeit und La *Fontanische* Lustigkeit.“[69]

---

[67] Moses Mendelssohn, Gesammelte Schriften. Jubiläumsausgabe, Bd. 4: Rezensionsartikel in Bibliothek der schönen Wissenschaften und freyen Künste (1756–1759), bearbeitet von Eva J. Engel, Stuttgart 1977, S. 184. – Von den insgesamt 21 Rezensionen Mendelssohns in der „Bibliothek“ sind noch zwei weitere dieser literarischen Gattung gewidmet: den Fuchsfabeln Berechiahs und den Fabeln Gleims.

[68] Ebd., S. 172.

[69] Ebd., S. 171.

Zugleich aber kritisiert er „eine unangenehme Länge, eine gemeine Moral und ein niedrigpoßirliches Wesen“[70] vieler Fabeln, die von La Fontaines Lustigkeit und der Leichtigkeit des Phädrus gleich weit entfernt seien und in denen Lichtwer „bis zur Niedrigkeit eines *Stoppe* herunter sinkt“.[71]

Eine der zahlreichen Übersetzungen der Fabeln Lichtwers, eine Prosa-Übertragung ins Französische, stammt von Gottlieb Conrad *Pfeffel* (1736–1809), der selbst ein halbes Jahrhundert, von 1754 bis zu seinem Tod, Fabeln schreibt.

Die Ungleichheit, die Mendelssohn in seiner Rezension der Fabeln Lichtwers feststellt, ist auch in den Dichtungen Pfeffels auffallend und nicht zuletzt durch die in dieser Zeit beliebte Massenproduktion von Fabeln bedingt.

Die von Pfeffel selbst edierte zunächst acht- und dann zehnbändige Ausgabe, die ab 1802 erscheint, ist – wie Minor mit Recht kritisiert – „ein wahrer Wust höchst verschiedenartiger und verschiedenwertiger Dichtungen“.[72]

Die zweibändige Auswahl von H. Hauff enthält knapp 300 Fabeln (1. Band) und etwas mehr als 150 Erzählungen (2. Band).[73]

Pfeffel, der Lichtwer sehr schätzt und einige seiner Fabelmotive neu bearbeitet und der Gellert für den größten deutschen Dichter hält, ist zugleich durch die französische Fabeldichtung beeinflußt. Er rühmt die liebenswürdigen Fabeln Florians und übersetzt sie, später auch die Werke anderer französischer Fabeldichter, ins Deutsche.[74]

Ebenso wie Lichtwer dem Eifer ungebetener Sammler ausgesetzt[75], wird Pfeffel zur Ausgabe seiner „Poetischen Versuche“ in 3 Büchern (Frankfurt 1761) gedrängt. Unter dem ironisch-bescheide-

---

[70] Ebd.

[71] Ebd.

[72] Fabeldichter, Satiriker und Popularphilosophen des 18. Jahrhunderts, hg. v. J. Minor, Berlin und Stuttgart o. J. (1883–1886), S. 53.

[73] Fabeln und poetische Erzählungen von Gottlieb Conrad Pfeffel, in Auswahl herausgegeben von H. Hauff, 2 Bde., Stuttgart und Tübingen 1840.

[74] Vgl. Pfeffel, Poetische Versuche, a.a.O., 1. Teil, 1802, S. VIf.

[75] 1759 veröffentlichte die Zs „Der Sammler“ Fabeln Pfeffels ohne dessen Wissen.

nen Titel „Neue Beiträge zur deutschen Makulatur" (1766) folgt eine weitere Ausgabe von Gedichten und Versfabeln.

Als Fabeldichter bekannt wird Pfeffel durch die „Fabeln, der Helvetischen Gesellschaft gewidmet" (Basel 1783), – den Titel formuliert er als Dank für die Aufnahme in die Gesellschaft.

1784 folgt ein zweiter, 1790 ein dritter Band, „mit welchem ich", wie Pfeffel 1802 in der Vorrede zum ersten Teil seiner zehnbändigen Ausgabe schreibt, „nach meiner damaligen Äusserung, meine poetische Laufbahn beschlossen haben würde, wenn nicht der Revolutionskrieg mich genöthigt hätte, wichtigern Arbeiten zu entsagen, die in einem Zeitraum von 20 Jahren beynahe alle meine Stunden ausgefüllt hatten. Diese eben so unerwartete als ungewünschte Muße führte mich zur Poesie zurück, und die schrecklichen Auftritte, die in den folgenden Jahren mein Vaterland zerrütteten, veranlaßten mich, in dem Umgang mit Thieren eine Zerstreuung gegen die Greuel zu suchen, welche damals die Mehrheit entehrten."[76]

Die „wichtigern Arbeiten", d. h. die Ausübung seines Berufs, muß er 1792 aufgeben, weil das mit Erlaubnis von König Ludwig XV. von Pfeffel gegründete Internat durch die Revolution aufgelöst wird. Die zitierte Stelle aus der Vorrede zu der Werksausgabe zeigt bereits die Zwiespältigkeit der Gefühle Pfeffels gegenüber der Französischen Revolution, deren Notwendigkeit er bejaht und in vielen seiner Fabeln unterstützt, deren Methoden er jedoch ablehnt.

> „Pfeffel hat mit Konsequenz und Unbedingtheit, wenn auch nicht immer in den wirksamsten und über seine Zeit hinaus lebendigsten Formen, den Weg von der nur kritischen Analyse zur literarischen Offensive gegen das feudale System der gesellschaftlichen Ordnung beschritten."[77]

So urteilt Karl Emmerich, der den Zusammenhang zwischen Pfeffels Fabeln und der Französischen Revolution untersucht. Inwie-

---

[76] Poetische Versuche von Gottlieb Conrad Pfeffel, Tübingen (1802ff.), Vierte rechtmäßige, verbesserte und vermehrte Auflage, 1. Teil, 1802, S. VI.

[77] Karl Emmerich, Gottlieb Conrad Pfeffel als Fabeldichter. In: Weimarer Beiträge 1957, S. 1–46; hier: S. 46. Vgl. auch: Karl Emmerich (Hg.), Der Wolf und das Pferd. Deutsche Tierfabeln des 18. Jahrhunderts, Darmstadt 1960.

weit sie zur Wegbereitung der Revolution beitrugen[78], müßte noch überprüft werden. Pfeffel hat seiner Werkausgabe ein chronologisches Verzeichnis angefügt und somit die Grundlage geschaffen, seine Texte im historisch-politischen Zusammenhang zu interpretieren.

Nicht alle und auch nicht alle guten Fabeln Pfeffels[79] sind politisch; viele richten sich auf die alltäglichen Dinge. Aber Pfeffel nutzt diese literarische Kleinform als politisches Kampfmittel.

Nicht alle dieser politischen Fabeln geben ein „Recept wider den Krieg" (1777)[80], indem sie zur Befehlsverweigerung in den Söldnerheeren auffordern, oder haben eine revolutionäre Schärfe wie „Der Cornet und das Pferd" (1792)[81] oder die einen Vergleich mit demselben Motiv bei Gellert und Lessing nahelegende Fabel vom Tanzbären[82], die drohend endet:

„Ihr Zwingherrn, bebt! Es kömmt ein Tag,
An dem der Sklave seine Ketten
Zerbrechen wird, und dann vermag
Euch nichts vor seiner Wuth zu retten."

In zahlreichen Fabeln kritisiert Pfeffel – „ein Freund der Unabhängigkeit, ein Feind der Tyrannen und Schmeichler"[83] – das Leben am Hof als einem Ort der Dummheit und Gemeinheit, mit Fürsten, denen er die Existenzberechtigung bestreitet, und mit Höflingen, die unfreie „Schranzen" sind von „Potentaten", die das Leben der Untertanen für ihre eigene Gesundheit opfern und die ihnen skrupellos ergebenen Höflinge gebührend belohnen.[84]

---

[78] Vgl. Emmerich, der sich jedoch mit dem Hinweis „wie ihm die zeitgenössische Kritik bestätigte" (1957, S. 20) begnügt und auf die Angabe der betreffenden Rezensionen und eine Analyse verzichtet.

[79] Vgl. die wegen der zahlreichen Texte sehr unterschiedliche Auswahl von Minor (1883–1886, S. 59–80), Emmerich (1960, S. 251–266), Windfuhr (1977, S. 86–104), Dithmar (1970, 7. Aufl., 1983, S. 220–225).

[80] Pfeffel, Poetische Versuche, a.a.O., 2. Teil, 1802, S. 35f.

[81] Pfeffel, Poetische Versuche, a.a.O., 5. Teil, 1803, S. 93.

[82] Der Tanzbär (1789). In: Pfeffel, Poetische Versuche, a.a.O., 4. Teil, 1802, S. 20–22.

[83] Minor, a.a.O., S. 53.

[84] Vgl. u.v.a. „Die Beförderung" (1783) (Poetische Versuche, a.a.O., 2. Teil, 1802, S. 135). Während in der Gestaltung dieses Motivs bei anderen

Daß sich Pfeffel nicht nur gegen einzelne Tyrannen und Despoten unter den Fürsten, sondern auch gegen die tradierten Privilegien überhaupt wendet, wird bereits von den Zeitgenossen – nicht immer zustimmend – notiert.

So rühmt der Rezensent der „Neuen Bibliothek der schönen Wissenschaften und der freyen Künste“[85] Pfeffel als einen der besten deutschen Fabeldichter, der originelle Erfindungen habe und wichtige, immer gültige Wahrheiten mit Überzeugungskraft vortrage – und notiert gleichsam als Anmerkung den Widerspruch:

> „Ein Lieblingsthema des Verfassers ist Unterdrückungsgeist der Großen, Sklaverey der Kleinen. Er hat diesen Gegenstand in einer Reihe von Fabeln, und, wie es scheint, mit ganz vorzüglicher Theilnahme abgehandelt. Er schränkt sich dabey nicht blos darauf ein, Haß gegen wirkliche Unterdrücker und Despoten einzuflößen, ein Haß, der jedem natürlich ist, der die Rechte der Menschheit ehrt – sondern er thut bey jeder Gelegenheit Ausfälle auf die Fürsten überhaupt, und greift auch diejenigen Rechte derselben an, die ihrem Ursprung nach freylich nur Rechte der Anmaßung, aber nun endlich so verjährt sind, daß weder die Fürsten geneigt gemacht werden können, dieselben fahren zu lassen, noch auch die Unterthanen einen reinen Vortheil ziehen würden, wenn sie wieder in den Besitz derselben gesetzt werden sollten.“[86]

Nach Ansicht des Rezensenten sollte der Fabeldichter die historisch gegebene Despotie den Untertanen lieber verschweigen, um sie nicht unzufrieden zu machen. „Wäre es der menschenfreundlichen Weisheit eines Pfeffel nicht würdiger, diese Arten von Uebel erträglicher vorzustellen, und statt der Bitterkeit gegen die Großen, wo nicht Wohlwollen, doch wenigstens Gleichgültigkeit gegen sie einzuflößen? mit einem Wort die Lehre zu predigen, daß die Kunst seine Ketten zu tragen und sie durch Gleichmuth zu erleichtern, weit größer und weit nothweniger ist, als die Kunst sie zu brechen.“[87]

Dichtern der Fuchs befördert wird, weil er zugunsten des Löwen entscheidet, sich als „Jurist vom Fach“ erweist, wie Wilhelm Busch ironisch notiert, wird er von Pfeffel als der für den „Potentaten“ (und zugleich für sich selbst) raubende und mordende Höfling dargestellt und – politisch gezielt – mit dem Amt des Kammerpräsidenten belohnt (im Gegensatz etwa zu Buschs politisch unbestimmter Formulierung „Großvesir“).

85 Neue Bibliothek der schönen Wissenschaften und freyen Künste, 41. Bd., 1. Stück, Leipzig 1790, S. 105ff.

86 Ebd., S. 115f.

87 Ebd., S. 116.

5. Lessing

In Übereinstimmung mit seiner Theorie sind die Fabeln von Gotthold Ephraim *Lessing* (1729–1781) – von wenigen Ausnahmen aus der frühen Zeit abgesehen – kurz, sparsam in den dichterischen Mitteln, schmucklos und ohne Rankenwerk. Im Vergleich mit La Fontaine und seinen deutschen Nachahmern wirken Lessings Prosafabeln nüchtern und trocken. Das Unterhaltsame und Gefällige, das von Gleim und anderen Zeitgenossen als ein wesentliches Kennzeichen der Gattung hervorgehoben wird, fehlt. Aus der humoristischen Fabel ist wieder die ernsthafte geworden, und zwar mit einem bisweilen auffallend scharfen Ton, sobald der Moralist zu stark hervortritt (z. B. Fuchs und Rabe). Meisterhaft an Lessings Fabeln aber ist vor allem die Treffsicherheit und die gedankliche Klarheit, die epigrammatische Kürze mit dem pointierten Ende der Fabel und die ausgefeilte sprachliche Diktion. Lessings drei Fabelbücher enthalten je 30 Fabeln.[88] Einige sind bereits 1753 erschienen; gesammelt erscheinen sie zuerst 1759 und in zweiter Auflage 1777.

Lessing schätzt diese Gattung, weil sie am „gemeinschaftlichen Raine der Poesie und Moral" wächst; er bedauert, „daß die gerade auf die Wahrheit führende Bahn des Aesopus, von den Neuern, für die blumenreichern Abwege des schwatzhaften Gabe zu erzehlen, so sehr verlassen werde".[89] Lessing wünscht, daß man zu seinen Fabeln auch seine Abhandlungen über die Fabel lese und Theorie und Praxis als eine Einheit verstehe.

Die *Abhandlungen*[90] bestehen aus fünf Teilen:

I. Von dem Wesen der Fabel
II. Von dem Gebrauche der Thiere in der Fabel
III. Von der Eintheilung der Fabeln
IV. Von dem Vortrage der Fabeln
V. Von einem besonderen Nutzen der Fabeln in den Schulen

Der erste Teil, der in Auseinandersetzungen mit de La Motte, Richer, Breitinger und Batteux die wichtigsten Gedanken Lessings

---

[88] Gotthold Ephraim Lessings sämtliche Schriften, hg. v. Karl Lachmann, 3. Aufl., von Franz Muncker, Bd. 1, Stuttgart 1886, S. 195–230 („Fabeln. Drey Bücher").
[89] Ebd., Bd. 7, Stuttgart 1891, S. 415f. (Vorrede).
[90] Ebd., S. 418–479 (Abhandlungen).

über die Fabel enthält, endet mit der vielzitierten Zusammenfassung:

> „Wenn wir einen allgemeinen moralischen Satz auf einen besonderen Fall zurückführen, diesem besondern Falle die Wirklichkeit ertheilen, und eine Geschichte daraus dichten, in welcher man den allgemeinen Satz anschauend erkennt: So heißt diese Erdichtung eine Fabel.“[91]

Diese Definition Lessings enthält fünf entscheidende Gesichtspunkte: der allgemeine moralische Satz, der besondere Fall, die Wirklichkeit, die Geschichte, die anschauende Erkenntnis.

(1) Lessing bezeichnet die Fabel als ein „Exempel der practischen Sittenlehre“.[92] Die Fabel wird zu einem bestimmten Zweck erdichtet. Der Fabulist will uns von einer moralischen Wahrheit lebendig überzeugen. Die Fabel enthält nicht irgendeine, sondern eine moralische Lehre. Die Begriffe „Regel“ und „Vorschrift“ sind Lessing zu eng, da die Fabeln zum Teil Erfahrungssätze enthalten, aus denen man zwar Vorschriften und Regeln ziehen kann, die aber nicht unmittelbar auf unser Handeln zielen.

(2) Der allgemeine moralische Satz wird auf einen einzelnen Fall zurückgeführt, in Form einer Handlung dargestellt. Lessing versteht „Handlung“ als „Folge von Veränderungen“ und grenzt gegen den materiellen Begriff der äußeren Handlung ab. Zugleich weist er darauf hin, daß die Fabel keine abgeschlossene Handlung bietet. Der Fabulist „läßt seine Personen oft mitten auf dem Wege stehen, und denket im geringsten nicht daran, unserer Neugierde ihretwegen ein Genüge zu thun“.[93]

(3) Dieser einzelne Fall muß als Wirklichkeit und nicht bloß als Möglichkeit erscheinen. Der Dichter soll seine Fabel als etwas wirklich Geschehenes erzählen. Gegen Aristoteles vertritt Lessing die Ansicht, daß nicht das historisch Wahre, weil es wirklich geschehen ist, größere Überzeugungskraft besitzt, sondern die freie Erfindung des Dichters.

(4) Eine gleichnishafte Handlung (z. B. daß ein Vater vor den Augen seiner Söhne ein Bündel Stäbe einzeln zerbricht) ist noch keine Fabel. Auch ein Bild ist noch keine Fabel. Erst die Erzählung

[91] Ebd., S. 446.
[92] Ebd., S. 443.
[93] Ebd., S. 438.

dieser Handlung, erst das Aneinanderreihen von Bildern kann eine Fabel sein, vorausgesetzt, daß diese Geschichte nicht um ihrer selbst willen, sondern zu einem bestimmten Zweck erzählt wird.

(5) „Warum begnügt sich das Exempel der praktischen Sittenlehre, wie man die Fabel nennen kann, nicht mit der bloßen Möglichkeit, mit der sich die Exempel anderer Wissenschaften begnügen?"[94] Im Anschluß an diese Frage entwickelt Lessing die „Lehre von der anschauenden Erkenntnis". Die Reduktion auf das Besondere ist notwendig, weil das Allgemeine im Besonderen anschauend erkannt wird. Das Exempel – d. i. das Besondere, in dem man das Allgemeine anschauend erkennt – dient in allen Wissenschaften der Klarheit, der Erläuterung. In der Sittenlehre aber muß über diese Erläuterung hinaus der Wille beeinflußt werden. Die Lebhaftigkeit der anschauenden Erkenntnis ist größer, wenn das Besondere nicht bloß als möglich (Die Affen, sagt man, hätten ...), sondern als wirklich (Ein Affe hatte ...) dargestellt wird. Ist aber die Lebhaftigkeit der anschauenden Erkenntnis größer, so ist auch die Überzeugungskraft, der Einfluß auf den Willen stärker. „Die Fabel erfordert deswegen einen wirklichen Fall, weil man in einem wirklichen Falle mehr Bewegungsgründe und deutlicher unterscheiden kann als in einem möglichen; weil das Wirkliche eine lebhaftere Überzeugung mit sich führet als das bloß Mögliche."[95]

Lessings Theorie, die besonders in der didaktischen Literatur stark nachwirkt, wird trotz vieler treffender Einzelurteile der Fabel in ihrer ganzen Fülle und Anschaulichkeit nicht gerecht. Der „intellektualistischste Fabeldichter des 18. Jhs." (Leibfried) hat wesentliche Grundzüge der Fabel nicht erkannt oder bewußt verworfen, wie vor allem die Auseinandersetzung mit La Fontaine und seinen deutschen Nachahmern zeigt. Lessings Prinzip der Reduktion als Mittel zum Erfinden von Fabeln bedeutet eine rationalistische Verengung. Lessings eigene Fabeln sprengen die Fesseln dieser Theorie und zeigen, daß sich der Dichter Lessing nicht unter das „Joch einer Regel"[96] beugt.

Während Lessings Fabeln und die „Abhandlungen" unter den verschiedensten Gesichtspunkten analysiert und zu einem zentralen

---

[94] Ebd., S. 443.
[95] Ebd., S. 444.
[96] Max Staege, a.a.O., S. 43.

Gegenstand der Fabelforschung wurden[97], blieb seine Übersetzung der äsopischen Fabeln von Richardson, die 1757 mit einer Vorrede Lessings erschien und bis 1806 zahlreiche Neuauflagen erlebte, fast gänzlich unbeachtet, obwohl Samuel Richardson auf Gellert und Lessing ebenso wirkte wie auf den jungen Goethe („Werther").

Das 1740 in England anonym erschienene Werk mit dem umständlichen Titel „Aesop's Fabeles. With instructive Morals and Reflections, abstracted from all party considerations, adapted to all capacities, and designd to promote Religion, Morality, and universal Benevolence" ist trotz der kindlichen Illustrationen (jede der 240 Fabeln wird durch einen Kupferstich illustriert) kein Kinderbuch. Der Aufbau (jeder Fabel ist nach dem Epimythion noch eine „Betrachtung" angefügt) und vor allem die politische Tendenz stehen im Widerspruch zu dem von Lessing gewählten Titel „Sittenlehre für die Jugend".[98]

Ob das Fabelbuch von Samuel Richardson tatsächlich ein „Gegenentwurf zum Werk La Fontaines"[99] ist, müßte noch untersucht werden, ebenso das Interesse Lessings und der Einfluß auf seine zwei Jahre später erschienene eigene Fabelsammlung.

6. Pestalozzi

Am Ende des 18. Jahrhunderts erreicht die aufklärerische Prosafabel, die mit Lessing 1759 begonnen hatte, nochmals einen Höhepunkt. Als Ergebnis einer Sammelarbeit von mehr als fünfzehn Jahren erscheinen 1797 die „Figuren zu meinem ABC-Buch oder zu den Anfangsgründen meines Denkens" von Johann Heinrich *Pestalozzi* (1746–1827). Der Doppeltitel dieser Erstausgabe und der erweiterten Zweitausgabe von 1823 (1803 erscheint ein unveränderter Nachdruck der Erstausgabe unter dem Titel „Fabeln") weist auf

---

[97] Vgl. u. a. den von Peter Hasubek herausgegebenen Sammelband „Fabelforschung" (Darmstadt 1980), der bei insgesamt vierzehn Aufsätzen vier Beiträge über Lessings Fabeln enthält.

[98] Samuel Richardson, Sittenlehre für die Jugend in den auserlesensten aesopischen Fabeln mit dienlichen Betrachtungen zur Beförderung der Religion und der allgemeinen Menschenliebe vorgestellet. Mit Kupfern. Leipzig 1757, Faksimile Leipzig 1977.

[99] Thomas Höhle, Nachwort zur Faksimileausgabe, a.a.O., S. 6.

die beiden Werke Pestalozzis „Lienhard und Gertrud" (in der Vorrede zum 3. Teil „ABC-Buch der Menschheit" genannt) und „Meine Nachforschungen" (ebenfalls 1797 erschienen) und zeigt bereits, daß Pestalozzi hier seine Pädagogik veranschaulichen will.

Pestalozzis Interesse an der Fabel wurde durch seine Lehrer Bodmer und Breitinger geweckt und durch die Bekanntschaft mit Pfeffel verstärkt. Er schätzt dessen Versfabeln und wählt teilweise ähnliche oder gleiche Motive.

Die „Figuren" oder „figürlichen Darstellungen", wie Pestalozzi im Titel bzw. in der Vorrede zur Ausgabe von 1823 seine Fabeln nennt, entstehen unter dem Eindruck der herannahenden Französischen Revolution und deren Einfluß auf die Schweiz. In einzelnen Fällen geben sie einen konkreten historischen Bezug und dadurch die Möglichkeit der Datierung.[100]

Pestalozzi zeigt in den 233 Fabeln oder fabelartigen Texten den noch im Tierischen befangenen Menschen, um ihn zum Sittlichen zu erheben. Er will (wie er in der Vorrede zur Ausgabe von 1823 schreibt) mit seinen Fabeln das Tierische im Menschen „als dem Heil des Menschengeschlechts und seiner hohen Bestimmung entgegenwirkend" aufzeigen.

---

[100] Vgl. Johann Heinrich Pestalozzi, Werke, Bd. 2, hg. v. Gertrude Cepl-Kaufmann und Manfred Windfuhr, München 1977, S. 783: Es „verstärkte sich bei dem Volkserzieher das Bedürfnis, in einem Parallelwerk" (zu den „Nachforschungen") „auch die einfacheren Leser und deren ‚Gefühle' anzusprechen. Es kam hinzu, daß die Vorgänge in Frankreich und der Schweiz seit 1789 den politisch sensiblen P. verstärkt auf die pragmatischen Befunde der Gesellschaft aufmerksam machten und zu Spiegelungen in der Fabel- und Parabelwelt bewegten. In der Tat läßt sich eine Reihe von Fabeln auf direkt belegte historische Ereignisse oder P.s Reaktionen darauf beziehen und dadurch datieren." Vgl. auch die (ebd., S. 783) angegebenen Beispiele.

Literaturauswahl

(1) Fables Nouvelles. Par M. de La Motte. Avec un Discours sur la Fable. Paris 1719
Joh. Christoph Gottsched, Versuch einer Critischen Dichtkunst vor die Deutschen, Leipzig 1730
Johann Jacob Breitinger, Critische Dichtkunst. Faksimiledruck nach der Ausgabe von 1740. Mit einem Nachwort von Wolfgang Bender, 2 Bde, Stuttgart 1966
Johann Jacob Breitinger, Critische Abhandlung von der Natur, den Absichten und dem Gebrauche der Gleichnisse. Faksimiledruck nach der Ausgabe von 1740. Mit einem Nachwort von Manfred Windfuhr, Stuttgart 1966

(2) Daniel Wilhelm Triller. Poetische Betrachtungen über verschiedene, aus der Natur- und Sitten-Lehre hergenommene Materien, 1. Teil, 1725; 2. Teil, Hamburg 1737
Daniel Wilhelm Triller, Neue Aesopische Fabeln, Hamburg 1740
Daniel Stoppe, Neue Fabeln oder Moralische Gedichte, der deutschen Jugend zu einem erbaulichen Zeitvertreib aufgesetzt, 2 Teile, Breslau 1745

(3) Friedrich von Hagedorn, Versuch in poetischen Fabeln und Erzehlungen, Hamburg 1738
Friedrich von Hagedorn, Poetische Werke, 2. Teil, Hamburg 1769
Christian Fürchtegott Gellert, Fabeln und Erzählungen. Historisch-kritische Ausgabe, bearbeitet von Siegfried Scheibe, Tübingen 1966
Christian Fürchtegott Gellert, Schriften zur Theorie und Geschichte der Fabel. Historisch-kritische Ausgabe, bearbeitet von Siegfried Scheibe, Tübingen 1966
Gleims Fabeln. Zwey Bücher. Mit Kupfern, 1776
Fabeln von Gleim, Berlin 1786
J. W. L. Gleim's sämmtliche Werke. Erste Originalausgabe aus des Dichters Handschriften durch Wilhelm Körte, 3 Bde, Halberstadt 1811

(4) Vier Bücher Aesopischer Fabeln in gebundener Schreib-Art, Leipzig 1748
M. G. Lichtwers, Königl. Regierungs-Raths im Fürstenthum Halberstadt, Fabeln in vier Büchern von dem Verfasser selbst herausgegeben, 4. Aufl., mit Kupfern, Berlin 1775
Magnus Gottfried Lichtwer's Schriften, hg. v. seinem Enkel Ernst Ludwig Magnus von Pott. Mit einer Vorrede und Biographie Lichtwer's von Friedrich Cramer, Halberstadt 1828
Poetische Versuche von Gottlieb Conrad Pfeffel, 8 Teile, 4. Aufl., Tübingen 1802–1805
Fabeln und poetische Erzählungen von Gottl. Conr. Pfeffel, in Auswahl hg. v. H. Hauff, 2 Bde, Stuttgart und Tübingen 1840
Karl Emmerich, Gottlieb Conrad Pfeffel als Fabeldichter. Ein Beitrag zur Geschichte der Fabel im 18. Jahrhundert, in: Weimarer Beiträge 1957, S. 1–46
Fabeldichter, Satiriker und Popularphilosophen des 18. Jahrhunderts (Lichtwer, Pfeffel, Kästner, Göcking, Mendelssohn und Zimmermann), hg. v. J. Minor, Berlin und Stuttgart 1883–1886 (Deutsche National-Litteratur Bd. 73)

Der Wolf und das Pferd. Deutsche Tierfabeln des 18. Jahrhunderts, hg. v. Karl Emmerich, Darmstadt 1960

Deutsche Fabeln des 18. Jahrhunderts, hg. v. Manfred Windfuhr, Stuttgart 1977

Fabeln. Parabeln und Gleichnisse, hg. v. Reinhard Dithmar, 7. Aufl., München 1983

(5) Gotthold Ephraim Lessings sämtliche Schriften, hg. v. Karl Lachmann, 3. Aufl., von Franz Muncker, Bd. 1, Stuttgart 1886, S. 195–230 („Fabeln. Drey Bücher") und S. 418–479 (Abhandlungen); Bd. 7, Stuttgart 1891, S. 415f. (Vorrede)

Peter Hasubek (Hg.), Fabelforschung, Darmstadt 1983 (mit Beiträgen zu Lessings Fabeln von H. L. Markschies [1954/55], K. A. Ott [1959], G. Bauer [1973], P. Hasubek [1980])

(6) Heinrich Pestalozzi, Werke in 8 Bänden, hg. v. Paul Baumgartner, Bd. 5, Zürich 1946

Johann Heinrich Pestalozzi, Werke, Bd. 2, hg. v. Gertrude Cepl-Kaufmann und Manfred Windfuhr, München 1977

VIII. Zwischen Aufklärung und Moderne

1. Herder, Grimm, Hegel

Daß wir Lessing die beste Fabeltheorie verdanken, notiert bereits Johann Gottfried *Herder* (1744–1803) und kritisiert Bodmers „unartige Parodie".[1] In Lessings Definition vermißt er jedoch den Hinweis auf die Naturordnung, die für sein eigenes Verständnis der äsopischen Fabel wesentlich ist. Die Fabel soll den Verstand und die Sitten gemäß der bestehenden Naturordnung bilden. Für die Belehrung des Menschen ist die Natur besonders geeignet, weil sie nach ewigen Gesetzen geordnet ist. Die Fabel, die allen Naturvölkern ein „Lehrbuch der Natur"[2] war, macht „eine Lehre als Naturgesetz in einem einzelnen Fall der großen Naturordnung anschaubar".[3]

Daß in der Fabel häufig *Tiere* auftreten, erklärt Herder nicht wie Breitinger mit der Theorie des Wunderbaren oder mit Lessings Theorie, daß ihr Charakter besonders bekannt ist und daß durch Tiere die Erregung der Leidenschaften vermieden wird. Tiere sind vielmehr für die Fabel besonders geeignet, weil die Tiercharaktere ein unveränderlicher Bestandteil der Naturordnung sind.

Herder unterscheidet zwischen logischen und sittlichen Fabeln. Die Wirkung der sittlichen Fabel (z. B. Grille und Ameise) beruht auf dem Natur-Ethos. Die logischen Fabeln enthalten eine theoretische Lehre, aus der man praktische Lehren, Sittenlehren ziehen kann. Lessings Ansicht, daß in der Fabel ein allgemeiner moralischer Satz erscheint, lehnt Herder ab; denn der Mensch könne von Tieren nicht Moral lernen. Vielmehr handele es sich um eine Erfahrungslehre für bestimmte Situationen des Lebens. An die Stelle der nackten und langweiligen Lehre, die nachträglich an viele Fabeln gehängt wurde, muß die Situation treten, die „Anwendung auf

---

[1] Herders Sämmtliche Werke, hg. v. Bernhard Suphan, 23. Bd., S. 260 (ich zitiere: Suphan, Band und Seitenzahl); vgl. Bodmers Schrift „Lessings unäsopische Fabeln" (Zürich 1760).

[2] Suphan 23, 253.

[3] Suphan 23, 263.

bestimmte Fälle des Lebens".[4] Hier sieht Herder auch den entscheidenden Unterschied zwischen Äsop und Lessing. Demgemäß bezeichnet er die sogenannte zusammengesetzte Fabel, die wie die alttestamentlichen Texte des Joas, Jotham, Nathan oder das Gleichnis des Menenius Agrippa auch die konkrete Situation überliefern, als die echte, die sogenannte einfache Fabel als eine Verkümmerung.

> „Daher nun die unerträgliche Langeweile, wenn wir eine Reihe Fabeln ohne Anwendung auf bestimmte Fälle des Lebens nacheinander lesen. Es ist als ob uns ein Sack voll moralischer Lehren und Anschauungen über das Haupt geschüttet würde, da, wenn jede dieser Fabeln in einer Geschichte an Stell' und Ort vorkäme, sie unstreitig ihre Wirkung thäte. (...) Wie angenehm ists im Gegenteil, wenn man bei Aesop und Phädrus, bei Leßing, Hagedorn, Gleim, Gellert, Lichtwehr u. a. hie und da eine zusammengesetzte Fabel lieset. Man fühlt sich gleichsam befriedigter und wird gewahr, daß billig eine jede Fabel so erfunden seyn oder so angewandt werden sollte. Leßing insonderheit ist in den zusammengesetzten Fabeln sehr glücklich."[5]
>
> „Auch der äsopischen Fabel ist also Analogie die Mutter; nicht Abstraktion, nicht eine leere Reduction vom Allgemeinen aufs Besondere. Fabeln, die auf dem letztern Weg erfunden wurden, sind meistens todte Fabeln; dagegen die Dichtungen der Analogie in jedem Gliede leben."[6]

Durch diese treffenden Überlegungen gewinnt Herder auch für die schulische Applikation einen fruchtbaren Neuansatz, der bisher kaum beachtet wurde. An die Stelle des von Lessing konstatierten heuristischen Nutzens durch das Verändern einer Fabel setzt Herder das Üben der analogischen Erfindungskraft, indem der Schüler eine zur Fabel passende Situation erfindet.

Herder hat sich mehrere Jahrzehnte intensiv mit der Fabel beschäftigt, wie bereits die Erscheinungsdaten der drei wichtigsten Schriften zeigen: „Äsop und Leßing" (1768), „Über Bild, Dichtung und Fabel" (1787), „Fabel" (1801).[7]

Er kritisiert, daß Lessing die Fabel in das Gebiet der Philosophie rückte, während er selbst sie als eine „moralisierte Dichtung"[8]

---

[4] Suphan 15, 550.
[5] Suphan 15, 550f.
[6] Suphan 15, 565.
[7] Suphan 2, 188–199; Suphan 15, 523–568; Suphan 23, 252–273.
[8] Suphan 15, 539.

versteht, zwischen Poesie und Philosophie ansiedeln möchte, und zwar mehr im Bereich der Poesie. Denn nach Herders Definition ist die Fabel

> „eine Dichtung,
> die für einen gegebenen Fall des menschlichen Lebens
> in einem andern congruenten Falle
> einen allgemeinen Erfahrungssatz oder eine praktische
> Lehre nach innerer Notwendigkeit derselben
> so anschaulich macht,
> daß die Seele nicht etwa nur überredet;
> sondern Kraft der vorgestellten Wahrheit selbst
> sinnlich überzeugt werde."[9]

Erheblich weiter noch als Herder rückt Jacob *Grimm* (1785–1863) von Lessings Fabeltheorie ab und gerät dabei mit seiner eigenen Theorie in die Nähe des Tiermärchens. Aus Herders Anthropomorphisierung des Tiers wird bei Grimm eine extreme Ähnlichkeit zwischen Mensch und Tier.

> „Es ist nicht bloss die äussere menschähnlichkeit der thiere, der glanz ihrer augen, die fülle und schönheit ihrer gliedmasse was uns anzieht; auch die wahrnehmung ihrer mannigfaltigen triebe, kunstvermögen, begehrungen, leidenschaften und schmerzen zwingt in ihrem innern ein analogon von seele anzuerkennen."[10]

Während Lessing nachdrücklich auf den moralischen Lehrsatz der Fabel hinweist, betont Jacob Grimm im Vorwort zu „Reinhart Fuchs" (1834) das erzählerische Moment und bestreitet die Lehrhaftigkeit der Fabel. Er verwirft den satirischen Charakter, die existenz- und gesellschaftskritische Intention der Fabel und ihre didaktische Absicht.

> „Lehrhaft nun ist die fabel allerdings, doch mich dünkt ihr erster beginn nicht lehre gewesen. Sie lehrt wie alles epos, aber sie geht nicht darauf aus zu lehren. Die lehre mag aus ihr und dem epos, um eine vergleichung zu gebrauchen, gezogen werden wie der saft aus der traube, deren milde süsse, nicht schon den gekelterten wein sie mit sich führen."[11]

Demgemäß stellt Grimm die orientalische Fabel über die der griechisch-römischen Antike (Äsop, Phädrus), sieht im Mittelalter den

---

[9] Suphan 15, 561.
[10] Jacob Grimm, Reinhart Fuchs, Berlin 1834, S. I.
[11] Ebd., S. XIII.

Höhepunkt der deutschen Fabeldichtung und danach einen Abfall zur Didaktik. Zwischen den beiden maßgeblichen Richtungen seiner Zeit entscheidet er sich nicht, sondern verurteilt beide, und zwar teilweise mit gleicher Begründung. La Fontaine ist ihm zu kritisch, zu wenig naiv und ohne die „sättigende fülle der wahren tierfabel".[12] Bei Lessing vermißt er das „naive element"[13], verurteilt die Kürze und die Ausrichtung auf die Moral. Die „örtliche anknüpfung"[14], d. h. die Lokalisierung der Fabel, die wir besonders ausgeprägt bei Erasmus Alberus finden, vermißt Grimm bei den beiden zeitgenössischen Repräsentanten.

Jacob Grimm engt die Gattung auf die Tierfabel ein und will Pflanzen, Bäume u. ä. ebensowenig in der Fabel dulden wie tote Gegenstände. Unter den Tieren bevorzugt er die großen und die Säugetiere wegen ihrer vermeintlichen Ähnlichkeit mit dem Menschen, die Haus- und bekannten Waldtiere, die „einheimischen helden"[15], weil sie unserer Fantasie angeblich näher stehen als der Elefant und das Kamel. Grimm vertritt die Ansicht, daß die Darstellung der Tiere in der Fabel den naturwissenschaftlichen Erkenntnissen entspricht und entsprechen muß.

Ebenso wie für Herder ist auch für Jacob Grimm die Fabel ein Teil urmenschlicher Dichtung, ein Stück Ur- und Naturpoesie. Im Gegensatz zu Herder aber, der am zweckhaften Charakter festhält, bestreitet Jacob Grimm die ursprüngliche Lehrhaftigkeit der Fabel und versteht sie – im Gegensatz zu allen Theoretikern vor ihm – nicht als eigenständige Gattung, sondern als eine verkümmerte Form der Tiersage. Damit verschiebt sich der Forschungsaspekt grundsätzlich. Denn in Anlehnung an Jacob Grimm wird künftig die Fabel nicht mehr als parabolische Redeweise, sondern als spezielle Form der Tierdichtung verstanden und untersucht. Unter dem Begriff der „thierfabel" subsumiert Jacob Grimm die äsopische Fabel ebenso wie das mittelalterliche Tierepos und die urtümliche Tiersage; er versteht die Tierepen als deutsches Eigentum und die äsopische Fabel als eine Entartung der ursprünglich indogermanischen Tiersage.

---

[12] Ebd., S. XVII.
[13] Ebd., S. XVIII.
[14] Ebd., S. XVIII; vgl. S. XV.
[15] Ebd., S. X.

In seinen Vorlesungen über Ästhetik, die 1835 in erster und 1842 in zweiter, verbesserter Auflage, bearbeitet von dem Althegelianer H. G. Hotho, im Druck erscheinen und – ebenso wie die 1837 von dem Junghegelianer Eduard Gans herausgegebenen Vorlesungen über die Philosophie der Geschichte – spätestens seit der Jahrhundertmitte dem geistigen Deutschland bekannt sind und als Vollendung und Ende der klassischen deutschen Ästhetik verstanden werden, erwähnt Friedrich *Hegel* (1770–1831) auch die äsopische Fabel und definiert sie als

> „Darstellung irgendeines Zustandes der leblosen und belebten Natur oder eines Vorfalls der Tierwelt, der nicht etwa willkürlich ersonnen, sondern nach seinem wirklichen Vorhandensein, nach treuer Beobachtung aufgenommen und dann *so* wiedererzählt wird, daß sich daraus in Beziehung auf das menschliche Dasein und näher auf die praktische Seite desselben, auf die Klugheit und Sittlichkeit des Handelns eine allgemeine Lehre entnehmen läßt."[16]

Aus dieser Definition ergeben sich drei Forderungen. Die Fabel darf nicht der Natur widersprechen. Sie muß einen Einzelfall, ein konkretes Ereignis erzählen. Die Lehre muß sich von selbst ergeben; denn eine angehängte Moral verdirbt die Fabel.

Die erste Forderung zeigt die Verengung. Ebenso wie Herder lehnt auch Hegel Breitingers und Lessings Begründung für die Tatsache, daß in der Fabel häufig Tiere auftreten, ab, da ihm das „Ankleiden eines Menschen als Tier" trivial, als „Affen- und Hundekomödie" erscheint.[17]

In einer guten Fabel werden alltägliche Vorfälle der Natur – beispielsweise, daß die Eiche im Sturm bricht, das Rohr jedoch nicht – auf den Menschen bezogen. Da er sich seiner Individualität bewußt geworden ist und nach eigenem Willen handelt, bedeutet die Natur nicht mehr Offenbarung des Absoluten, sondern – unter Voraussetzung einer Identität des Absoluten und Natürlichen – Mittel für menschliche Zwecke. Naturereignisse können zur Reflexion über den Menschen führen.

Nach Hegels Ansicht ist nicht die Lehre und Erdichtung einer Fabel der Ausgangspunkt, sondern die Naturbeobachtung (der

---

[16] Georg Wilhelm Friedrich Hegel, Ästhetik, hg. v. Friedrich Bassenge, 1. Bd., 2. Aufl., Frankfurt/Main o. J., S. 374.

[17] Ebd., S. 377.

Naturcharakter der Tiere etc.). Es überrascht nicht, daß der Philosoph in den Fabeln des Sklaven Äsop die Substantialität und geistige Tiefe vermißt.

> „Seine Ansichten und Lehren erweisen sich wohl als sinnreich und klug, aber es bleibt nur gleichsam eine Grübelei im kleinen, welche, statt freie Gestalten aus freiem Geiste zu erschaffen, nur gegebenen vorgefundenen Stoffen, den bestimmten Instinkten und Trieben der Tiere, kleinen täglichen Vorfällen irgendeine weitere anwendbare Seite abgewinnt – weil er seine Lehren nicht offen sagen darf, sondern sie nur versteckt, in einem Rätsel gleichsam, zu verstehen geben kann, das zugleich immer gelöst ist. Im Sklaven fängt die Prosa an, und so ist auch diese ganze Gattung prosaisch."[18]

2. Fabeln für Kinder: Friedrich Haug und Wilhelm Hey

Während die Fabel im Zeitalter der Aufklärung als „erste und oberste Dichtungsart" (Goethe) gilt und abgesehen von dem grundsätzlichen Unterschied zwischen Lessing und den Nachfolgern La Fontaines in gewisser Weise Einheitlichkeit zeigt und auf einer im Detail umstrittenen, aber grundsätzlich doch einheitlichen theoretischen Grundlage fußt, ist die Spannweite im 19. Jahrhundert extrem groß. Das zeigt sich bereits, wenn man einige der rezeptions- und wirkungsgeschichtlich wichtigen Texte so verschiedenartiger Autoren wie Franz *Grillparzer*, Heinrich *Heine* und Marie von *Ebner-Eschenbach* vergleicht, mehr noch, wenn man neben die einfältigen Kinderfabeln von Wilhelm *Hey* die philosophischen von Artur *Schopenhauer* und Friedrich *Nietzsche* stellt und zugleich an die meisterhaften Gedichte von Wilhelm *Busch* denkt, die einen Höhepunkt der Gattung in diesem Jahrhundert markieren.

Intention und Adressatenbezug der deutschen Fabelbücher wandeln sich. Die ursprünglich gesellschaftskritische Intention wird vielfach durch moralisierende Tendenz ersetzt und der Adressatenbezug bewußt auf den Jugendlichen und vor allem das Kind verengt. Diese nicht erst wie früher durch die Rezeption und Applikation bedingte, sondern vom Autor beabsichtigte Verengung auf einen beschränkten Adressatenkreis ist bereits im Titel zahlreicher Fabelbücher erkennbar.

---

[18] Ebd., S. 376.

Friedrich *Haug* (1761–1829) stellt seinem Fabelbuch von 1823[19] ein Zitat von Magnus Gottfried Lichtwer (in abgewandelter Form) voran: „Wer sich an der Wahrheit Blöße stieß, nahm sie an, sobald sie *Fabel* hieß." Mit den 200 knappen und gereimten Fabeln setzt er die Tradition von Daniel Stoppe fort und schreibt speziell für jugendliche Leser. Das Epigonentum zeigt sich auch darin, daß er seine Fabelsammlung den „Edeln Mädchen und Jünglingen zu nützlicher Unterhaltung bestimmt". Bezeichnenderweise schreibt aber Haug nicht mehr wie Stoppe allgemein für die „deutsche", sondern nur noch für die „gebildete Jugend".

Die „Fabeln für Kinder" von Wilhelm *Hey* (1790–1854) haben Generationen von Kindern und Eltern begeistert. Sie wurden noch ein Jahrhundert später mit besonderer Vorliebe in die für junge Leser konzipierten Sammlungen aufgenommen und vor allem in das Lesebuch, wo man sie, da sie der Konzeption des Gesinnungslesebuchs entsprechen, auch noch nach 1945 wiederfindet.

Das erstmalig 1911 erschienene „große Fabelbuch" von Walter Heichen[20] enthält neben gezielt ausgewählten Fabeln von Äsop, La Fontaine, Lessing, Gellert, Pfeffel alle hundert Fabeln von Wilhelm Hey. Für zwanzig Fabeln Heys schrieb Adolf Kirst „Präparationen".[21] Denn für einen Deutschunterricht, der die Fabel als anthropomorphes Tiermärchen verstand[22] und „Kunst ist Befreiung vom Alltag"[23] propagierte, waren die zugegebenermaßen „ziemlich matten und reichlich moralisierenden Fabeln von Hey"[24] wichtige Lektüre.

Bereits die ersten Leser verlangten mehr, was Wilhelm Hey zu einem Fortsetzungsband animierte, der bereits vier Jahre nach dem ersten erschien.[25]

---

[19] Friedrich Haug, Zweihundert Fabeln für die gebildete Jugend, Ulm 1823.

[20] Das große Fabelbuch, für die Jugend ausgewählt von Walter Heichen, Berlin 1911.

[21] Adolf Kirst, Präparationen zur Behandlung von 20 Fabeln von Hey auf der Unterstufe, Langensalza 1920.

[22] Sigismund Rauh, Prosa und Poesie im deutschen Unterricht, hg. v. Martin Havenstein, München/Leipzig 1923, S. 165f.

[23] Ebd., S. 135.

[24] Ebd., S. 168.

[25] Fünfzig Fabeln für Kinder von Wilhelm Hey. In Bildern gezeichnet von Otto Speckter, Hamburg o. J. (1833) – Noch fünfzig Fabeln für Kinder

Wie sehr die Illustrationen von Otto Speckter (1807–1871) zu dieser Wirkung beigetragen haben, zeigt die Tatsache, daß sein Name untrennbar mit diesen Texten verbunden ist und der Volksmund noch heute von den „Speckterschen Fabeln“ spricht, obwohl bereits im zweiten Band in einer „Nachschrift an die Eltern und Lehrer“ ausdrücklich darauf hingewiesen wird, daß die Texte nicht von Otto Speckter stammen.[26]

Die kleinen, gereimten Geschichten von Wilhelm Hey mit den passenden Zeichnungen von Otto Speckter, in denen die Welt verklärt, Mensch und Tier verniedlicht und die den Kindern vertrauten Tiere naiv, pseudo-kindlich und anthropomorph dargestellt werden, um (im Gegensatz zu Lessings Theorie) in rührseliger Weise an das kindliche Mitgefühl zu appellieren, haben mit der echten Fabel nur noch den Namen gemeinsam.

In den Geschichten spielen Miezchen, Hündchen, Böckchen, Möpschen, Spitzchen, Täubchen usw. untereinander und mit den Kindern. Tiere und Kinder leben in einer Welt, in der es nur Freude, Gesang, Tierliebe und Gotteslob gibt. Realistische Einbrüche in diese naiv-idyllische Welt gibt es nicht; denn die Hausfrau und Mutter hat Verständnis für die Maus, da sie selbst Kinder hat (Nr. 28); der Fuchs erwischt die Ente nicht (Nr. 42); der Hirsch jagt dem Jäger und den Hunden davon (Nr. 43). Dem Kind aber, das einem Tier ein Leid antun will, wird die Tierliebe von den Tierchen selbst immer wieder eindrucksvoll und gefühlvoll vor Augen geführt; z. B. (Nr. 17):

> Knabe, ich bitt' dich, so sehr ich kann:
> O rühre mein kleines Nest nicht an!
> O sieh nicht mit deinen Blicken hin!
> Es liegen ja meine Kinder drin,
> Die werden erschrecken und ängstlich schrein,
> Wenn du schaust mit den großen Augen herein …

Erzieherisch in ihrer Weise aber wirken die Tiere nicht nur im eigenen Interesse, sondern allgemein. Sie sagen es den Kindern, daß sie entsprechend dem tierischen Vorbild(!) reinlich (Nr. 40), fleißig (Nr. 22) und fromm (Nr. 19) sein sollen; und die Kinder verhalten sich erwartungsgemäß.

---

von Wilhelm Hey. In Bildern gezeichnet von Otto Speckter, Gotha o. J. (1837).

[26] Noch fünfzig Fabeln für Kinder, a.a.O., S. 39.

Die Verklärung des Kindes in der deutschen Dichtung[27] wird von Pfarrer Hey noch durch eine entsprechende Verklärung des Tieres ergänzt. Im Anhang beider Bände stehen Lieder, Gebete und Bibelsprüche, die – wie Hey den Eltern in der Nachrede des ersten Bandes empfiehlt[28] – von den Kindern auswendig gelernt werden sollen. Und die „Nachrede an die Eltern und Lehrer"[29] des zweiten Bandes schließt mit den Worten: „Helfe nun Gott, daß beide (d. h. Wort und Bild – R. D.) an ihren Teilen dazu beitragen, die liebe deutsche Jugend recht frisch, fröhlich und fromm zu machen."

3. Wilhelm Busch

Im Gesamtwerk von Wilhelm *Busch* (1832–1908)[30], einem der meistgelesenen Schriftsteller des 19. Jahrhunderts[31], findet man nur wenige Fabeln; sie aber zeigen die Meisterschaft Buschs in dieser Gattung und wurden neben denen von Schopenhauer zu den bedeutendsten des 19. Jahrhunderts gezählt.[32] Wilhelm Busch verwendet Motive der Tradition wie in „Bewaffneter Friede" und „Die Teilung" und bietet eigene, originelle Erfindungen wie „Der dicke Sack" oder „Fink und Frosch".

Buschs kürzeste Fabel findet man in der Sammlung „Hernach" (1908).[33]

---

[27] Vgl. Rainer Hagen, Kinder wie sie im Buche stehen, München 1967.

[28] Fünfzig Fabeln für Kinder, a.a.O., S. 29ff.

[29] Noch fünfzig Fabeln für Kinder, a.a.O., S. 38f.

[30] Wilhelm Busch. Sämtliche Werke, 8 Bde., hg. v. Otto Nöldeke, München 1943 – Wilhelm Busch. Gesamtausgabe in 4 Bänden, hg. v. Friedrich Bohne, Wiesbaden o. J. (1968).

[31] Gert Ueding, Wilhelm Busch. Das 19. Jahrhundert en miniature, Frankfurt/M. 1977, S. 13. Vgl. auch: Gert Ueding, Buschs geheimes Lustrevier. Affektbilder und Seelengeschichten des deutschen Bürgertums im 19. Jahrhundert, Frankfurt/M. 1982.

[32] „Die bedeutendsten Fabeln, die die Literatur des 19. Jahrhunderts hervorgebracht hat, stammen von Schopenhauer und Busch." (Ueding 1977, S. 99.) Dieses pauschale Urteil eines engagierten Busch-Forschers muß die kritische Auseinandersetzung ebenso provozieren wie Uedings fragwürdige Theorie von der „Tierfabel als symbolische(r) Kunstform" (ebd., S. 99ff.).

[33] Nöldeke 6,32; Bohne 4,359 (Eule und Star).

„Guten Tag, Frau Eule!
Habt Ihr Langeweile? –
Ja, eben jetzt,
Solang Ihr schwätzt!"

Ohne Überschrift und Illustration wäre dieser Vierzeiler kaum verständlich. Buschs Karikatur zeigt eine Eule und einen kleinen aufdringlichen Vogel, der die nachdenkliche Haltung des Vogels der Weisheit als Langeweile mißversteht und sich in seiner Torheit nicht scheut, das offen und ungefragt auszusprechen. Die Eule gibt dem kleinen Aufdringling die verdiente Antwort in pointierter Weise. Das fabula docet muß der Leser selbst finden, und er wird sich dabei u. a. auch an Buschs Gedicht „Wer einsam ist, der hat es gut ..."[34] erinnern, obwohl der Vierzeiler mehr als nur das Vergnügen der Einsamkeit preist.

In Buschs Sammlung von 80 Gedichten, die im Oktober 1874 unter dem Titel „Kritik des Herzens" erschienen, findet man die Fabel „Ein dicker Sack".[35] Wilhelm Busch versteht es im ersten Satz meisterhaft, den Sack durch die Syntax, durch den in Parenthese eingefügten Relativsatz, der Subjekt und Objekt zu vertauschen scheint, aufzublähen. Seine Rede wird durch eine großartige Geste vorbereitet („würdevolle Falten"), zugleich durch das Reflexivpronomen („sich") ironisiert und durch die Umgangssprache („'ne Rede") schon vor Beginn abgewertet. Jedes der Reimpaare bildet eine rhetorische Einheit, das fünfte steigert durch das wiederholte „ich" und versprachlicht im breit ausgetretenen Jambus die behäbige Selbstgefälligkeit. Der komische Effekt wird erreicht durch Gegensätze („voll" und „dünn", „Sack" und „Pack") und durch das übersteigerte Pathos des Redners („in Einigkeit zusammenhalten", „hoch von Nöten sein", „hohe Fassungskraft"). Da die Begründung für die gewünschte Unterwerfung nichtssagend („ich bin der") ist und die folgende rhetorische Frage zur ideologischen Phrase gerinnt, wartet der Leser mit Spannung auf die Reaktion, die im Widerspruch steht zu der Sprichwortweisheit, daß auf einen groben Klotz ein grober Keil gehört.

Die knappe und pointierte Gegenrede, in der die Ähren die rhetorische Frage des Sacks aufgreifen und umkehren, wirkt wie ein

[34] Nöldeke 6,340; Bohne 4,324f. (Der Einsame).
[35] Nöldeke 4,245; Bohne 2,501.

Nadelstich, der einen aufgeblasenen Luftballon zum Platzen bringt und aus einem „dicken Sack“ einen „dünnen Schlauch“ macht. Das geschieht jedoch ohne Knall und sprachlichen Aufwand („sanft“). Der Tempuswechsel („rauschen“) deutet auf die Zeitlosigkeit. Sanft rauschen Ähren immer, nicht um einem Sack zu antworten. Ihre Rede wirkt dadurch wie beiläufig, entlarvt das Unterdrückungsritual und zeigt in dieser Gelassenheit die Überlegenheit.

Friedrich Haugs „Wolf und Stachelschwein“[36] und Wilhelm Buschs „Bewaffneter Friede“[37] stammen aus demselben Jahrhundert und haben das gleiche Thema. Beide Fabeln sind knapp, dialogisch und gereimt. Auf dem Boden dieser Gemeinsamkeit wird im Vergleich deutlich, wodurch sich Buschs Fabel auszeichnet. In den ersten zwei Zeilen wird die Situation bestimmt und zugleich durch den Rhythmus des vierhebigen Jambus und durch den unreinen Reim eine humoristische Atmosphäre geschaffen. In sieben Zeilen entfaltet sich nun das demagogische Pathos des Fuchses, der sich als Friedensbote ausgibt unter Berufung auf die Vollmacht des christlich fundierten Herrschertums („Ordre“, „Majestät“, „sündigt“) und den sklavischen Gehorsam des Untertanen („geh her“) in der klassischen Sprache des Krieges („Im Namen seiner Majestät ... übergibt dein Fell“) fordert. Mit seiner nur aus Fragen und Befehlen bestehenden Rede kontrastiert die nur drei Zeilen lange Antwort des Igels, die dem Wortschwall Einhalt gebietet und die Vorwürfe durch ein knappes Gegenargument als verlogen entlarvt, und zwar in einem selbstsicheren Ton, der die Unempfindlichkeit gegenüber jeder Ideologie verrät. Wilhelm Busch nutzt bei dieser Wechselrede den natürlichen Gegensatz zwischen den Zähnen eines Fuchses und dem Fell eines Igels, um den Unterschied zwischen Angriffs- und Verteidigungsabsicht deutlich zu machen. Der Igel läßt seiner Rede übergangslos die Tat folgen und zeigt damit nicht nur, daß er dem angeblichen Friedensboten mißtraut, sondern auch, daß er selbst in der als kriegerisch verurteilten Bewaffnung nur dem Frieden dient. Der Kontrast, den Busch in der Überschrift und in

---

[36] Friedrich Haug, Zweihundert Fabeln für die gebildete Jugend, Ulm 1823, S. 53.

[37] Das Gedicht erschien in Buschs Sammlung „Zu guter Letzt“ (1904). Im Gegensatz zu Nöldeke (4,283) macht Bohne (4,270) die für die Fabel typische Vierteilung durch Absätze deutlich.

der letzten Zeile des Gedichts ausdrückt, wird in der Schlußpointe ironisch gewürzt durch den unüblichen Gebrauch des Wortes „Held".

Die Fabel „Fink und Frosch", die ursprünglich ebenso wie „Bewaffneter Friede" und „Die Teilung" in der Sammlung „Zu guter Letzt" (1904) erschien[38], hat Wilhelm Busch überarbeitet.[39] Ein Vergleich der beiden Fassungen zeigt beispielhaft, was eine gute Fabel kennzeichnet. Busch kürzt, kontrastiert und pointiert. Er verstärkt den antithetischen Charakter der Fabel durch die knappe wörtliche Rede und ironisiert das falsche Selbstvertrauen des Froschs durch den Dialekt. Die zweite Fassung ist vom epischen Rankenwerk befreit und gezielt auf den Schluß als Höhepunkt gerichtet, der nun nicht mehr die beschauliche Rettung des Froschs, sondern seinen unrühmlichen Tod beschreibt. So wird auch das in der ersten Fassung fehlende oder allenfalls in der Schlußzeile narrativ versteckte fabula docet nun pointiert gestaltet. Den Vierzeiler, der in typischer Busch-Manier bildlich und witzig belehrt, hat Wilhelm Busch bereits 1894 unter dem Titel „Der fliegende Frosch"[40] mit drei Illustrationen versehen, die wie eine Bildergeschichte zugleich die drei wichtigen Situationen der Fabel festhalten. Das erste Blatt zeigt den aufgeblähten Frosch auf einem Baumstumpf und die Unterschrift „Wenn einer, der mit Mühe kaum / Gekrochen[41] ist auf einen Baum". Zur Textzeile „Schon meint, daß er ein Vogel wär", findet man auf der nächsten Seite einen Frosch, der in grotesker Weise zu fliegen versucht, während der kleine Vogel hier wie auch auf den anderen Zeichnungen nur staunender Beobachter ist. Das letzte Blatt schließlich illustriert die Unterschrift „So irrt sich der" durch einen mit ausgestreckten Gliedern am Boden liegenden Frosch.

Das in der Illustration wie im narrativen Teil der Fabel derb – um nicht zu sagen: brutal – beschriebene Ende des Frosches, der nun platt wie ein Kuchen ist und „für ewig ausgequakt" hat, wird

---

38 Nöldeke 4,292; Bohne 4,279.
39 Nöldeke 7,372; Bohne 4,515.
40 Nöldeke 4,71–73.
41 „gekrochen" ist treffender als „geklettert", wie es in der späteren Fassung heißt.

in der Unterschrift zur Illustration ebenso wie im Epimythion der Fabel in ironischem Understatement ein „Irrtum“ genannt. Der Leser mag ergänzen, daß es sich um einen Irrtum handelt, der lebensgefährlich ist. „Dieses Mittel, zwischen dem Geschehen, wie es die Zeichnung entwirft, und den Worten, die es feststellen, eine Diskrepanz aufzureißen, hat Busch häufig verwendet. Es kann rein komisch wirken, wie es ja den Understatement-Witz als eigenen Typus gibt.“[42] In unserem Zusammenhang wichtig ist, daß der Bildteil der Fabel mit der Zeichnung übereinstimmt und die Diskrepanz erst durch den Sachteil, die letzten vier Zeilen, entsteht. „Der Tod wird in den Welten Buschs zu einem häufigen Vorkommnis. Aber er hat für uns kaum etwas Beklemmendes“[43], stellt Wolfgang Kayser fest und schreibt andererseits: „Sobald aber der Gegensatz zwischen der sprachlichen Deutung und der von den Dingen geforderten das Maß des Menschen übersteigt und unmenschlich wird, stellt sich eine Verfremdung ein.“[44]

Durch die Diskrepanz zwischen dem Bildteil und dem Sachteil, durch die Verfremdung im Bildteil der Fabel von Fink und Frosch ist das Lachen – trotz der derb-drastischen Wendungen „platt, wie man die Kuchen backt“ und „für ewig ausgequakt“ – möglich. Obwohl wir (spätestens beim zweiten Lesen des Gedichts) wissen, daß wir selbst gemeint sind, distanzieren wir uns von uns und sehen nur das quakende Tier. Da sich das Ende als natürliches Geschehen erweist, werden unsere Affekte nicht angesprochen, Gefühle des Mitleids nicht erregt. Unser Spaß an dem Geschehen – das wir als gerecht empfinden, weil es den Naturgesetzen entspricht – wird am Ende nicht gemindert, sondern durch das naturalistische Bild und das Spiel mit Rhythmus und Reim gesteigert.

In seiner Autobiografie „Von mir über mich“ (letzte Fassung von 1894) beschreibt Wilhelm Busch sein Verständnis von Lachen und Verlachen, das er im Understatement „karikierendes Necken“ nennt.

> „Man ist ein Mensch und erfrischt und erbaut sich gern an den kleinen Verdrießlichkeiten und Dummheiten anderer Leute. Selbst über sich selber

---

[42] Wolfgang Kayser, Das Groteske. Seine Gestaltung in Malerei und Dichtung, 2. Aufl., Oldenburg 1961, S. 127f.

[43] Ebd., S. 124.

[44] Ebd., S. 128.

kann man lachen mitunter, und das ist ein Extrapläsier, denn dann kommt man sich sogar noch klüger und gedockener vor als man selbst.
Lachen ist ein Ausdruck relativer Behaglichkeit. Der Franzel hinterm Ofen freut sich der Wärme um so mehr, wenn er sieht, wie sich draußen der Hansel in die rötlichen Hände pustet. Zum Gebrauch in der Öffentlichkeit habe ich jedoch nur Phantasiehanseln genommen. Man kann sie auch besser herrichten nach Bedarf und sie eher tun und sagen lassen, was man will. Gut schien mir oft der Trochäus für biederes Reden; stets praktisch der Holzschnittstrich für stilvoll heitre Gestalten. So ein Konturwesen macht sich leicht frei von dem Gesetze der Schwere und kann, besonders wenn es nicht schön ist, viel aushalten, eh' es uns weh tut. Man sieht die Sach an und schwebt derweil in behaglichem Selbstgefühl über den Leiden der Welt, ja über dem Künstler, der gar so naiv ist."[45]

4. Exkurs: Krylow

Im 19. Jahrhundert erscheinen mehrere deutsche Übersetzungen[46] der Fabelbücher des russischen Dichters Iwan Andrejewitsch Krylow (1768–1844)[47], der durch seine Übersetzungen und Nachdichtungen der Fabeln La Fontaines zur eigenen Gestaltung angeregt wurde. In seinen Fabeln verbindet er Ideen der Aufklärung mit der russischen Folklore.

Krylows erstes Fabelbuch erscheint 1809, erregt großes Aufsehen und wird in viele Sprachen übersetzt. Die folgenden, jeweils um weitere Texte vermehrten Ausgaben begründen seinen Ruhm als bedeutendster russischer Fabeldichter. Iwan A. Krylow schrieb insgesamt mehr als 300 Fabeln.

---

[45] Bohne 4,210.
[46] U. a. von F. Torney (1842), F. Löwe (1874), C. v. Gernet (1881).
[47] Iwan Andrejewitsch Krylow, Fabeln, ins Deutsche übertragen von Ernst Busse, Potsdam o. J. – Iwan Andrejewitsch Krylow, Sämtliche Fabeln. Deutsch von Rudolf Bächtold, Zürich 1960.

Literaturauswahl

(1) Herders Sämmtliche Werke, hg. v. Bernhard Suphan, Berlin 1877ff., insbesondere Bd. 2, S. 188–199, Bd. 15, S. 523–568, Bd. 23, S. 252–273
Jacob Grimm, Reinhart Fuchs, Berlin 1834
Georg Wilhelm Friedrich Hegel, Ästhetik, hg. v. Friedrich Bassenge, 1. Bd., 2. Aufl., Frankfurt/M. o. J.

(2) Franz Grillparzer, Sämtliche Werke. Bd. 1 (Versfabeln u. a.) und Bd. 3 (Prosafabeln u. a.), hg. v. Peter Frank und Karl Pörnbacher, München 1964
Heinrich Heines sämtliche Werke, hg. v. Ernst Elster, 2. Aufl., Leipzig und Wien 1925, Bd. 2 und 3
Marie von Ebner-Eschenbach, Gesammelte Schriften, Bd. 1: Aphorismen. Parabeln, Märchen und Gedichte, Berlin 1893
Arthur Schopenhauer, Sämtliche Werke, Bd 5: Parerga und Paralipomena, hg. v. Wolfgang v. Löhneysen, Darmstadt 1965
Nietzsches Werke. Kritische Gesamtausgabe, hg. v. Giorgio Colli und Mazzino Montinari, 6. Abt., 1. Bd.: Also sprach Zarathustra. Ein Buch für Alle und Keinen (1883–1885), Berlin 1968
Friedrich Haug, Zweihundert Fabeln für die gebildete Jugend, Ulm 1823
Fünfzig Fabeln für Kinder von Wilhelm Hey. In Bildern gezeichnet von Otto Speckter, Hamburg o. J. (1833)
Noch fünfzig Fabeln für Kinder von Wilhelm Hey. In Bildern gezeichnet von Otto Speckter, Gotha o. J. (1837)

(3) Wilhelm Busch, Sämtliche Werke, 8 Bde, hg. v. Otto Nöldeke, München 1843
Wilhelm Busch, Gesamtausgabe in 4 Bänden, hg. v. Friedrich Bohne, Wiesbaden o. J. (1968)

(4) Iwan Andrejewitsch Krylow, Fabeln, ins Deutsche übertragen von Ernst Busse, Potsdam o. J.
Iwan Andrejewitsch Krylow, Sämtliche Fabeln. Deutsch von Rudolf Bächtold, Zürich 1960

IX. 20. Jahrhundert

1. Vom Kaiserreich zum Dritten Reich

Erfüllt sich die Hoffnung, „daß die Fabeldichtung, dieser kräftige und köstliche Zweig am Baume der deutschen Poesie, ihre ehemalige Stellung wiedergewinnt und nicht nur als Aschenbrödel auf das Gebiet der Kinderliteratur verwiesen wird" (Weddigen 1893)[1], in den ersten Jahrzehnten des 20. Jahrhunderts?

Für die Deutschkundler, die seit der Gründung des Germanistenverbandes in Hochschule und Schule bestimmend werden und den Weg der Germanistik vom Kaiserreich zum Dritten Reich markieren, ist die Fabel belanglos, zumal die dramatische Gattung für die völkisch-nationale Bildung überragend bleibt. In den beiden führenden Zeitschriften der Deutschkundler – der „Zeitschrift für den deutschen Unterricht", die 1920 in „Zeitschrift für Deutschkunde" umbenannt wird, und der 1925 gegründeten „Zeitschrift für deutsche Bildung" – sucht man (von zwei bezeichnenden Ausnahmen abgesehen)[2] grundlegende Aufsätze zur Geschichte und Rezeption der Fabel vergeblich. Im Gegensatz zu den substantiellen Artikeln von Lutz Mackensen im *Handwörterbuch des deutschen Märchens* (1934/40)[3] und vor allem von Robert Petsch im *Handbuch des Deutschunterrichts* (^{2}1941)[4] findet man in dem von Hofstaetter und Peters herausgegebenen *Sachwörterbuch der Deutschkunde* (1930) zwar Artikel über Märchen, Sage, Anekdote, Schwank und andere epische Kleinformen und einen besonders ausführlichen Artikel über die Ballade, aber keinen über Fabel oder Parabel oder Gleichnis. Die Fabel wird einerseits der ANTIKE, andererseits der GE-

---

[1] Otto Weddigen, Das Wesen und die Theorie der Fabel und ihre Hauptvertreter in Deutschland, Leipzig 1893, S. 34.

[2] Zeitschrift für deutsche Bildung 1927, S. 218–227 und 1931, S. 204–211 (Johann Georg Sprengel, Deutschkunde im französischen Unterricht La Fontaine; Conrad Henke, Die Fabel als Mittel der Stilbildung).

[3] Ludwig Mackensen, Artikel „Fabel". In: Handwörterbuch des deutschen Märchens, hg. v. Lutz Mackensen, Bd. 2, Berlin 1934/40, S. 1–3.

[4] R. Petsch, Artikel „Fabel". In: Handbuch für den Deutschunterricht, hg. v. R. Murtfeld, 2. Aufl. 1941, S. 180–181.

DANKEN- UND LEHRDICHTUNG zugeordnet.[5] Im Artikel über TIERDICHTUNG heißt es: „Der Tierfabel bediente sich das kampfesfrohe 16. Jh., weil sie die Gelegenheit zur Satire gab, das 18. Jh. aber pflegte sie um der lehrhaften Richtung willen. Nach der Zeit der Aufklärung sinkt sie herab und wird schließlich zur Kinderdichtung."[6] Der Einfluß der griechisch-römischen Fabel auf die deutsche Literatur wird mit der Tierliebe des Deutschen begründet. Im Gegensatz zum Orientalen empfinde der Grieche „mehr und mehr das Menschenähnliche, Menschliche, Brüderlich-Verwandte in der belebten Natur (...). Er bevorzugt daher die Tiere als Personen der Fabel, und der auch in dieser Hinsicht verwandte tierliebende Deutsche folgt ihm darin."[7]

Die Tierdichtung nach dem Ersten Weltkrieg erscheint als „Flucht vor einer widrigen Gegenwart in die reinere Welt der Tiere", und der Ursprung der Fabel ist „ein auf Tierbeobachtung beruhendes Märchen" (Zeuch 1924).[8] Emil Winkler siedelt die Fabel innerhalb der Tierdichtung an, versteht sie als anthropomorphe Tiergeschichte. Die Ästhetik von Lipps (1903) und Meumann (3. Aufl. 1919) mit ihrer Theorie der ästhetischen Einfühlung wird zur Grundlage der Rezeption der Fabel, zunächst insbesondere – angeregt durch Voßlers Buch – der Fabel La Fontaines.

> „Alles, was Lipps-Meumann an der Kunst im Verhältnis zur Wirklichkeit charakteristisch finden, das Wegfallen der „gemeinen" Wirklichkeit, der störenden Nebenumstände und des *Zufälligen, Beliebigen,* das reiche Anregen des *„inneren Tuns"* des Genießers durch das Kunstwerk, trifft im Prinzip auf den in der Fabel erzählten Vorgang aus dem *menschlichen Alltagsdasein* zu. Was dort durch die *Kunst* erreicht wird, ergibt sich hier im Kerne bereits durch die Transposition des Vorganges in eine andere Sphäre, die Sphäre des vermenschlichten Tieres. Daß diese Tierwelt eine *vermenschlichte* ist, gibt ihr Relief als Spiegelbild der menschlichen Welt, da sie aber die (vermenschlichte) Tierwelt ist, fallen die praktischen Beziehungen für mich weg, die „gemeine Wirklichkeit", das *Zufällige,* der Eindruck des *Nebensächlich-Beliebigen,* der dem menschlichen Einzelfall

---

[5] Sachwörterbuch der Deutschkunde, hg. v. Walther Hofstaetter und Ulrich Peters, 1930, S. 54f., S. 388f., S. 391f.

[6] Ebd., S. 1182.

[7] Ebd., S. 54.

[8] Julius Zeuch, Die moderne Tierdichtung, Diss. Gießen 1924, S. 16 und 19.

oft anhaftet usw.; auch das Komplizierte, das in ihm meist liegt, wie schon Herder (Prosch, p. 159) richtig gefühlt hat."[9]

Die traditionelle Fabel der ersten Jahrzehnte dieses Jahrhunderts läßt sich am ehesten am Rande der Tierdichtung ansiedeln, indem man mit Julius Zeuch[10] zwischen der alten und neuen Art der Tierdichtung unterscheidet, in der das Tier entweder dem Fremdzweck oder dem Eigenzweck dient. In der alten – und auch zu Beginn der zwanziger Jahre noch zu findenden – Tierdichtung dient das Tier einem selbstfremden Zweck, ist Darsteller vieler Rollen. Sein Hauptzweck ist der Mensch. An die Stelle der moralisierenden ist die humoristisch-satirische Wirkungsabsicht getreten.

Lisa *Wenger* bringt das bereits im Titel zum Ausdruck (Amoralische Fabeln 1920).[11] Ihre fabelartigen und keineswegs unmoralischen Geschichten bieten eine amüsante Auseinandersetzung mit der Konvention. Daß man die Begriffe „Fabel" und „Parabel" nicht voneinander trennt, sondern beliebig nebeneinander gebraucht, zeigt vor allem die Sammlung F. W. *van Oestérens* mit dem bezeichnenden Titel „Wir".[12] Die Texte sind gereimt, vielfach im Knittelvers, und in Nachahmung von Wilhelm Busch teilweise mit sprachlichen Reimspielen versehen („Nashorn" – „Blashorn"). Oft wird ein gereimter Zwei- oder Vierzeiler als Epimythion angehängt. Fabeln mit politisch anmutenden Titeln wie „Für alle Schichten" oder „Der Schutz des Volkes" erweisen sich vor allem durch die Aussage des Epimythions als epigonal und reaktionär.[13]

Besonders produktiv sind diejenigen Autoren, die sich gleichzeitig wissenschaftlich mit der Fabel beschäftigen, vor allem Otto Weddigen und Theodor Etzel. Innerhalb der Gesammelten Werke von Otto *Weddigen* erscheint der dritte Band, der die Fabeln und Parabeln enthält, zuerst in der Kaiserzeit (1905) und dann in unwe-

---

9 Emil Winkler, Das Kunstproblem der Tierdichtung, besonders der Tierfabel, in: Hauptfragen der Romanistik. Festschrift für Ph. A. Becker, Heidelberg 1922, S. 293 (Sperrungen im Original).

10 Julius Zeuch, Die moderne Tierdichtung, Diss. Gießen 1924.

11 Lisa Wenger, Amoralische Fabeln, Jena 1920.

12 Friedrich Werner van Oestéren, Wir (Zeichnungen von Käthe Schönberger), Dresden und Leipzig o. J. (1901). Vgl. etwa „Das Fabelthier" (S. 1) und „Die Parabel vom Schweine, dem Hunde und den Fliegen" (S. 48).

13 Vgl. ebd., S. 72 und 79; vgl. auch die unkritische Parodie auf das Militär, ebd., S. 36–39.

sentlich geänderter Form im Dritten Reich (1933). Ein Vergleich der beiden Bände zeigt, warum die im Kaiserreich geschätzten Fabeln des Dichters der Roten Erde auch im Dritten Reich neu aufgelegt werden und keiner Zensur zum Opfer fallen.[14]

Der politische Ansatz bleibt in den Fabeln von Otto *Ernst* – beispielsweise beim Fabelmotiv von den Hasen, die den Hund als Abgeordneten wählen – traditionell[15], der Gegensatz von Ritter und Bauer bei Otto Julius *Bierbaum* ist klischeehaft.[16] Das gilt auch für die Fabeln von Paul *Gurk*, die 1922 erscheinen und 1934 in der mehrere hundert Bände umfassenden Reihe „Aus deutschem Schrifttum und deutscher Kultur" neben Bänden über den Ersten Weltkrieg, über die SA, die Hitlerjugend etc., und zwar unter dem bereits für die Weimarer Republik bezeichnenden Titel „Fabeln, Märchen und Legenden".[17] Weshalb der Berliner Paul Gurk von der zeitgenössischen Kritik als „lebender Meister der Fabeldichtung"[18] gepriesen wird, müßte noch genauer untersucht werden.

Während die moralische Fabel bereits in den Zwanziger Jahren verpönt ist und die sozialistisch-gesellschaftskritische in den literarischen Untergrund getrieben wird, vereinnahmt der Faschismus die anthropomorph-naturkundliche und die mythologisch-legendäre Ausprägung der Fabel des Kaiserreichs und der Weimarer Republik. Beispiele für die legendäre Fabel findet man vor allem bei Karl *Gjellerup,* der seine Tierlegenden unter Titeln wie „Das heiligste Tier" erscheinen läßt und angesichts des verlorenen Krieges mit der Widmung „im Zeichen des germanischen Gedankens (...) dies heitere Buch in den trübsten Zeiten" versieht.[19]

---

[14] Otto Weddigen, Gesammelte poetische Werke, 3. Bd., Berlin o. J. (1905). Otto Weddigen, Gesammelte Werke in 15 Bänden, 3. Bd.: Fabeln und Parabeln, Kinderlieder, Sprüche und Aphorismen, Berlin 1933.
27 Fabeln der Ausgabe von 1905 wurden in die Ausgabe von 1933 nicht aufgenommen; neu in der Ausgabe von 1933 sind die letzten 12 Fabeln.

[15] Otto Ernst, Gesammelte Werke, 7. Bd.: Gedichte, Leipzig o. J., S. 255–261; vgl. auch Otto Ernst, Gedichte, Leipzig 1902.

[16] Otto Julius Bierbaum, Aus dem Irrgarten der Liebe. Verliebte, launenhafte, moralische und andere Lieder und Gedichte, Leipzig o. J. (1927), S. 53–55.

[17] Paul Gurk, Fabeln, Trier 1922; Paul Gurk, Fabeln, Märchen und Legenden, Berlin 1934.

[18] Robert Petsch, in: Handbuch für den Deutschunterricht, hg. v. R. Murtfeld, 2. Aufl. 1941, S. 181.

[19] Karl Gjellerup, Das heiligste Tier, o. O., o. J.

Der nicht nur quantitativ bedeutendste Fabelschreiber in den ersten Jahrzehnten dieses Jahrhunderts ist Theodor *Etzel,* der auch im Team produziert. Die Gesamtausgabe von 1923 enthält eine vom Autor selbst getroffene und ergänzte Auswahl der Fabeln Etzels aus den früheren Werken „Ein Fabelbuch“ (mit H. H. Ewers), „Vom Löwen und Lausbuben“, „Der Rohrspatz“.[20] Etzel ist in seiner Zeit einer der besten, vielleicht der beste Kenner der Fabeltradition, und er nutzt diese Kenntnis für die eigene vielfältige Gestaltung. Er will „die Kunst zu lachen“[21] lehren und bietet eine Fülle witziger und kluger Einfälle. Daß der Fabeldichter auf der Seite der Schwachen und Unterdrückten steht, wird in vielen Fabeln Etzels deutlich.

Ebenso wie Otto Weddigen 1893 hofft auch Theodor Etzel vierzehn Jahre später „auf ein kräftiges Wiederaufleben der Fabel“.[22] Und er schöpft Hoffnung vor allem aus der Tatsache, daß sich die Fabel der jüngsten Zeit von der moralischen zur satirischen gewandelt habe, „daß die *jüngsten* Dichter den Endzweck der modernen Fabel nicht mehr in der Aufstellung und Veranschaulichung eines moralischen Lehrsatzes, sondern vielmehr in ihrer Benutzung zu *satirischen* Kundgebungen erblicken. Zur Satire aber liegt jederzeit soviel Veranlassung und Stoff vor, daß die Fabel auf diesem Felde niemals abzusterben braucht. Sie wird um so größeren künstlerischen Wert besitzen, je weniger derb und aufdringlich die satirische Tendenz hervortritt. Die besten Fabeln in modernem Geiste sind diejenigen, in denen die Satire in eine feine, überlegen lächelnde *Ironie* eingehüllt und die Erzählung an sich humorvoll und witzvoll (?) vorgetragen wird.“[23] Erste Ansätze dieser Art sieht Etzel bei Otto von Leixner, Ludwig Fulda, Otto Ernst und Otto Julius Bierbaum, „während in allerjüngster Zeit Etzel, Ewers und Oestéren mit selbständigen Fabelbüchern für die Neubelebung der Fabel im angedeuteten Sinne erfolgreich eingetreten sind“.[24]

---

[20] Theodor Etzel und Hanns Heinz Ewers, Ein Fabelbuch, München 1901; Theodor Etzel, Der Rohrspatz. Ein neues Fabelbuch (mit Zeichnungen von C. O. Petersen), München 1907; Hanns Heinz Ewers, Theodor Etzel, Maria Ewers, Singwald. Märchen und Fabeln für große und kleine Kinder, illustriert von Otto Schulze, Berlin o. J.

[21] Theodor Etzel, Fabeln. Gesamtausgabe, Stuttgart–Heilbronn 1923, S. 24.

[22] Theodor Etzel (Hg.), Fabeln und Parabeln der Weltliteratur, Leipzig o. J. (1907), S. 94.

[23] Ebd.

[24] Ebd.

Otto *von Leixner* schreibt Prosafabeln im Stil Lessings, allerdings auf einem erheblich niedrigeren Niveau und mit einer grundsätzlich anderen Tendenz. Sein Thema ist die menschliche Natur und die allgemein-menschlichen Schwächen.[25] Dabei wird die Natur ebenso wie die Tierwelt zum Beweis menschlicher Unveränderbarkeit mißbraucht. „Was als Gackgack geboren ist, wird niemals zum Kikeriki."[26] Ist es hier die Emanzipation, die unter Verweis auf die tierische Natur dem „krähenden Gelächter" preisgegeben wird, so sind es ein Jahr später in Leixners „Deutschen Worten" Arbeitsteilung, Fortschritt, öffentliche Meinung etc.[27]

Die von Ludwig *Fulda* als Parabeln bezeichneten Texte sind kleine lehrhafte Gedichte, in denen Tiere oder Gegenstände miteinander reden oder auch nur auftreten. Es sind strukturell keine Fabeln oder Parabeln; der Inhalt ist belanglos.[28]

Bei den wissenschaftlich konzipierten Fabelsammlungen der Weimarer Republik ist das Interesse sowohl auf spezielle Bereiche oder Aspekte der Fabeltradition – wie etwa Mittelalter und Reformation (Stammler 1926)[29] oder die orientalische Fabel, wie sie im Bidpai überliefert wurde (Wegener 1926)[30], oder auf die Illustration durch Meister wie Grandville (Daffis 1920)[31] etc. – gerichtet als auch auf die Gesamtschau. Während sich national gesinnte Herausgeber wie Severin Rüttgers bewußt auf „volkseigen gewordenes Gut"[32] beschränken, haben andere Sammler längst den Blick über das vermeintlich nationale Eigentum der Deutschen hinaus geweitet. Das umfassendste Werk dieser Art bleibt die Anthologie „Fabeln und Parabeln der Weltliteratur" (1907) von Theodor Etzel.[33]

---

[25] Otto von Leixner, Randbemerkungen eines Einsiedlers. Ernst, Scherz und Satire, Berlin o. J. (1885), S. 163–174.

[26] Otto von Leixner, Herbstfäden, Berlin 1887, S. 152.

[27] Otto von Leixner, Deutsche Worte, Berlin 1888, S. 207–219.

[28] Ludwig Fulda, Neue Gedichte, Stuttgart 1900.

[29] Wolfgang und Hildegard Stammler (Hg.), Alte deutsche Tierfabeln, Jena 1926.

[30] Hans Wegener (Hg.), Bidpai. Das Buch der Beispiele der alten Weisen, Berlin 1926.

[31] Fabeln mit neunundsiebzig Illustrationen von J. J. Grandville (Vorwort von Prof. Dr. Hans Daffis), München 1920.

[32] Severin Rüttgers (Hg.), Deutsche Fabeln aus sechs Jahrhunderten, Breslau o. J., S. 102.

[33] Theodor Etzel (Hg.), Fabeln und Parabeln der Weltliteratur, Leipzig o. J. (1907).

Erheblich zahlreicher als die wissenschaftlichen sind die volkstümlichen, die für Kinder und Jugendliche bestimmten Fabelsammlungen. Vielfach deuten hier bereits Titel wie „Mein liebes Fabelbuch“ (1922), „Fabelbüchlein für unsere kleinen Leute“ (1931), „Der ewige Garten. Ein Buch der Einkehr“ (1928), „Der deutsche Spielmann. Eine Auswahl aus dem Schatz deutscher Dichtung für Jugend und Volk“ (1910 u. ö.) auf den gewünschten Adressaten und die Art der Rezeption.[34] Aber auch hinter Titeln wie „Das Fabelbuch“ (1919), „Das große Fabelbuch“ (1911 u. ö.), „Äsops Fabelbuch“ (o. J.) verbirgt sich vielfach eine Textsammlung ohne Quellenangabe und in kindlicher Erzählweise (Max Stora o. J.) und eine unkritische Auswahl der Fabeln von Äsop bis Robert Reinick und Wilhelm Hey (Heichen 1911 u. ö.).[35]

Das wissenschaftliche Interesse richtet sich intensiver als bisher auf die Geschichte der Fabel und ihrer Theorie. „Die Geschichte der deutschen Fabel ist noch zu schreiben. Sie ist gelehrten Ursprungs“, stellt Wolfgang Stammler 1926 fest.[36] Drei Jahre später bezeichnet Max Staege die Fabel als eine „Literaturgattung, die einst hoch gepriesen wurde, in der heutigen ästhetischen Diskussion dagegen kaum mehr eine Rolle spielt“.[37] Das vermeintliche Defizit animiert zu neuer Forschungsarbeit. Der Titel von Otto Weddigens Buch „Das Wesen und die Theorie der Fabel und ihre Hauptvertreter in Deutschland“ (1893)[38] ist irreführend, da Weddigen lediglich die Fabeltheorie von Lessing und Grimm referiert. Der Band enthält allerdings ein Verzeichnis der nach Ansicht des Autors

[34] Mein liebes Fabelbuch, Stuttgart 1922 (Lieblingsbücher der Jugend Bd. 4). – Fabelbüchlein für unsere kleinen Leute, Donauwörth 1931 (Deutsche Jugendhefte Nr. 156). – Kurt Offenburg (Hg.), Der ewige Garten. Ein Buch der Einkehr, Berlin 1928. – Ernst Weber (Hg.), Der deutsche Spielmann. Eine Auswahl aus dem Schatz deutscher Dichtung für Jugend und Volk, Bd. XL: Fabelreich, München 1910 u. ö.

[35] Das Fabelbuch. Eine Auswahl von Aesops Fabeln, München 1919. – Walter Heichen (Hg.), Das große Fabelbuch, Berlin 1911 u. ö. – Max Stora (Hg.), Aesops Fabelbuch, München o. J.

[36] Wolfgang und Hildegard Stammler (Hg.), Alte deutsche Tierfabeln, Jena 1926, S. 76.

[37] Max Staege, Die Geschichte der deutschen Fabeltheorie, Berlin 1929, S. 1.

[38] Otto Weddigen, Das Wesen und die Theorie der Fabel und ihre Hauptvertreter in Deutschland, Leipzig 1893.

wichtigsten Fabeldichter Deutschlands von dem Stricker und Ulrich Boner bis Otto Weddigen. Erst in den zwanziger Jahren erscheint eine Geschichte der Fabel (Badstüber 1924)[39] und ihrer Theorie (Staege 1929).[40]

Die Fabel wurde nicht erst zur Zeit des Nationalsozialismus und nicht nur in Deutschland als „politisches Instrument"[41] genutzt und mißbraucht, insbesondere die Fabel von Wolf und Lamm und einige der Löwenfabeln. Nach Bismarcks Tod (1898) erschien, wie Crusius notiert[42], in zahlreichen deutschen Zeitungen das Fabelmotiv vom toten Löwen, dem der Esel einen Tritt versetzt.

Eine Illustration mit der Unterschrift „THE LION'S SHARE" füllte fast die ganze Titelseite der am 29. 12. 1877 in New York erschienenen Zeitung „Irish World". Rechts und links findet man einige „Notes of the war", unter der Illustration eine originelle Variante der Fabel vom Löwenanteil.

> „An English Lion, an Irish Wolf Dog, a Scotch Fox and a Welsh Hound entered into an alliance offensive and defensive and were to live very sociably together. ‚Why should we', asked the Lion, ‚why should we, who are next door neighbors to one another be ever at enmity?' – ‚No reason in the world, your Majesty', answered the courtly Fox. ‚Well', said the Wolf Dog, ‚I am in favor of maintaining the integrity of this alliance, but I insist on ‚home rule' in my own domestic affairs; and, moreover, if I am to share in the danger of the chase, I shall expect in return to share in the spoils.' ‚His Majesty', observed the Fox, ‚will do everything that is fair.' One day, having made a sort of excursion, by way of hunting, they took a fine large fat Deer, which was divided into four parts. ‚That looks like the fair thing', said the Wolf Dog. ‚How', cried out the Lion, ‚how shall these divisions be apportioned?' All were silent. ‚Oh! apportion them yourself, your Majesty, as it may please you', spoke the sly Fox. ‚Is it agreed upon?' asked the Lion. ‚Agreed!' was the response of all. (‚I have heard a good deal about English fair play', thought the Wolf Dog within himself; ‚I'll see now what it's worth.') The Lion begins to dispose of the spoil. ‚This', said he, ‚I seize and take possession of as my right which devolves

---

[39] Hubert Badstüber, Die deutsche Fabel von ihren Anfängen bis auf die Gegenwart, Wien 1924.

[40] Max Staege, Die Geschichte der deutschen Fabeltheorie, Berlin 1929.

[41] Gerhard Eggert, Die Tierfabel als politisches Instrument. In: Geist der Zeit (Wesen und Gestalt der Völker XIX), Berlin 1941, S. 634 ff.

[42] Leider ohne Angabe der Zeitungen und somit nicht nachprüfbar. Vgl. O. Crusius, Aus der Geschichte der Fabel. Einleitung zu: Das Buch der Fabeln, hg. v. C. H. Kleukens, Leipzig, 2. Aufl., 1920, S. LX.

"THE LION'S SHARE"

„The Lions Share", aus: Irish World v. 29. 12. 1877

to me as I am descended by a true, lineal, hereditary succession from the Royal Family of the Lion. That (pointing to the second share) I claim by, I think, no unreasonable demand – considering that all the engagements you have with the enemy turn chiefly upon my courage and the prestige of my name; and you very well know that wars are too expensive to be carried on without proper supplies.'

‚I indignantly deny your insinuation', broke in the Wolf Dog: ‚Irish bravery and Irish dash did its full share in the fight. Who won Waterloo? What were the ‚Connaught Rangers?' What was Wellington? You ought to remember that from the earliest achievement in which he displayed that military genius which has placed him foremost in the annals of modern warfare down to the last and surpassing combat which has made his name imperishable – from Assaye to Waterloo – the Irish soldiers, with which your English Armies are filled (at a shilling a day), were the inseparable auxiliaries to the glory with which his unparalleled successes have been crowned! (Vide SMIKL's speech in the House of Commons) Whose were the arms that drove your bayonets at Vimiera through the phalanxes that never reeled in the shock of the war before?

What desperate valor climbed the steeps and filled the moats of Badajos? Whose were the hands that carried your robber flag over India, through Africa and up to the wall of China? Whose' –? ‚Order!' roared out the Lion. ‚Order!' echoed the Fox. ‚All this flue rhetoric (remarked the Lion) is irrelevant to the business in hand. It is very clear, Mr. Wolf Dog, that you are a rebel and have no due appreciation of the honor conferred upon you by me in taking you into an alliance with my Royal self. But enough of this. Now for business! This third piece (here the Lion looked round about him sarcastically) I shall take by virtue of my prerogative; to which I make no question but so dutiful and loyal a people will pay all the deference I can desire. As to the fourth piece – (with a malicious and savage grin) – as to the fourth piece – let him take who dares!'"

Des Löwen Anteil

Ein englischer Löwe, ein irischer Wolfshund, ein schottischer Fuchs und ein walisischer Jagdhund schlossen ein Angriffs- und Verteidigungsbündnis und lebten sehr friedlich zusammen. „Warum sollten wir", fragte der Löwe, „warum sollten wir, die wir nächste Nachbarn sind, jemals verfeindet sein?" – „Es gibt dafür keinen Grund auf der Welt, Majestät", antwortete der höfliche Fuchs. „Gut", sagte der Wolfshund, „ich stimme auch für die Unverletzlichkeit dieses Bündnisses, aber ich bestehe auf Selbstbestimmung in meinen eigenen häuslichen Angelegenheiten und, darüber hinaus, wenn ich an der Gefahr der Jagd teilhaben soll, erwarte ich als Gegenleistung Anteil am Gewinn." – „Seine Majestät", bemerkte der Fuchs, „wird alles tun, was fair ist."

Eines Tages erlegten sie bei einem Jagdausflug einen schönen großen, fetten Hirsch, der in vier Teile zerlegt wurde. „Das scheint mir fair zu sein", sagte der Wolfshund. „Wie", rief der Löwe, „wie sollen diese Stücke verteilt werden?" Alle waren still. „Oh! verteilt sie selbst, Majestät,

wie es Euch beliebt", sprach der schlaue Fuchs. „Seid Ihr damit einverstanden?" fragte der Löwe. „Einverstanden!" war die Antwort aller. („Ich habe viel über die englische Fairneß gehört", dachte der Wolfshund, „jetzt werde ich sehen, was sie wert ist.")
Der Löwe beginnt die Beute zu verteilen. „Dies", sagte er, „nehme ich aufgrund meines Rechtes, das mir zusteht, da ich in wahrer, geradliniger erblicher Folge von der königlichen Familie der Löwen abstamme. Das (auf den zweiten Teil zeigend) fordere ich aufgrund eines, wie ich glaube, nicht ungerechtfertigten Anspruches – man bedenke, daß alle Kämpfe, die ihr mit dem Feind austragt, in erster Linie von meinem Mut und dem Ansehen meines Namens abhängen, und Ihr wißt sehr gut, daß Kriege zu teuer sind, um ohne angemessene Versorgung weitergeführt zu werden."
„Ich weise Eure Anspielungen entrüstet zurück", fiel der Wolfshund ihm ins Wort; „irische Tapferkeit und irische Schlagkraft leisteten ihren vollen Beitrag in der Schlacht. Wer siegte bei Waterloo? Wer waren die ‚Connaught Rangers'? Was bedeutete Wellington? Ihr solltet Euch eigentlich daran erinnern, daß vom frühesten Erfolg an, bei dem er einen militärischen Genius offenbarte, der ihn in den Annalen der modernen Kriegsgeschichte an die Spitze setzte, bis hin zu der letzten und hervorragenden Schlacht, die seinen Namen unvergänglich gemacht hat – von Assaye bis Waterloo – die irischen Soldaten, mit denen Eure englischen Armeen angefüllt sind (für einen Schilling pro Tag), die unersetzlichen Helfer zu dem Ruhm waren, mit dem seine beispiellosen Erfolge gekrönt worden sind! (Man denke an Smikl's Rede im Unterhaus.) Wessen Arme waren es, die bei Vimiera Eure Bajonette durch die Schlachtreihen trieben, die niemals zuvor unter dem Anprall des Krieges wankten? Welcher verzweifelte Heldenmut erkletterte die Wälle und füllte die Festungsgräben von Badajos? Wessen Hände waren es, die Eure Räuberfahne über Indien, durch Afrika und bis zur Chinesischen Mauer trugen? Wessen" –? „Zur Ordnung!" brüllte der Löwe. „Zur Ordnung!" echote der Fuchs. „All diese schöne Rhetorik (bemerkte der Löwe) ist unwichtig für dieses Geschäft hier. Es ist völlig klar, Herr Wolfshund, daß Ihr ein Rebell seid und die Ehre, die ich Euch erwies, als ich Euch in einen Bund mit meiner königlichen Person einbezog, nicht angemessen zu schätzen wißt. Aber genug davon. Nun zum Geschäft! Dieses dritte Stück (hier schaute der Löwe sarkastisch um sich) werde ich kraft meines Hoheitsrechtes nehmen; wobei es für mich außer Frage steht, daß ein so pflichtbewußtes und loyales Volk mir all die Ehrerbietung zollt, die ich wünschen kann.
Was das vierte Stück betrifft – (mit einem bösartigen und wilden Grinsen) – was das vierte Stück betrifft – das mag der nehmen, der es wagt!"

Mit der Unterschrift „AESOP'S FABLES: The Wolf and the Lamb" erschien im *Daily Herald* vom 30. 11. 1939 eine vierteilige Bildergeschichte. Der Karikaturist (George Whitelow?) lieferte dem Leser den gewünschten Transfer der Fabel, indem er das kleine Lamm mit dem Aufdruck „FINLAND" versah und dem Wolf die Züge *Stalins* gab.

„The Wolf and the Lamb", aus: Daily Herald v. 30. 11. 1939

Der Transfer auf *Hitler* wird in einer 1939 in Paris erschienenen Auswahl der Fabeln La Fontaines durch die Illustrationen hergestellt[43]: Hitler als Wolf, der das kleine Lamm (= Polen) erwürgt, aber auch als Eiche, die im Gegensatz zum Schilfrohr vom Sturm gefällt wird, als Frosch, der sich, Europa einverleibend, wie ein Ochse aufbläht und dann platzt, und – für den Kenner der Fabeln La Fontaines verständlich – als Milchfrau Perrette, die mit der Milchkanne auf dem Kopf ihren Träumen nachgeht und stürzt.

Umgekehrt in Deutschland. In dem während des Zweiten Weltkriegs im „Bewußtsein des aufkommenden Sieges einer neuen Idee und Weltanschauung" (Eggert)[44] geschriebenen und als „Fabel" bezeichneten Text „Der Sieger" läßt Liselotte Fritsch-Voelkner den Kampf des geflügelten Löwen (England), des Bären (Rußland) und der Hyäne (USA) gegen den Adler (Deutschland) mit dem Sieg des jungen Adlers über den alten Löwen enden.[45]

2. Sozialistische Fabeln der Zwanziger Jahre

Die sozialistischen Schriftsteller der Weimarer Republik sehen die eigentliche Bedeutung der Fabel nicht darin, daß sie Lieblingslektüre der Kulturvölker und „Bildungsstoff der heranwachsenden Jugend" (Weddigen)[46] ist. Sie verstehen die Fabel vielmehr als ein aktuelles Kampfmittel im Sinne von Friedrich Wolfs Schrift „Kunst ist Waffe", als ein literarisches Mittel im vorrevolutionären Kampf. Die sozialistischen Fabeln erscheinen nicht in gefälligen, mit Illustrationen gezierten Sammlungen, ergänzt durch Präparationen zur Behandlung im Unterricht, sondern im literarischen Untergrund. Da sie für die Zeitgenossen – vorrangig für die gleichgesinnten – gedacht sind und weniger für die literarische Nachwelt, sucht man sie in zeitgenössischen Anthologien vergeblich, findet sie vorwiegend handschriftlich in Tagebüchern oder – meist unter einem Pseudonym – in bestimmten Zeitschriften. Deshalb und weil sie

---

[43] Vgl. Jürgen Grimm, La Fontaines Fabeln, Darmstadt 1976, S. 45f.
[44] Gerhart Eggert. In: Geist der Zeit, Berlin 1941, S. 642.
[45] Der Sieger. Eine Fabel von Liselotte Fritsch-Voelkner. In: Geist der Zeit, Berlin 1941, S. 643–649.
[46] Otto Weddigen, Gesammelte Werke in 15 Bänden, 3. Bd., Berlin 1933, S. 7.

nicht in die Konzeption der traditionellen Fabelforschung passen, sind die sozialistischen Fabeln der späten Kaiserzeit und der Weimarer Republik bisher nur ungenügend erforscht und in ihrer Bedeutung für die Intention und Rezeption der Fabel als operativer Kleinform erkannt.

Erich *Weinert* (1890–1953)[47] wählt den in der Fabeltradition verhältnismäßig selten erscheinenden Spatz/Sperling, um die Führer der Sozialdemokratie, die Angst und Ehrfurcht vor der Macht haben („Der Spatz" 1921) und sich mit dem Protestieren begnügen („Sächsische Sperlings-Marseillaise" 1923), zu kritisieren. Weinerts Fabel „Von allerhand Tieren" ist beeinflußt von Heines Fabel „Die Wahl-Esel".[48] Die unterschiedliche politische Realität, auf die sich die beiden Texte beziehen, bewirkt einige bezeichnende Unterschiede in der ansonsten sehr ähnlichen Gestaltung. Bei Heine versammeln sich die Tiere, um einen Regenten zu wählen; bei Weinert werden sie vom König versammelt und für seinen Krieg begeistert. Weinert kritisiert im ersten Teil seines Gedichts die Begeisterung des deutschen Volkes für einen Krieg, der vom Kaiser mit religiösem Pathos als nationale Verpflichtung propagiert wird.

Aus Heines „Republik der Tiere", aus den mit schwarz-rot-goldenen Kokarden geschmückten „deutschen Eseln", die der Freiheit überdrüssig sind und sich für die Wahl eines „Königs vom Eselgeschlechte" einsetzen, wird bei Weinert die „Republik der Schafe".

Der eigentliche Gegensatz in Weinerts Text besteht – nicht wie bei Heine im Kontrast zwischen den einen engen Nationalismus repräsentierenden Eseln und den Pferden, sondern – in der Auseinandersetzung zwischen dem Löwen, der entsprechend der Fabeltradition den Herrscher, hier den Kaiser, darstellt, und dem „Hammelvolk". Die übrigen Tiere – die Esel, die ihre Katheder verlassen, um zum Heer zu gehen, und dann wieder ihre Katheder besteigen, um den Krieg heroisch zu verklären; die Füchse, die sich in Leitartikeln für den Krieg einsetzen; die Geier, die sich auf die Tribute stürzen wie die Wölfe auf die Syndikate; die Schweine, die mit Fett und Leder handeln – alle diese erwähnten Figuren bilden wichtige

---

[47] Erich Weinert, Das Zwischenspiel, 2 Bde., Berlin 1956 (1. Bd.).

[48] Vgl. Fabeln, Parabeln und Gleichnisse, hg. v. Reinhard Dithmar, München, 7. Aufl., 1983, S. 262ff.

Details im tierischen Kaleidoskop der Weimarer Republik. Weinerts Tierarsenal ist weniger stark von der äsopischen Fabeltradition geprägt als von der Karikatur seiner Zeit. Das wird deutlich, wenn man überlegt, welche Illustrationen man beim Lesen der Texte vor Augen hat. Sicher nicht die alten Holzschnitte des Ulmer Äsop, sondern vielmehr Karikaturen der Weimarer Republik, wie wir sie etwa von George Grosz kennen.

Ebenso wie Erich Weinert ist auch Friedrich *Wolf* (1888–1953) Mitglied der KPD und Mitbegründer des Bundes Proletarisch-Revolutionärer Schriftsteller (BPRS). „Die Gesellschaftskritik Friedrich Wolfs fand ihren ersten klaren Ausdruck in seinen Fabeln und Anekdoten“[49], urteilt Wolfs Biograf Polatschek. Das Fabelschaffen von F. Wolf, „ein Meister dieser pointierten kleinen Form“[50], beginnt bereits 1915 und erreicht seinen Höhepunkt in den zwanziger Jahren. Wolf veröffentlicht seine Fabeln zunächst nicht, sondern schreibt sie in sein Tagebuch.

Zeigt Weinerts Fabel „Von allerhand Tieren“ (1921) ein satirisch-kritisches Kaleidoskop der Weimarer Republik, so richtet sich Friedrich Wolf in seinen Fabeln gegen den Militarismus und Bürokratismus der Weimarer Republik ebenso wie gegen die Uneinigkeit der Arbeiter, den Mangel an Selbstbewußtsein und Solidarität und die falsche Beurteilung der politischen Situation.

Ebenfalls seit 1915 erscheinen die Fabeln von Edwin *Hoernle* (1883–1952), und zwar weitgehend in der Zeitschrift „Lichtstrahlen“ unter dem Pseudonym „Oculi“. Krieg und strenge Zensur treiben die Literatur der Kriegsgegner in den Untergrund. Zu den Mitteln der Tarnung gehören Verfremdung und Sklavensprache. Denn, wie Hoernle in dem Gedicht „Fastnacht 1915“[51] schreibt, „die Wahrheit geht vermummt, Jung-Siegfried liegt erschlagen von dem Drachen“. Die leichte Pritsche und die Schellenkappe des Narren, der die Philister verspottet, ist in dieser Kriegszeit zur Geißel und zur Sturmglocke geworden. Gegen den, hier als Drachen dargestellten, Chauvinismus, für den Ernst Lissauers „Haßgesang gegen England“ nur eins der bekanntesten von unzähligen

[49] Friedrich Wolf, Frühe Romane und kleine Prosa, hg. v. E. Wolf und W. Polatschek, Berlin 1959, S. 698f.

[50] Ebd.

[51] Edwin Hoernle, Rote Lieder, Berlin und Weimar 1968, S. 284.

Beispielen dieser Zeit ist, wendet sich Edwin Hoernle, in der Weimarer Republik Reichstagsabgeordneter der Kommunistischen Partei, ebenso wie gegen die deutsche Kriegsbegeisterung. Im Geleitwort der deutschen Ausgabe von 1920 schreibt er:

> „Die Oculi-Fabeln sind nicht eines Tages aus Langeweile entstanden. Auch nicht als Frucht künstlerischen Spieltriebs. Sie entstanden zu einer Zeit, da das freie Wort in Deutschland verboten war und die öffentliche Meinung im Banne der Kriegshypnose traumwandelte. (...) Die politischen Chamäleons, Pudelhunde und Maikäfer hatten gute Zeit. Sie mästeten sich zu Hause und predigten Durchhalten. Die Bienen, Adler und Wölfe litten Hunger und Verfolgung. Die Oculi-Fabeln sprachen damals im poetischen Bilde aus, was die Zensur im politischen Leitartikel zu sagen verbot. Das revolutionäre Proletariat las sie und verstand sie. In Deutschland, in der Schweiz, in New York wurden sie nachgedruckt."[52]

Hoernle konfrontiert die in der Fabeltradition verhältnismäßig seltenen Tiere *Chamäleon* dem Panther, *Maikäfer* der Biene, *Pudelhund* dem Schnauzer, um die *Anpassung* zu ironisieren („Trotzdem gelang es ihm nicht, alle Farben auf einmal anzunehmen. Es soll vor Überanstrengung gestorben sein."), das *Fehlen der Perspektive* („Was ist uns das Ziel, wenn wir nur fliegen.") zu verurteilen und den *Mangel an Solidarität* („‚Darum sind es eben Hunde', knurrte der Wolf und ging seiner Wege.") zu kritisieren.

Das revolutionäre Gelächter, von dem Hoernle im Geleitwort zur Ausgabe von 1920 spricht, erklingt am Ende der Fabel vom *Kleinen König und der Sonne,* die in märchenhafter Form auf die klassenlose, d. h. zunächst erst einmal königslose Gesellschaft hinweist: Am Ende gibt es keine Untertanen mehr. Der König verläßt seinen Turm, und seine Schergen werden gezwungen, in die Sonne zu gehen. Daß der Weg zu diesem Ziel ungewöhnliche Mittel verlangt, daß der Sklave sich nur mit Gewalt seiner Fesseln entledigen kann, zeigt Hoernle u. a. in der Fabel *Der Herr und sein Knecht,* die zu den substantiellsten sozialistischen Fabeln dieser Zeit gezählt werden kann.

Über die Wirkung von Hoernles Fabeln urteilt der gleichgesinnte Zeitgenosse Alexander Abusch: „Seine Verse und Fabeln im ersten Weltkrieg werden in ihrer wahren Bedeutung sichtbar, wenn man im Auge hat, daß sie unter dem militärischen Belagerungszustand

---

[52] Ebd., S. 19f.

und der Zensur der Kriegsdiktatur des Generals Ludendorff und des Kaisers Wilhelm II. geschrieben wurden. (...) Die Oculi-Fabeln empfanden wir als eine – großartig getarnte, darum von der wilhelminischen Zensur nicht angreifbare – Abrechnung mit der schmählichen Kapitulation der rechten sozialdemokratischen Führer vor dem deutschen Imperialismus, ihrem tiefsten moralischen Absturz im ersten Weltkrieg, ihrer völligen Preisgabe der Ideale und der Ideologie des Sozialismus, ja überhaupt mit der Politik des Reformismus in der Arbeiterbewegung, die dahin geführt. Man muß die Oculi-Fabeln zu den wirksamsten Beispielen einer gleichnishaften „Verfremdung" in der sozialistischen Weltliteratur zählen; hier in einer konkreten historischen Situation angewandt als eine zweckmäßige literarische Form der „Sklavensprache", um in der Arbeiterklasse aktuelle politische Lehren zu verbreiten."[53]

3. Die Diskussion nach 1945

In den fünfziger und sechziger Jahren dominiert die Ansicht, daß die Fabel für das 20. Jahrhundert bedeutungslos geworden sei. Die zweitausend Jahre alte Tradition sei erloschen, glaubt Sternberger 1950.[54] Die Fabel sei „gänzlich aus der Mode, ja eigentlich tot", wirke allenfalls noch in Redensarten, ansonsten nur noch altväterlich komisch, schreibt Meuli vier Jahre später und stellt apodiktisch fest: „Die Fabel ist gewesen."[55] Norbert Miller bezeichnet die Parabel 1959 als „ein lehrhaftes, dadurch beträchtlich eingegrenztes Stück Dichtung und vor allem ein wenig abgestanden". Er spricht von der „frostigen Gedanklichkeit" und der „starren und spekulativen Form" und moniert nicht nur das „Fehlen des dichterischen Affektes", sondern – um das Maß der Mißverständnisse voll zu machen – auch „das völlige Fehlen einer Teilnahme an der Gesellschaft selbst".[56]

---

[53] Ebd., S. 10.
[54] Dolf Sternberger, Figuren der Fabel, Berlin und Frankfurt 1950.
[55] Karl Meuli, Herkunft und Wesen der Fabel, in: Schweizerisches Archiv für Volkskunde 50, 1954, Heft 1, S. 65–88.
[56] Norbert Miller, Moderne Parabel?, in: Akzente 6, 1959, S. 200–213. – Vgl. dagegen Alexander Demandt, Metaphern für Geschichte. Sprachbilder und Gleichnisse im historisch-politischen Denken, München 1978.

Folgt man dem Artikel von Markschies im Reallexikon (1958)[57], so ist die Geschichte der Fabel bereits mit Haug und Hey beendet, was bedeuten würde, daß sie am Ende ihrer Entwicklung in der Mitte des 19. Jahrhunderts als anthropomorphe und kitschige Tiergeschichte erlischt. In der Gegenwart, meint Leibfried 1967, führe sie nur noch ein „museales Dasein" und werde allenfalls von Kindern rezipiert. „Die Fabel hat ausgedient; ihre typische Rolle als Vermittlerin von moralischen Lehren oder Lebensweisheiten ist vorbei."[58]

Als „literarisches Bildungsgut" seien Fabel und Parabel uninteressant geworden, stellt Werner R. Lehmann 1961 fest und weist darauf hin, daß sie in den Methodiken des Deutschunterrichts kaum noch erwähnt werden und in den Lesebüchern selten zu finden sind.[59] Hier sind sie, wie Klaus Doderer ein Jahr später feststellt, nur noch „kümmerliche Eckenfüller".[60]

Im Gegensatz zum Grabgesang der fünfziger und sechziger Jahre und den zahlreichen abwertenden Urteilen über die Fabel (und Parabel) spricht man seit Beginn der siebziger Jahre wieder von einer *Renaissance*[61], erkennt, daß die Fabel im „Zentrum der literaturdidaktischen Diskussion" steht und als „bevorzugte Schullektüre" gilt[62], daß sie in den neuen Lesebüchern einen verhältnismäßig

---

[57] Hans Lothar Markschies, in: Reallexikon der deutschen Literaturgeschichte. Begr. v. P. Merker und W. Stammler, 2. Aufl., hg. v. W. Kohlschmidt und W. Mohr, 1. Bd., Berlin 1958, S. 433–441.

[58] Erwin Leibfried, Fabel, Stuttgart 1967, S. 87.

[59] Werner R. Lehmann, Fabel und Parabel als literarisches Bildungsgut, in: Studien zur Jugendliteratur und literarischen Bildung, hg. v. Klaus Doderer, Ratingen 1961, S. 26–37. – Vgl. auch Klaus Doderer, in: Literarische Erziehung in der Grund- und Hauptschule, Frankfurt: Diesterweg 1965, S. 16.

[60] Klaus Doderer, in: Westermanns Pädagogische Beiträge 1962, S. 116.

[61] Vgl. u. a. Klaus Doderer, Fabeln, Formen, Figuren, Lehren, Zürich 1970 (unveränderter Nachdruck München 1977); Reinhard Dithmar, Die Fabel. Geschichte, Struktur, Didaktik, Paderborn 1971 u. ö.; Werner Brettschneider, Die moderne deutsche Parabel, Berlin 1971; Ruth Koch, Theoriebildung und Lernzielentwicklung in der Literaturdidaktik. Ein Entwurf gegenstandsorientierter Lernzielentwicklung am Beispiel der Fabel, Weinheim 1973.

[62] Jutta Grützmacher, in: Deutsch in der Sekundarstufe I: Literatur – Realität – Erfahrung, Stuttgart 1977, Lehrerband S. 76ff. – Vgl. auch Franz-Josef Payrhuber, Wege zur Fabel, Freiburg 1978.

großen Raum einnimmt, im Unterricht erstaunlich häufig und engagiert behandelt wird, wie die zahlreichen Unterrichtsmodelle zeigen. – Das hat verschiedene Ursachen. Seit etwa 1970 ist eine grundlegende Wandlung des Literaturunterrichts feststellbar. Das Interesse am historisch-kritischen Lesen ebenso wie am Rezipienten und der emanzipatorischen Funktion von Literatur, die Abkehr vom werkimmanenten und fachspezifisch begrenzten zum pragmatischen und kooperativen Literaturunterricht, dem Verstehen von Literatur im historisch-politischen Zusammenhang. Diese Wandlung der Literaturdidaktik führte auch zu einem neuen Interesse an einer Sprachform, die ebenfalls seit etwa 1970 in ihrer politischen Relevanz wiederentdeckt wurde. Maßgeblich für dieses neue Interesse war nicht zuletzt die Tatsache, daß die als moralische Geschichte diskreditierte Fabel aus der gattungspoetischen Begrenzung und rein fachspezifischen Betrachtungsweise befreit und durch komparatistische Untersuchungen in ihrer ganzen Weite gesehen wurde. Methodisch hilfreich ist hier die neutestamentliche Forschung vor allem wegen ihrer Unterscheidung zwischen Tradition und Redaktion, hilfreich aber auch die alttestamentliche Theologie, die früher noch als die neutestamentliche den sogenannten „Sitz im Leben“ eines Textes untersucht hat.

4. Die moderne Fabel

Die gelegentlich vertretene Ansicht, daß die alte Fabel den Menschen im Tier sieht und die neue das Tier im Menschen, ist bereits deshalb unzutreffend, weil sich die beiden Sichtweisen nicht voneinander trennen lassen. Daß der Fabeldichter Tiere als Akteure bevorzugt, hat seinen Grund nicht zuletzt darin, daß er das Tierische im Menschen zeigen will, und zwar nicht erst in diesem, sondern, wie wir gesehen haben, ebenso bereits zu Beginn des vorigen Jahrhunderts, etwa bei Pestalozzi.

Und auch mit der Kontrastierung von *Moral* und *Anti-Moral* läßt sich nur dann abgrenzen, wenn man die alte Fabel als moralische Geschichte mißversteht.

„Aber der Hauptunterschied ist wohl der, daß im Sinn die Tierfabel von heute der von einst diametral entgegenläuft. Es scheint mir die gleiche Wandlung zu sein wie in der Zeichnung. Oberländer gibt in seinen trefflichen Tierkarikaturen das Menschliche im Tier, Thomas Theodor Heine geißelt das Tierische im Menschen. Die Grille singt, während die Ameise schafft, und im Winter muß sie betteln gehen, ganz wie bei uns in der Menschenwelt: so dociert die Fabel von einst; im Kampfe zwischen Wurst und Liebe siegt die Wurst bei den Hunden – aber auch bei den Menschen; und das ist hündisch: so dociert die Fabel von heute. Mich dünkt, das sind doch zwei im Grunde verschiedene Auffassungen der Tierfabel."[63]

Daß das zwei verschiedene Auffassungen sind, ist unbestreitbar, ebenso aber auch die Tatsache, daß man damit eine historische Abgrenzung der alten von der neuen oder modernen nur in Unkenntnis der Fabeltradition begründen kann. Denn die Moral der Fabel vom tugendhaften Hund lautet bereits bei Heinrich Heine: „Der tugendhafte Hund – er frißt!"

Die moderne Fabel erscheint in Prosa. Sein Versuch, die alte Versfabel wieder zu erneuern, indem er Wilhelm Busch imitiert, ist N. O. *Scarpi* nicht gelungen. Traditionsgemäß stellt er ein Gedicht über das Wesen der Fabel voran, in dem es heißt:

> „Es mag ein altes Herkommen bleiben,
> dem Tier des Menschen Natur zuzuschreiben,
> so spießt man dann eine Moral auf die Gabel,
> und so entsteht denn eine Fabel."[64]

Die zweieinhalb Dutzend Gabelbissen, die Scarpi „Fabeln" nennt und mit dem witzig sein sollenden Untertitel „Nicht von La Fontaine, sondern von dessen Schüler" versieht, reichen über schlecht gereimte Trivialitäten kaum hinaus. Politische und religiöse Probleme werden spießbürgerlich belächelt[65], das Sexuell-Erotische wird im tierischen Bereich genüßlich dargestellt und die Peinlichkeit des Dargestellten durch Reime wie „guten Zwecks" auf „Sex"[66] noch erhöht.

---

63 Georg Hermann, Moderne Tierfabel. In: Das litterarische Echo, Berlin 1901/2, S. 14–18.

64 N. O. Scarpi, Fabeln. Nicht von La Fontaine, sondern von dessen Schüler, Illustriert von Barberis, Zürich/Stuttgart 1970, S. 7.

65 Vgl. u. a. „Der Rabbi und sein Jünger", in der das alte Klischee von der jüdischen Geldgier neu belebt wird, oder „Die beiden Dackel", in der das Ost-West-Problem auf die Hundeebene absinkt.

66 S. 62f. („Aufklärung der Kaninchen").

Der titelgebende Text der Sammlung „Belohne dich selbst" von Heinz *Risse* (geb. 1898), die 1953 erscheint und ein Jahr später bereits in zweiter Auflage[67], zeigt ebenso wie die folgende Fabel „Illusionist" als vorrangiges Thema dieser zehn Fabeln oder fabelartigen Erzählungen die Illusion, ihre Notwendigkeit und ihre Gefahren. Das von Wilhelm Busch in „Bewaffneter Friede" gestaltete Thema findet man in Risses „Contrat social" wieder, allerdings mit dem Unterschied, daß der Hirschkäfer im Gegensatz zum klugen Igel Buschs seine Zangen abliefert.

Epigonal wie die Texte von Risse sind auch die Fabeln von Rudolf *Kirsten* (geb. 1886). Die ersten hundert Fabeln erscheinen 1947 unter dem Titel „Getarnte Wahrheit", obwohl Kirstens Wahrheiten keiner Tarnung bedürfen, weitere fünfzig bereits ein Jahr später („Im Spiegel der Fabel"). Die Sammlung „Hundertfünf Fabeln" von 1960 enthält jeweils fünfzehn Texte dieser beiden Ausgaben; die übrigen Fabeln erscheinen erstmalig im Druck und wurden ausgewählt von Theo Marthaler, der in der „Neuen Schulpraxis" (Mai 1960) Hinweise für die Behandlung dieser Fabeln im Unterricht gibt.

Die bereits von Herder als langweilig kritisierte Massenproduktion von Fabeln verhindert die inhaltliche und sprachlich-literarische Aktualisierung. Die drei Sammlungen[68] enthalten noch nicht annähernd die Hälfte der insgesamt 600 Fabeln, die Kirsten geschrieben hat.

Der amerikanische Schriftsteller und Karikaturist James *Thurber* (1894–1961) veröffentlicht einen Teil seiner Fabeln zuerst in der Zeitschrift „The New Yorker"; gesammelt erscheinen sie 1939 („Fables for Our Time") und 1956 („Further Fables for Our Time") bei Harper und Brothers in New York und als Teil anderer, meist mit Illustrationen versehener Werke Thurbers. Sie werden in England von Hamisch Hamilton nachgedruckt und sind inzwischen auch in Deutschland durch mehrere Übersetzungen bekannt. Eine vollständige Übersetzung der insgesamt 75 Fabeln von „Fables for

---

[67] Heinz Risse, Belohne dich selbst. Fabeln, Bremen, 2. Aufl. 1954.

[68] Rudolf Kirsten, Getarnte Wahrheit. Fabeln, Hamburg 1947; ders., Im Spiegel der Fabel, Zwickau 1948; ders., Hundertfünf Fabeln, Zürich 1960.

Our Time“ und „Further Fables for Our Time“ erschien in Deutschland erst 1967.[69]

Die Zeichnungen, mit denen James Thurber seine Fabeln illustriert hat, verbleiben im Bildbereich. Sie deuten nur an, ohne dem Transfer des Lesers vorzugreifen. In den wenigen Strichen zeigt sich der Karikaturist und Könner, der die Illustration hinter die bildhafte Erzählung zurücktreten läßt, um zugleich einen witzigen Akzent zu setzen.

Im Vergleich mit anderen amerikanischen Fabeldichtern[70] erkennt man die Bedeutung und Originalität von James Thurber, seine Begabung, den Leser zur lächelnden Selbstironie zu bewegen, was die Yale Universität veranlaßte, ihm den doctor humoris causa zu verleihen, „weil er die Menschen gelehrt hat, in einer Zeit voller Enttäuschungen über sich selbst zu lachen.“ Die zahlreichen Anspielungen sind für den deutschen Leser nicht immer verständlich, zumal die lizenzierte deutsche Übersetzung[71] bisweilen die Aktualität verdeckt, die Thurber für die Fabel fordert: „Fables should reflect the temper of their time.“[72]

Thurbers Fabeln sind, wie sein Biograf Charles Homes treffend schreibt, „distinctly modern in subject and tone, they are at the same time universal, as all fables ought to be“.[73] Thurber parodiert nicht nur die amerikanische Zivilisation und den „American way of life“. Typische Schwächen der modernen Gesellschaft werden gezeigt. Das Ehe- und Liebesleben, die verfehlten pädagogischen Bemühungen des Vaters werden ebenso beleuchtet wie die Protektion bei der Preisverleihung für Künstler, die Gefahren, denen der Friedliebende ausgesetzt ist, Vorurteils- und Klischeebildung und

---

[69] James Thurber, Fables for Our Time, New York 1939; ders., Further Fables for Our Time, New York 1956; ders., 75 Fabeln für Zeitgenossen. Den unverbesserlichen Sündern gewidmet, Hamburg 1967.

[70] Vgl. Klaus Peter Jochum, Die Fabeln James Thurber. In: Peter Hasubek (Hg.), Die Fabel, Berlin 1982, S. 236–252.

[71] Deshalb mußte ich in meiner Textsammlung „Fabeln, Parabeln und Gleichnisse“ die Fabeln von James Thurber in der bisweilen sehr fragwürdigen Übersetzung von Ulla Hengst, Hans Reisiger und H. M. Ledig-Rowohlt nachdrucken, da eine andere Übersetzung vom Rowohlt Verlag nicht genehmigt wurde.

[72] Zitiert nach K. P. Jochum, a.a.O., S. 244.

[73] Zitiert nach: Liesel Hermes, Thurbers Fabeln im Englischunterricht. In: Die neueren Sprachen (N. F.) 24/1975, S. 61–69; hier: S. 63.

andere Verirrungen der Politik und Journalistik. Zugleich werden menschliche Schwächen wie Eitelkeit und Leichtsinn, Überheblichkeit und Einbildung in ihren modernen Varianten deutlich.

In der *Moral*, die, meist als gereimter Zweizeiler, am Ende jeder Fabel steht, werden alte Sprichwortweisheiten parodiert – „Early to rise and early to bed makes a male healthy and wealthy and dead." – und durch neue, keineswegs nur ironisch zu verstehende Einsichten ersetzt: „It is better to ask some of the questions than to know all the answers." – „It is better to have loafed and lost than never to have loafed at all."

Die menschliche Hybris wird ironisiert. „The nobelst study of mankind is Man, says Man." („Der Mensch ist die Krone der Schöpfung – sagt der Mensch." 127)[74] – „If you live as humans do, it will be the end of you." („Wer wie die Menschen lebt, sich die eigene Grube gräbt." 29)

Zugleich zeigt sich der Fortschrittsoptimismus von James Thurber, wenn er in den Epimythien „früher" und „heute" kontrastiert. „Es ist heute nicht mehr so leicht wie früher, kleine Mädchen zum Narren zu halten." – Die berühmte alte Fabel vom Löwenanteil führt zur Entmachtung des Mächtigen. Drei Füchse teilen sich die Beute und lassen dem König der Tiere nicht einmal das Hirschgeweih, sondern nur den Spott und seine Krone. Die Moral lautet: „Es ist heute nicht mehr so leicht wie früher, sich den Löwenanteil zu sichern."

Bekannte alte Fabelmotive werden von James Thurber parodierend umgestaltet. Der gegenseitige Besuch von *Stadtmaus und Feldmaus,* der zur eigenen anschaulichen Überzeugung von den unterschiedlichen Genüssen und Gefahren führen und entsprechende, in der Entwicklung dieses Motivs sehr unterschiedliche Einsichten bewirken soll, findet nicht statt, weil sich die Stadtmaus verirrt und auf zahlreichen von James Thurber anschaulich-witzig beschriebenen Umwegen nicht bei der anderen Maus, sondern wieder daheim landet. „Moral: Bleibe, wo du bist, und du fühlst dich wohl."

---

[74] Die Zahlen in Klammern beziehen sich auf die Rowohlt-Übersetzung (75 Fabeln für Zeitgenossen, Hamburg 1967); die anderen Übersetzungen stammen von mir.

Für einen historisch-kritischen Vergleich interessanter ist die Fabel von *Fuchs und Rabe,* die mit der „Moral" endet: „Es galt für die Zeit Äsops und La Fontaines ebenso wie heute: keiner kann dich so gut loben wie du selbst." Thurbers Fuchs kennt das alte Fabelmotiv mindestens in drei Fassungen. Er „hatte irgendwo gelesen und irgendwo und noch irgendwo, daß das Loben der Stimme eines Raben mit Käse im Schnabel den Raben veranlaßt, daß er den Käse fallen läßt und singt." Die Fassung Lessings kennt er nicht, sonst wüßte er um die Gefährlichkeit der Schmeichelei aus Gewinnsucht. Thurbers Rabe ist nicht mehr so töricht wie seine Ahnen, die in ihrer Eitelkeit die Naturgesetze vergaßen (er hält den Käse fest); er ist auch nicht mehr so naiv, daß er für jede, selbst die sofort als Lüge erkennbare Schmeichelei dankbar wäre (er entlarvt die Rede des Fuchses). Thurbers Rabe macht sich unabhängig vom Lob des Schmeichlers und verkündet selbst seine gesellschaftliche Bedeutung und Unersetzbarkeit, und er ist bereit, die Geduld des Zuhörers zu honorieren.

Die zum Überleben notwendige Distanz, die Tatsache, daß man gewisse Ereignisse nur noch mit dem *„Blick vom Turm"* ertragen kann, gestaltet Günther *Anders* (Pseudonym für Günter Stern) (geb. 1902) nicht nur in der ersten und titelgebenden Fabel der 1968 (2. Aufl. 1984) erschienenen Sammlung aus vier Jahrzehnten.[75] Auf das Exil und die „Exilsschwermut" beziehen sich mehrere Texte[76]; seine Mitarbeit für den New Yorker „Aufbau" deutet Anders, der 1933 nach Paris flüchtete und 1936 nach Amerika, in „Wir Anonymen" (1939) an.[77] Mit dem Nationalsozialismus setzt sich Anders in bewußt knappen Fabeln auseinander[78] und begründet diese Kürze damit, daß das Ohr nur noch an Schlagwörter, nicht mehr an Sätze oder gar Einsichten gewöhnt worden sei, und daß es deshalb gilt,

---

[75] Günther Anders, Der Blick vom Turm. Fabeln. Mit 12 Abbildungen nach Lithographien von A. Paul Weber, München, 2. Aufl., 1984.

[76] Vgl. „Die Freiheitspost" (1934), „Wir Anonymen" (1939), „Der Liebestod" (1943); vgl. auch „Das verspielte Außerhalb" (1956).

[77] S. 60. Vgl. die Rezension von Hilde Marx, in: Der Aufbau, New York, v. 30. 5. 1969, S. 14.

[78] Vgl. „Hoch die Kunst" (1933), „Dreckstück" (1934), „Der Todeskandidat" (1936).

„Schlagwörter der Wahrheit zu schmieden und mit diesen die Schlagwörter der Lüge zu erschlagen".[79]

Anders versteht die Fabel als eine umgedrehte Allegorie.[80] Den gewünschten Transfer deutet bisweilen die Überschrift oder ein Vorspann an wie bei den gegen den amerikanischen Imperialismus gerichteten Texten „Truman" (1965) und „Was Humanität ist" (1966) oder ein Epimythion („Der Schlüssel").

Für die Illustration geeigneter als die zwölf Lithographien von A. Paul Weber, die das Verständnis dieser politisch engagierten Texte mehr verstellen als erhellen, wären Zeichnungen von George Grosz, den Anders neben Brecht als „Tendenzkünstler" besonders schätzte[81] und diese Bezeichnung in dem Text „Die Souveränen" (1952) ad absurdum führt, indem er nach dem Adressatenbezug fragt. Der Einfluß Brechts ist erkennbar, und Texte wie „Das kulturelle Erbe" (1967) erinnern auch formal an die Keunergeschichten.

Die Fabeln von Wolfdietrich *Schnurre* (geb. 1920) erscheinen erstmalig 1957 in der Sammlung mit dem die gesellschaftskritische Intention andeutenden Titel „Protest im Parterre".[82] Alle Texte dieses Bandes wurden (mit einer bezeichnenden Ausnahme: der Fabel von der Affenuniversität)[83] unverändert in den Band „Der Spatz in der Hand" (1971) übernommen und durch Gedichte ergänzt.[84] Zahlreiche Fabeln hat Schnurre mit eigenen Zeichnungen illustriert.

Vorherrschendes Thema ist die *unbewältigte Vergangenheit* – die Schuldfrage (30), das braune Fell (72), das die Farbe wechselnde Chamäleon (64) – und im Zusammenhang damit der *Wehrdienst und seine Verweigerung*. An der Spitze der Schafskompanie steht

---

[79] S. 46 („Schlagwörter") (1936).
[80] Darauf werden wir im systematischen Teil noch eingehen. Vgl. Anders, S. 99.
[81] Vgl. Günther Anders, George Grosz, Zürich 1961.
[82] Wolfdietrich Schnurre, Protest im Parterre, München 1957. (Die Zahlen in Klammern beziehen sich auf diese Ausgabe.)
[83] Ebd., S. 52 („Ein arges Versäumnis").
[84] Wolfdietrich Schnurre, Der Spatz in der Hand. Fabeln und Verse. Mit 74 Zeichnungen des Autors, München 1971.

der Wolf (22); und die Gefolgschaftstreue der Gänse hinter ihrem Gänserich wird von dem Wolf mit Genugtuung beobachtet (68); der Metzgergehilfe, der sich zum Wehrminister heraufgeboxt hat, appelliert an die Minderwertigkeitskomplexe und die mangelnde Intelligenz der Kälber, um sie im Schlachthaus sterben zu lassen (33).

Aber neben diesen Schafen, Gänsen, Kälbern finden wir in Schnurres Fabeln den Wurm, der den Kriegsdienst satt hat und von der Kommission, die seine Gründe überprüft, gefressen wird (70f.), die Meerkatze, die nicht im Gleichschritt gehen will (69), den Hasen, der dem Fuchs einen triftigen Grund für seinen Pazifismus zu nennen weiß (68f.), den Spatzenrekruten, der jeden Adler fürchtet (19), und den Storch, dem der Wehrwille fehlt (67).

Die zwei Sätze, die Schnurre unter der Überschrift „Der Ausstellungsbesucher“ (25) notiert, kann man auch auf die Fabel beziehen:

> „Ein Affe entdeckte in einem zersplitterten Spiegel sein Konterfei. ‚Grauenhaft, diese Abstrakten‘, sagte er schaudernd.“

Doppeldeutig ist der Titel „Die Macht der Winzigkeit“ (14); denn er bezieht sich nicht nur auf das kleine Fabeltier, sondern ebenso auf die Fabel selbst, die hier wie oft bei Schnurre zu aphoristischer Kürze geschrumpft und gerade durch ihre Winzigkeit und Ironie („gemächlich“) wirkungsvoll geworden ist.

> „‚Mach, daß du wegkommst!‘ schnaubte der Stier die Mücke an, die ihm im Ohr saß. ‚Du vergißt, daß ich kein Stier bin‘, sagte die; und stach ihn gemächlich.“

Entsprechend dem Titel „Kurzer Prozeß“ sind auch die Fabeln von Helmut *Arntzen* (geb. 1931) von äußerster Knappheit. In ihrer epigrammatischen Kürze stehen sie neben dem Aphorismus.[85] Sie sind erheblich schärfer, gezielter und intellektueller als Thurbers Fabeln und ohne deren Humor. Die kritische Reflexion äußert sich in satirischen Zügen. Dem entspricht das Verständnis von Humor, Ironie und Satire. Humor wird nach Arntzens Meinung von den Dummen gefordert, Ironie von den Distanzierten; die Satire aber dient der Erkenntnis und der Entlarvung.

---

[85] Helmut Arntzen, Kurzer Prozeß. Aphorismen und Fabeln, München 1966.

Mehr noch als Thurber setzt sich Arntzen mit der Tradition auseinander, stellt alte Sprichwortweisheiten wie die von der einen Schwalbe, die noch keinen Sommer macht, in Frage und prüft und glossiert alte Fabelweisheiten wie die „Moral" der Fabel von Grille und Ameise.

Arntzen will mit seinen Fabeln nicht konstatieren, sondern demonstrieren und den Leser aktivieren. Denn nach seiner Theorie ist die eigentliche Intention der Fabel, uns immer wieder die Dornen, die in uns stecken, zu zeigen und möglichst zu ziehen.

Den in der Fabeltradition ältesten Kontrast zwischen Wolf und Lamm finden wir in modernen Variationen auch bei Arntzen. In der Wohlstandsgesellschaft sehnen sich die gelangweilten Schafe nach dem Wolf, den es aber jetzt nur noch in der Fabel gibt (53). Die Wölfe bieten den Schafen die Gründung einer gemeinsamen Gesellschaft bei gleicher Gewinnbeteiligung an (55). Besser als solche kritisch gemeinten Parodien auf die Wohlstandsgesellschaft ist die Doppelfabel von Wolf und Lamm (42), in der es um das grundsätzliche Problem von Natur und Freiheit geht. Auf das Argument des Wolfs, daß es zu seiner Natur gehört, Schafe zu fressen, weisen ihn die Schafe auf seine Freiheit hin. Der Wolf fordert dafür, daß auch die Schafe ihre Freiheit beweisen und den Wolf bitten, daß er sie frißt. In der zweiten Fabel lassen sich die Schafe vom Wolf fressen mit der Begründung, daß das ihrer Natur gemäß sei. Statt der Parteinahme für Lämmer und Gänse entlarvt Arntzen ihre Dummheit, beispielsweise in der Doppelfabel von Fuchs und Gans (9). Zeigt der erste Text das dumme Tier, das gefressen wird, weil es sich mit dem Fuchs in ein Gespräch einläßt, so kritisiert der zweite nicht etwa das Verhalten des Fuchses, sondern das der Gänse, die sich „immer wieder so plump überlisten" (9) lassen. Dem *Mißtrauen* der Gans gegenüber den Versprechungen des Fuchses, das wir bei Schnurre (41) finden, korrespondiert bei Arntzen das Lamm, das aus der alten äsopischen Fabel gelernt hat.

> „Der Wolf kam zum Bach, da entsprang das Lamm.
> Bleib nur, du störst mich nicht, rief der Wolf.
> Danke, rief das Lamm zurück, ich habe im Äsop gelesen." (64)

Die Variationen des alten Fabelmotivs vom Esel in der Löwenhaut (43, 55, 63) zeigen neue Rollenspiele und kritisieren die Rollenfixierung. Dem Esel in der Löwenhaut, der klug werden will, weil er bereits stark zu sein scheint, empfehlen die Schlangen, seine Haut abzulegen. „Aber dann bin ich ja wieder der alte Esel. Alle Klugheit, sagten die Schlangen, beginnt mit der Selbsterkenntnis." (63) In seiner knappen Fabeltheorie hebt Helmut Arntzen diesen Gesichtspunkt besonders hervor. „Die Behauptung von der Unveränderlichkeit menschlicher Eigenschaften erweist die Tierfabel, die sie verifizieren soll, als falsch. (...) Der Esel ist nicht seiner Eselhaftigkeit wegen dumm, er wird zum asinus in fabula erst als der immer wieder Dummes Sprechende. (...) Insofern die Tiere in der Fabel sprechen, ist ihnen allen implizit, das zu werden, wofür die Sprache steht: vernünftige Wesen, die ihre ‚Physis' nicht aufzugeben brauchen." (77)

Im Gegensatz zum traditionellen Promythion, das, wie u. a. Breitinger kritisierte, dem Leser das Denken abnimmt, bleiben die zweizeiligen Sprüche, die Gerhard *Branstner* (geb. 1927) seinen 63 Fabeln voranstellt, im Bildbereich oder bieten das fabula docet in einer witzig gewürzten und ironischen Weise an. Der Untertitel dieser erstmalig 1977 in der Hauptstadt der DDR erschienenen und bereits zwei Jahre später in Westdeutschland unverändert nachgedruckten Sammlung[86] erinnert u. a. an die dramatisierten Fabeln von Peter Hacks „Tiere sind auch Menschen"[87] und ist in seiner ironischen Umkehrung vom Menschen im Bild des Fabeltieres zum Tier in Menschengestalt und -verhalten, die wir von Brechts Keunergeschichten („Wenn die Haifische Menschen wären") ebenso wie von James Thurber („Der Tiger, der die Menschen verstand" mit der Moral: „Wer wie die Menschen lebt, sich die eigene Grube gräbt.") kennen, typisch für die moderne Gestaltung der Fabel.

Auf die grundsätzliche Frage, ob die „simple Form der Tierfabel" die Probleme unserer komplizierten Welt noch erfassen und spiegeln kann, gibt Gerhard Branstner eine bedeutsame Antwort:

> „Auch in einer komplizierten Welt werden simple Fehler gemacht, und die gibt die Fabel zum besten. Um die Urheber der Fehler zur Einsicht zu bringen? – Um die Leidtragenden aufzubringen. Das ist aussichtsreicher.

---

86 Gerhard Branstner, Der Esel als Amtmann oder Das Tier ist auch nur ein Mensch. Fabeln, Frankfurt/M. 1979.

87 Peter Hacks, Tiere sind auch Menschen. Vier Fabeln. In: Neue Deutsche Literatur 1961, S. 46–55.

Demnach ist die Fabel nicht für die Schullesebücher gedacht? – Sie ist für erwachsene Leute gemacht. Nur die können, was sie will, erreichen."[88]

Aus dem vorrevolutionären Gelächter Hoernles, aus der auf gesellschaftliche Veränderung zielenden sozialistischen Fabel der zwanziger Jahre, wie wir sie u. a. von Hoernle, Weinert, Wolf kennen, ist unter den neuen gesellschaftlichen Verhältnissen eine nur noch die „Fehler" aufzeigende Fabel geworden. Geblieben aber ist das Mißtrauen in die Einsicht der Herrschenden und der für diese operative Kleinform kennzeichnende Einsatz für die „Leidtragenden", die durch die Fabel nicht nur zur Einsicht, sondern auch zum Handeln bewegt werden sollen.

Branstner fragt, warum die Fabel so selten geworden sei, und beantwortet diese Frage, indem er die Schwierigkeiten beim Schreiben wirksamer moderner Fabeln aufzeigt.

„Soll die Fabel von vielfältiger und dauernder weil auswechselbarer Einsetzbarkeit und zugleich treffend sein, muß sie elastische Gleichnishaftigkeit und unverwechselbare und dauerhafte philosophische Kriterien haben. Also wird von ihr präzise Intellektualität erfordert. Und soll sie viele erreichen, weil sie, was sie will, nur erreichen kann, wenn sie viele erreicht, muß sie von verständlicher Schlichtheit sein. Intellektualität aber und Schlichtheit in einem ist schon immer die wahre Kunst gewesen. Und die ist bekanntlich selten."[89]

Die *„Fehler"*, zentrales Thema der Fabeln Branstners, erscheinen unter vielen Namen und Bildern, als *Ungeziefer,* das man nicht ausrottet, weil man seine Existenz leugnet (28), als *Unsinn* nicht zu rechtfertigender Verbote (36), als *Probleme,* deren literarische Gestaltung man nicht wünscht (45), als *Mängel,* die ebenso wie die alten Schafe geblieben sind (47).

„Natürlich machen wir auch Fehler, sagte der Bär zum Star, aber es ist nicht gut, darauf herumzuhacken. Ihr solltet lieber das Positive loben.
Wie kommen wir am besten vorwärts, fragte da der Star, indem wir uns loben oder indem wir uns lobenswert machen?
Indem wir beides tun, erwiderte der Bär.
Und was ist das Wichtigere von beiden? wollte der Star jetzt wissen.
Das ist eine philosophische Frage, erklärte der Bär, das ist die Frage nach der bestimmenden Seite.

---

[88] Branstner, a.a.O., Vorwort (ohne Seitenzahl).
[89] Ebd.

Und wer bestimmt die? fragte der Star. Doch das war keine philosophische Frage, und der Star tat recht daran, davonzufliegen, bevor der Bär antwortete.“ (49)

Die Fehler können nicht behoben werden, weil der *Löwe* nur seine eigene Meinung gelten läßt (23, 24, 28, 29), der *Adler* sich nicht von einem Maulwurf seine Fehler sagen lassen kann (7), der *Wolf* seine wahre Natur durch die Kunst verfälschen läßt (9). Aber nicht nur die Mächtigen, sondern bereits kleine Chargen wie der Wetterfrosch wehren sich gegen eine „Fehlerdiskussion“ (43); und die Tierkinder lernen bereits in der Schule den Blick für das Positive (40).

Häufiger als die Figuren der alten Tyrannenfabel tritt der *Bär* auf. Er erscheint als ein gutwilliger, aber ungeschickter und von schlechten Ratgebern abhängiger Regent (17, 31, 49, 56, 58, 61) und gibt der Diskrepanz von Theorie und Praxis eine politisch aktuelle Brisanz.

Die Solidarität der *Leidtragenden* reicht, allerdings erst nach dem Tod des Mächtigen, über den Kreis der unmittelbar Betroffenen hinaus (1). Mitleid mit dem Mächtigen schadet allen und muß deshalb bestraft werden (6). Im Gegensatz zum Hasen wagt der Star kritische Theaterstücke (47) und eine kritische Diskussion (49), weil er davonfliegen kann.

Literaturauswahl

(1) Hubert Badstüber, Die deutsche Fabel von ihren Anfängen bis auf die Gegenwart, Wien 1924
Theodor Etzel (Hg.), Fabeln und Parabeln der Weltliteratur, Leipzig o. J. (1907)
Theodor Etzel, Fabeln, Gesamtausgabe. Stuttgart-Heilbronn 1923
Paul Gurk, Fabeln, Trier 1922
Paul Gurk, Fabeln, Märchen und Legenden, Berlin 1934
Severin Rüttgers (Hg.), Deutsche Fabeln aus sechs Jahrhunderten, Breslau o. J.
Max Staege, Die Geschichte der deutschen Fabeltheorie, Berlin 1929
Wolfgang und Hildegard Stammler (Hg.), Alte deutsche Tierfabeln, Jena 1926
Otto Weddigen, Das Wesen und die Theorie der Fabel und ihre Hauptvertreter in Deutschland, Leipzig 1893
Otto Weddigen, Gesammelte poetische Werke, Band III, Berlin o. J. (1905)

Otto Weddigen, Gesammelte Werke in 15 Bänden, 3. Bd: Fabeln und Parabeln, Kinderlieder, Sprüche und Aphorismen, Berlin 1933
Walter Wienert, Die Typen der griechisch-römischen Fabel. Mit einer Einleitung über das Wesen der Fabel, Helsinki 1925
Emil Winkler, Das Kunstproblem der Tierdichtung, besonders der Tierfabel, in: Hauptfragen der Romanistik. Festschrift für Ph. A. Becker, Heidelberg 1922, S. 280–306
Julius Zeuch, Die moderne Tierdichtung, Diss., Gießen 1924
(2) Edwin Hoernle, Rote Lieder, hg. v. Engelberg und E. Mehnert. Mit einem Vorwort von Alexander Abusch, Berlin und Weimar 1968
Erich Weinert, Das Zwischenspiel, 2 Bde, Berlin 1956 (1. Bd)
Friedrich Wolf, Frühe Romane und kleine Prosa, hg. v. E. Wolf und W. Polatschek, Berlin 1959
Hans Friederici, Die Tierfabel als operatives Genre. In: Weimarer Beiträge 1965, S. 930–952
Fabeln, Parabeln und Gleichnisse, hg. v. Reinhard Dithmar, 7. Aufl., München 1983 (S. 261 ff.: Heine; S. 271 ff.: Hoernle, Weinert, Wolf)
(3) Dolf Sternberger, Figuren der Fabel, Berlin und Frankfurt 1950
Karl Meuli, Herkunft und Wesen der Fabel, in: Schweizerisches Archiv für Volkskunde 50/1954
Hans Lothar Markschies, Artikel *Fabel,* in: Reallexikon der deutschen Literaturgeschichte, begr. v. P. Merker und W. Stammler, 2. Aufl., hg. v. W. Kohlschmidt und W. Mohr, 1. Bd, Berlin 1958
Erwin Leibfried, Fabel, Stuttgart 1967 u. ö.
Klaus Doderer, Fabeln. Formen, Figuren Lehren, Zürich 1970. Unveränderter Nachdruck München 1977
Fabeln, Parabeln und Gleichnisse, hg. v. Reinhard Dithmar, München 1970 u. ö.
Reinhard Dithmar, Die Fabel. Geschichte, Struktur, Didaktik, Paderborn 1971 u. ö.
(4) James Thurber, Fables for Our Time, New York 1939
James Thurber, Further Fables for Our Time, New York 1956
James Thurber, Fünfundsiebzig Fabeln für Zeitgenossen, Hamburg 1967
Rudolf Kirsten, Getarnte Wahrheit, Hamburg 1947
Rudolf Kirsten, Im Spiegel der Fabel, Zwickau 1948
Rudolf Kirsten, Hundertfünf Fabeln, Zürich 1960
Heinz Risse, Belohne dich selbst. Fabeln, Bremen 1953
Wolfdietrich Schnurre, Protest im Parterre. Fabeln, München 1957
Wolfdietrich Schnurre, Der Spatz in der Hand, München 1971, 2. Aufl. 1973
Helmut Arntzen, Kurzer Prozeß. Aphorismen und Fabeln, München 1966
Günther Anders, Der Blick vom Turm. Fabeln. Mit 12 Abbildungen nach Lithographien von A. Paul Weber, München 1968, 2. Aufl. 1984
Gerhard Branstner, Der Esel als Amtmann oder Das Tier ist auch nur ein Mensch, Buchverlag Der Morgen, Berlin 1977. Ungekürzte Ausgabe Frankfurt 1979

B. Systematisch-didaktischer Teil

X. Ursprung und Vita

1. Ursprung

Der Streit um das Ursprungsland der Fabel wurde nicht entschieden, und es bleibt weiterhin umstritten, ob die griechische oder die indische Fabel die ursprüngliche ist.

Um 1860 entbrannte ein heftiger Streit um das Ursprungsland der Fabel, nachdem der Orientalist Theodor Benfey 1859 in der Vorrede zu seiner Ausgabe des *Pantschatantra* den indischen Anspruch auf die Herkunft der Tiersage vertreten hatte. Ebenfalls 1859 veröffentlichte der Rabbiner Julius Landsberger *Die Fabeln des Sophos*, eine Sammlung hebräischer Fabeln vorwiegend aus dem *Talmud* und den *Midraschim*, und versuchte, Judäa als das „Vaterland der Fabel“ und die Hebräer als die „Erfinder der Fabel“ zu erweisen.[1] In seiner Rezension wandte sich Benfey nicht nur gegen diese Theorie, sondern lehnte den Ausdruck „Erfindung der Fabel“ grundsätzlich ab mit der Begründung, daß Fabeln oder fabelartige Texte gleichzeitig bei den verschiedensten Völkern zu finden seien, ohne daß man einen Einfluß erkennen könne.[2]

August Hausrath stellte 1898 fest, daß die Forschung der letzten fünfzig Jahre zur Frage nach Ursprung und Heimat der Fabel nichts Neues erbracht habe und daß es sich um eine müßige Frage handle.[3]

[1] Julius Landsberger, Die Fabeln des Sophos, Posen 1859.
[2] Theodor Benfey, Zum Ursprung der Fabel. In: Orient und Occident, hg. v. Th. Benfey, 1. Bd., Göttingen 1862, S. 354-365.
[3] August Hausrath, Das Problem der äsopischen Fabel. In: Neue Jahrbücher für das klassische Altertum, Geschichte und deutsche Litteratur, hg. v. J. Ilberg, 1. Jg., Leipzig 1898, S. 305-322.

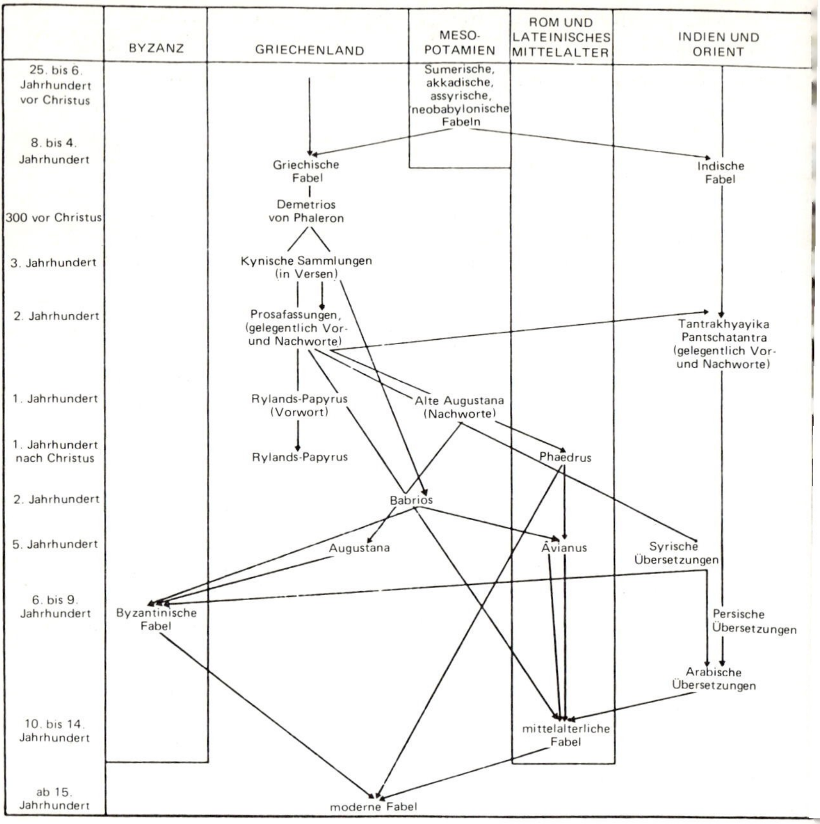

Skizze zum Ursprung der Fabel (Adrados)

Von der Zeit der alten Sumerer um 2500 vor Christus bis in unsere Zeit hat sich die Fabel als volkstümliche und kritische Gattung erhalten. Ihre Entwicklung läßt sich von ihrem mesopotamischen Ursprung zunächst nach Griechenland und nach Indien verfolgen. Später verarbeitet die Indische Fabel neue griechische Einflüsse, und auf drei verschiedenen Wegen erreicht die Fabel das Mittelalter.

Nachdem die mesopotamische Fabel entdeckt worden war, glaubte man – wie die Skizze[4] veranschaulicht –, aufgrund der übereinstimmenden Parallelen der griechischen und indischen Fabeln in vielen Fällen den mesopotamischen Ursprung der Fabel erweisen zu können und sah im antiken Mesopotamien die Quelle der Fabel. In diesem Sinne urteilt F.R. Adrados.

> „Wichtig ist festzustellen, daß die Fabel, die mit all ihren Verästelungen als Teil einer Universalkultur entstanden ist, deren einzelne Zweige nicht mehr klar erkennbar sind, letztendlich einer einzigen Quelle entstammt, dem antiken Mesopotamien (.....). Dadurch, so meinen wir, erklärt sich die wesentliche Einheit einer volkstümlichen und kritischen Literaturgattung, einer vielleicht kleinen Gattung, aber doch einer, der aufgrund ihrer Beständigkeit und Anpassungsfähigkeit, mit der sie die verschiedensten Kulturen und Ideologien darzustellen und zu kritisieren vermag, eine besondere Bedeutung zukommt."[5]

Bedeutsamer in diesem Zusammenhang sind die Untersuchungen der Ägyptologie, die bisher kaum beachtet wurden, obwohl die Literatur Ägyptens ihre Strahlkraft auf Babylonien, Griechenland und Indien ausübte.[6] Inwieweit sich griechische Fabeln als „säkularisierte ägyptische Mythen enthüllen"[7], ist schwer nachweisbar, zumal es sich bei den ägyptischen Funden um Bilder ohne Texte handelt (die zugehörigen Geschichten müssen erschlossen werden) oder aber um nur bruchstückhaft überlieferte Texte. Außerdem ist der Fabelbegriff von Emma Brunner-Traut sehr weit gefaßt, und die Grenzen zwischen Fabel, Märchen und Mythos verschwimmen.

Auch wenn man mit Crusius und anderen die Theorie von der Polygenese der Fabel vertritt, bleibt die Frage nach dem (etwaigen) Ursprung einzelner Fabelmotive und ihrer Wanderung von Interesse.[8]

---

[4] Francisco Rodriguez Adrados, Die Geschichte der Fabel. In: Spektrum der Wissenschaft 12/1981, S. 23-36; hier S. 35.

[5] Ebd., S. 36.

[6] Vgl. Emma Brunner-Traut, Altägyptische Tiergeschichte und Fabel. Gestalt und Strahlkraft, 6. Aufl., Darmstadt 1980, S. 43 ff.

[7] Ebd., S. 59.

[8] „Nach der Heimat der Fabel zu forschen, ist sinnlos", da „es sich hier um eine Urform unserer Geistesbetätigung handelt. Wohl aber kann man fragen: Wo wurzeln die uns geläufigen Fabeltypen?" (Otto Crusius, Aus der Geschichte der Fabel. Einleitung zu: Das Buch der Fabeln, hg. v. C.H. Kleukens, 2. Aufl., Leipzig 1920, S. IV).

Zwei der bekanntesten Fabelmotive könnten (in ihrer Vorform) aus Ägypten stammen: der *Streit zwischen Kopf und Leib* (um 1100 v. Chr.), als Gleichnis des Menenius Agrippa durch die Römische Geschichte des Titus Livius berühmt geworden, und der *Rangstreit der Bäume*, der als „genuin ägyptisch" gilt.[9] Der vielleicht älteste literarische Beleg, der „Streit zwischen Kopf und Leib", ist nur bruchstückhaft überliefert und steht – bezeichnend für die Bedeutung der Fabel in der Schule – auf einer Schülertafel.[10]

2. Vita Aesopi

Obwohl sich der Name des sagenumwobenen phrygischen Sklaven untrennbar mit der Gattung verbunden hat, war *Äsop* nicht der „Erfinder" und auch nicht der erste Erzähler, von dem uns Fabeln überliefert sind.

Äsop soll nach Herodot, der ihn einen „logopoios", einen Geschichtenerzähler, nennt, nach Plutarch u. a. im 6. Jahrhundert v. Chr. in Phrygien (dem Hauptexportland für Sklaven) gelebt haben, und zwar als ein Sklave, der später freigelassen wurde und 560 v. Chr. starb. Sicher belegt sind jedoch auch diese geringen vermeintlichen Fakten nicht. Es ist denkbar, daß Äsop überhaupt keine historische Gestalt ist, sondern nur eine „Verkörperung des fabulierenden Volksgeistes"[11].

In dem *Volksbuch vom Philosophen Xanthos und seinem weisen Sklaven Aisopos* und vor allem in dem später aus dem Volksbuch entstandenen *Äsoproman* (einem Vorläufer des Schelmenromans) wird die Lebensgeschichte dieses phrygischen Sklaven erzählt. In der legendären Darstellung des Äsopromans erscheint er nicht nur als Sklave, sondern – was in dem berühmten Holzschnitt des Ulmer Äsop von 1476 deutlich erkennbar ist – auch mißgestaltet.

> „Er het für andere menschen ain langes ungestaltes angesicht, ain großen kopf, gespuczte ougen, swarczer farb, lang backen, ain kurczen hal, groß waden, brait füß, ain großes mul, fast hoferot, zerbläten buch und das an im das bösest was, er hett ain überträge zungen, darumb er ser staczget. Aber mit lüsten, geschydigkait und mangelay schimpfkallen was er über

[9] E. Brunner-Traut, a.a.O., S. 43.
[10] Ebd., S. 40 f. und S. 56.
[11] August Hausrath (Hg.), Aesopische Fabeln, München 1940, S. 114.

die maus gebaubet. Als aber syn herr mercket, daz er zuo burgerlichen wercken untouggenlichen was, sendet er in yn das göu, das feld zebuwen.«[12]

Dieser körperlich mißgestaltete Mensch wird zur Belohnung für seine Mildtätigkeit von der Göttin Isis „mit wyßhait und scherpffin der zungen, auch mit geschicklichait ze finden mangerlay und fremde fabel" begabt und kann plötzlich „on alle irrung" reden.[13]

Äsops erste Tat nach dieser Begabung ist eine soziale. Er stellt einen Meister, der einen der Knechte zu Unrecht schlägt, zur Rede und droht, daß er ihn bei seinem Herrn verklagen werde. Daraufhin wird Äsop verleumdet und verkauft. Der Philosoph Xanthos erwirbt ihn, weil er von den Eulenspiegel-Antworten dieses Sklaven beeindruckt ist. Der von der Frau des Xanthos und ihren Mägden als „bavian", „merwonder", „hunds groppen"[14] geschmähte, von seinem Herrn gelobte oder gepeitschte Sklave, erweist sich als ein geistvoller und witziger Berater und erringt dadurch seine Freiheit.

Da Xanthus es nicht kann, deutet Äsop das Wunderzeichen vom Adler mit dem Ring, und zwar als Bedrohung der Freiheit durch einen feindlichen König. Zugleich weist Äsop vor dem ganzen Volk auf die Naturwidrigkeit und Ungerechtigkeit der Sklaverei hin und erzählt, um seine Mitbürger vor den Boten des Königs Cresus von Lidia zu warnen, die Fabel von den Schafen, Hunden und Wölfen. Freiwillig begibt sich Äsop dann zu Cresus, erzählt ihm die Fabel von der Grille und bewirkt die Unabhängigkeit der Samier.

Nach dieser Zeit in *Samos* zog Äsop durch die Länder „und gab dem volck mangerlay ler in fabeln und gelychnüs, und leret die tötlichen menschen in allen landen".[15]

In *Delphi* gerät Äsop in Auseinandersetzung mit der Geistlichkeit, die den Einfluß seines Wortes auf das Volk fürchtet. Aus Angst vor dem Volk lassen sie ihn heimlich verhaften und überlegen, wie sie ihn „als ainen ungütigen kirchenbrecher"[16] verleumden können. Sie schmuggeln eine goldene Schale aus dem Apollotempel in seinen Sack und stellen nun Äsop dem Volk als Kirchenräuber dar. Er wird in den Kerker geworfen, als Kirchenräuber zum Tode

[12] Steinhöwels Äsop, hg. v. Hermann Österley, Tübingen 1873, S. 38.
[13] Ebd., S. 40.
[14] Ebd., S. 47.
[15] Ebd., S. 67.
[16] Ebd., S. 73.

verurteilt und vom Felsen gestürzt. Das Unrecht aber wird gerächt – wie es Äsop in der Fabel vom Vater, der seine eigene Tochter mißbraucht, angekündigt hatte.

„Nach synem tod kam über die Delphin über große türi, sterbent und tobsucht, darüber hetten sy rat des gottes Appolinis, da funden sie, daz sie die sele Esopi sölten gütigen und versünnen. Do wurden sie rüwig, das sie Esopum unschuldig hetten getötet, und buweten im ain nüwen tempel und zuo syner ewigen gedächtnus ließen sie im ain sul daryn seczen. Über das, do die fürsten von Kriechenland den tod Esopi erhorten, zugen sy in heres krafft über die Delphen und erfuoren flyßiglich, welhe schuld hetten an dem tod Esopi, die ließen sie all, als billich was, mit söllichem tod ouch vergaun.“ [17]

Die (vermutlich zu Beginn unserer Zeitrechnung in Ägypten verfaßte und zusammen mit den Fabeln überlieferte) legendäre *Vita Aesopi* und die Fabeln Äsops sind nicht voneinander zu trennen. Sie gehören zusammen, weil Äsop seine Fabeln jeweils in einer konkreten Situation erzählt, als ein literarisches Kampfmittel für sich und andere nutzt.

In der Antike war die Fabel ein Gegenstand der Rhetorik, nicht der Poetik. Die Beispiele in der *Rhetorik* des Aristoteles zeigen, daß der antike Redner die Fabel benutzte, um eine konkrete Situation durch eine bildhafte Geschichte, ein analoges Modell zu veranschaulichen, um die Zuhörer in seinem Sinne zu beeinflussen.

Den Bezug zur betreffenden Situation stellen Redner wie Stesichoros oder Äsop mit den Worten „So seht also auch ihr...“ oder „Ebenso tut auch Ihr...“ selbst her. So liest man in der *Vita Aesopi*: Als Äsop ihre Drohungen hörte, sprach er zu ihnen: Laßt mich euch erst noch eine Geschichte erzählen. Als sie ihm das gestatteten, begann er...

Die Delpher, die ihn aus dem Gefängnis holen, um ihn zu töten, hören die *Fabel von Frosch und Maus*. Als ihn die Verfolger aus dem Tempel des Apoll zerren, in dem Äsop Zuflucht gesucht hatte, erzählt er ihnen die *Fabel von Adler und Mistkäfer*. Auf dem Weg zum Felsen lernen die Delpher die *Fabel von der Jungfrau und dem Bauern* und die *Fabel von dem Bauern und dem Esel* kennen. Typisch sind auch hier wieder der Anfang und das Ende:

---

[17] Ebd., S. 76.

„Als Äsop sah, daß sein Geschick besiegelt war, sprach er: O ihr Männer, deren Wut nicht zu bändigen ist, da ich euch auf keine Weise überreden kann, so hört noch folgende Fabel:
(...)
Das gleiche Urteil widerfährt auch mir. Denn ich gehe zugrunde nicht durch angesehene und ruhmvolle Männer, sondern durch unnütze und elende Sklaven.“[18]

Wie Äsop hier mit der Fabel für sich selbst kämpft, so nutzt er bei anderen Gelegenheiten die Fabel im Kampf für die Unterdrückten. „So zeigt das Volksbuch vom phrygischen Sklaven Äsop die Überlegenheit seines Helden, indem es ihn aus allen bedrängten Lagen durch das Erzählen einer Fabel einen Ausweg finden läßt. Der mißgestaltete Sklave wird zum Symbol der unteren Welt. Um ihn herum kristallisiert sich die ganze Fabelliteratur.“[19]

Exkurs:
Die beiden Bände der griechischen Ausgabe von August Hausrath (1940/1956)[20] enthalten rund 300 Fabeln Äsops. Wilhelm Binder (1866)[21] hat 183 Fabeln ausgewählt und ins Deutsche übertragen. Eine neuere Übersetzung (zweisprachige Ausgabe) stammt von August Hausrath (1940)[22]. Ludwig Mader (1951)[23] hat in seiner mit Illustrationen versehenen Übersetzung antiker Fabeln Texte von Hesiod, Archilochos, Äsop, Ennius, Horaz, Phädrus, Babrius, Avianus und Romulus aufgenommen. Die meines Ermessens beste zweisprachige Auswahl antiker Fabeln ist die Textsammlung von H.C. Schnur (1978).[24]

---

18 Hausrath 1940, S. 134.
19 Theophil Spoerri, Der Aufstand der Fabel, a.a.O., S. 225.
20 Corpus Fabularum Aesopicarum, edidit August Hausrath. B. G. Teubner (Bibliotheca Scriptorum Graecorum et Romanorum Teuberiana) I, 1940; II, 1956.
21 Die Aesopischen Fabeln. Deutsch von Wilhelm Binder, Stuttgart 1866.
22 Aesopische Fabeln. Zusammengestellt und ins Deutsche übertragen von August Hausrath. Urtext und Übertragung. München 1940.
23 Antike Fabeln, eingeleitet und neu übertragen von Ludwig Mader, Zürich 1951.
24 Fabeln der Antike. Griechisch und lateinisch. Hg. u. übersetzt v. Harry C. Schnur, München 1978.

Vita Esopi: Äsops Zeichendeutung

Vita Esopi: Äsop wird vom Felsen gestürzt

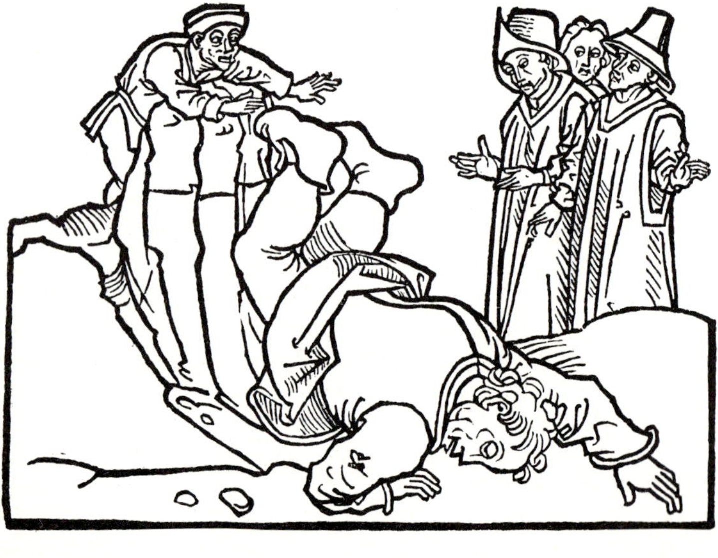

XI. Begriff und Begrenzung

1. Begriff (und Mißverständnisse)

Der Begriff *Fabel* (lat. fabula: das Erdichtete) wurde bereits von Phaedrus, mit dem Zusatz „äsopisch" versehen, als Gattungsbezeichnung verwandt („fabulae Aesopicae") und durch die Aesop-Übersetzung von Heinrich Steinhöwel ins Deutsche eingeführt.

In der ionischen Poesie erscheinen die ältesten Fabeln unter der Bezeichnung *ainos*, einem Begriff, der Gleichnis ebenso wie Sprichwort und Rätsel umfaßt. Am häufigsten gebraucht werden die Bezeichnungen *mythos* und *logos*, um jeweils das phantastisch Märchenhafte und das rationale Element der Fabel zu betonen.

Aristoteles unterscheidet in der *Rhetorik* (2,20) zwei Arten von allgemeinen Überzeugungsmitteln: das Beispiel (paradigma) und die Gedankenkette. Beispiele sind, sofern es sich nicht um Erzählungen historischer Begebenheiten, sondern um eigene Erfindungen handelt, Gleichnisse (parabole) wie die des Sokrates und Erzählungen (logoi) nach der Art der Fabeln Aesops.

Das Mittelalter wählt die Bezeichnung *bîspel* oder *bîschaft*. Beide Benennungen zeigen, daß es sich um eine belehrende Erzählung handelt. Das Wort *bîspel* weist außerdem auf den Zusammenhang zwischen Fabel, Gleichnis und Sprichwort. Es meint eine Erzählung, die nicht für sich, sondern für etwas anderes steht, deren Sinn nicht im Erzählten selbst liegt. Bereits im 13. Jahrhundert wird der Begriff *spel* (Erzählung, Bericht) abgewertet zur nicht verbürgten und somit unwahren oder sogar lügenhaften Erzählung, während *bîspel* als die – von einer unterhaltsamen Hülle umgebene – Wahrheit erscheint. Auch das biblische Gleichnis wird *bîspel* genannt (vgl. Hugo von Trimberg). Thomasin von Zerklaere übersetzt *fabula* mit *bîspel*. In der mittelalterlichen Spruchdichtung werden die äsopischen Fabeln als *bîspel* bezeichnet (vgl. Der Marner, Bruder Wernher, Reinmar von Zweter).

Das Lehnwort *fabel* (frz. fable, mhd. fabele) bezeichnet im Mittelalter eine Geschichte, deren Wahrheit nicht verbürgt werden kann oder die nur unterhaltsam ist. Als Gattungsbezeichnung erscheint das Wort erst bei Steinhöwel (1476) und Anton von Pforr (Das Buch der Beispiele der alten Weisen, 1480).

Diese Doppelbedeutung – Gattungsbezeichnung und Ausdruck für erdichtete, unwahre Rede – hat bis in unser Jahrhundert immer wieder zu Mißverständnissen geführt, durch welche die äsopische Fabel zu Unrecht in Mißkredit geriet.

Ein Beispiel ist die immer noch in der Fabeldiskussion falsch zitierte Bibelstelle 2. Timotheus 4,4. Luther übersetzte das griechische Wort „mythos" entsprechend dem „fabula" der Septuaginta mit „Fabel". In der revidierten Lutherbibel von 1984 liest man: „Denn es wird eine Zeit kommen, da sie die heilsame Lehre nicht ertragen werden; sondern nach ihren eigenen Gelüsten werden sie sich selbst Lehrer aufladen, nach denen ihnen die Ohren jucken, und werden die Ohren von der Wahrheit abwenden und den Fabeln zukehren." Gemeint sind hier mit „mythoi"-„fabula"-„Fabeln" gnostische Geheimlehren, d. h. phantastische Aussagen über die Welt und ihre Entstehung, wie sie die gnostischen Irrlehrer im Gegensatz zur Lehre des Paulus und seiner Schüler vertraten.

In unserem Zusammenhang wichtiger ist die oft und meist falsch zitierte Stelle „Die Fabeln und gemeinen Mährlein lassen wir den Kindern und alten Mütterlein".[1] Hier meint Harsdörfer nicht die Gattung. Das beweist nicht nur der Kontext, sondern bereits die Fortsetzung des meist aus dem Zusammenhang gerissenen Satzes: „welche sich von wichtigen Lehrgedichten selbsten unterscheiden". Mit den „Lehrgedichten" ausführlich befaßt hat sich Harsdörfer in *Nathan und Jotham*, ausgehend von der Parabel des Propheten Nathan (2. Samuel 12, 1-15) und der Fabel Jothams (Buch der Richter 9,7-15), zwei Fabeln, die für ihn beispielhaft für das geistliche und das weltliche „Lehrgedicht" stehen.

In der Fabeldiskussion vielfach mißverstanden wird auch der Satz Gellerts: „dem, der nicht viel Verstand besitzt, die Wahrheit durch ein Bild zu sagen". Mit dieser vielzitierten vermeintlichen Fabeldefinition wird die Fabel nicht zur „Kost der Unaufgeklärten deklas-

---

[1] G. Ph. Harsdörfer, Nathan und Jotham: Das ist Geistliche und Weltliche Lehrgedichte, Nürnberg 1650, Vorrede (ohne Seitenzahl). Seit der Zeit der Kirchenväter wurde vor den effekthaschenden „fabulae otiosae" gewarnt. Mit diesem und ähnlichen Begriffen ist jedoch ebensowenig wie mit den „fabulae aniles", dem Altweibergeschwätz, die Gattung gemeint.

siert"[2]. Denn diese Pointe der Fabel von *Biene und Henne*[3] ist an sich überhaupt kein Beitrag zur Fabeltheorie. Sie beantwortet vielmehr die allgemeine Frage nach dem Nutzen der Poesie und konfrontiert im Bild von der trägen Henne den Leser mit seiner eigenen Verständnislosigkeit („nicht viel Verstand") gegenüber der Dichtung und dem Dichter, der – im Gegensatz zum Geschrei der Henne nach jedem gelegten Ei – wie eine Biene wirkt und auf den Bienenstock als Beweis des in Frage gestellten Fleißes verweisen kann, notfalls aber auch auf den Stachel, um den zu bestrafen, der verachtet, was er nicht versteht.

Seit dem 18. Jahrhundert wird der Begriff „Fabel" auch als Handlungsverlauf eines epischen oder dramatischen Werkes gebraucht, eine Bedeutung, die bis in die Gegenwart neben der Gattungsbezeichnung gilt.

2. Definition und Abgrenzungen

Eine allgemeingültige Definition der Fabel von ihrem Ursprung bis zur Gegenwart gibt es nicht, da sich jede definitorische Bestimmung an einzelnen Autoren, Epochen oder Typen der Fabel orientiert.

Als Charakteristika der Fabeln Äsops nennt August Hausrath: „klarer Aufbau, anschauliche Erfassung der Szene, behaglicher Ton der Gespräche auf jener ‚Elementarstufe der geistigen Entwicklung, wo der Mensch noch ganz auf du und du mit Tier und Pflanze und aller Kreatur zu verkehren vermag' (Crusius). So entstehen Gebilde von wirkungsvoller Plastik."[4]

Eine besonders kurze und präzise Definition gibt – in Anlehnung an Theon von Alexandria (1. Jh. n. Chr.) und orientiert an der griechisch-lateinischen ebenso wie der alten orientalischen Fabel –

[2] Klaus Doderer, Fabeln, Formen, Figuren, Lehren. München 1977, S. 95.

[3] Christian Fürchtegott Gellert, Fabeln und Erzählungen. Historisch-kritische Ausgabe, bearbeitet von Siegfried Scheibe, Tübingen 1966, S. 52 f.

[4] August Hausrath, in: Aesopische Fabeln, übertragen von August Hausrath, München 1940, S. 140.

B. E. Perry, einer der besten Kenner der antiken Fabel: „a fictitious story picturing a truth“ [5].

Perry kommentiert diese Definition einerseits im Blick auf die *Wahrheit* der Fabel: „the truth pictured by a fable must always be a general one“ [6].

Zugleich stellt er apodiktisch fest: „A fable is a story.“ [7] Er grenzt den *narrativen Charakter* der Fabel ein: „The narrative (.....) never takes the form of a story told for its own sake“. [8]

Und zur *bildlichen Gestaltung* der Wahrheit in einer Fabel heißt es schließlich: „and because a fable ‚pictures‘ a truth it is, theoretically, only a metaphor in the form of a past narrative“. [9]

Damit sind drei wesentliche, aus der Geschichte der Fabeltheorie bekannte und unterschiedlich akzentuierte Gattungskriterien benannt.

Trotz fließender Übergänge zwischen Fabel und *Beispielerzählung* ist die Abgrenzung wichtig. Denn die Ablehnung der Fabel mit der Begründung, daß man von Tieren keine Moral lernen könne, resultiert aus dem Mißverständnis der Fabel als Beispielgeschichte, die keiner Übertragung vom Bildbereich auf den Bezugsbereich bedarf, da sie im Bezugsbereich selbst angesiedelt ist. Nur hier aber könnten die Akteure unter Umständen Vorbildcharakter gewinnen, nicht jedoch bei Fabel, Parabel und Gleichnis.

Im Unterschied zu den neutestamentlichen Gleichnissen und Parabeln fehlt den *Beispielerzählungen* aus dem Sondergut des Lukas (Lk 10,29-37 / Lk 12,16-21 / Lk 16,19-31 / Lk 18,10-14) das Element des Bildlichen; an die Stelle der Analogie tritt das *Exemplum*.

---

[5] Ben Edwin Perry, Fable. In: Studium generale 12/1959, S. 17-37; hier S. 22 und Ben Edwin Perry, Babrius and Phaedrus, newly edited and translated, London 1965, S. XX. – Zugleich betont Perry (Studium generale 12/1959, S. 18) angesichts der Vielgestaltigkeit der Texte mit Recht die Fragwürdigkeit einer allgemeingültigen Fabeldefinition („that no conceivable definition of fable, however broadly it might be formulated, could apply to all of them.“).

[6] Perry 1959, S. 28.

[7] Ebd., S. 17.

[8] Ebd., S. 28.

[9] Perry 1965, S. XX.

Die Beispielerzählung erfordert keine Übertragung vom einen Bereich auf den anderen, weil sie das Allgemeine an einem besonderen Fall zeigt, den der Leser oder Hörer nur zu verallgemeinern und gegebenenfalls auf sich zu beziehen braucht. Der letzte Vers der vier Perikopen enthält jeweils die durch das Exemplum zu beweisende Sentenz oder (in der ersten Perikope) die Aufforderung: „Geh auch du hin, tue desgleichen!" Hier gewinnt die Beispielgeschichte über den erläuternden Charakter hinaus Vorbildcharakter. Die polemisch-abstrakt gestellte Frage des Pharisäers „Wer ist mein Nächster?" beantwortet Jesus narrativ mit einer Gegenfrage, die sich auf den konkreten Fall bezieht und deren Beantwortung sich zwangsläufig aus dem vorweg erzählten Exemplum der Nächstenliebe ergibt.

Fabel und Exemplum als „narrative Minimalformen"[10] haben eine unterschiedliche Intention. Das Exemplum als „die narrative Transposition eines moralischen Satzes"[11] ist *paradigmatisch*[12]; die Fabel dagegen ist *parabolisch*.

Georges Couton, der die Fabeln La Fontaines edierte, hat auf die „liens de cousinage"[13] zwischen Fabel und *Emblem* hingewiesen. Diese Verwandtschaft wird im 17. Jahrhundert (etwa bei Jean Baudoin)[14], vor allem aber bereits im Jahrhundert vor La Fontaine deutlich. Von Gilles Corrozet erschien 1540 eine Emblem-Sammlung („Hécatomgraphie") und zwei Jahre später eine Fabel-Sammlung („Fables du tresancien"), beide nach dem Centurio-Prinzip aufgebaut und gegenseitig beeinflußt.[15]

---

[10] Karlheinz Stierle, Geschichte als Exemplum – Exemplum als Geschichte. Zur Pragmatik und Poetik narrativer Texte. In: Geschichte – Ereignis und Erzählung, hg. v. Reinhart Koselleck und Wolf-Dieter Stempel, München 1973, S. 354.

[11] Ebd., S. 365.

[12] Ebd., S. 359 u.ö.

[13] Georges Couton, La Poétique de La Fontaine, Paris 1957 (1. Teil: S. 5-21: La Fontaine et l'art des emblèmes), S. 8; vgl. Georges Couton (ed.), Jean de La Fontaine, Fables, Paris 1962.

[14] Jean Baudoin, Les Fables d'Esope Phrygien, Paris 1659.

[15] Gilles Corrozet, Hécatomgraphie (1540), Paris 1905. – Gilles Corrozet, Les Fables du tresancien Esope Phrygien, Paris 1942. – Vgl. Barbara Tiemann, Fabel und Emblem. Gilles Corrozet und die französische Renaissance-Fabel, München 1974. – Vgl. Monika Hueck, Textstruktur und Gattungssystem. Studien zum Verhältnis von Emblem und Fabel im 16. und 17. Jahrhundert, Kronberg/Ts. 1975.

Beim Emblem mit seinen drei Teilen Inscriptio, Pictura, Subscriptio hat das Bild Priorität und ist untrennbarer Bestandteil. Bei der Fabel dagegen mit ihren zwei Teilen, dem comparatum und comparandum, dem bildhaften Vergleichs- und dem Grundbereich, der gemeinten Sache, ist die Illustration eine sehr beliebte, aber keineswegs notwendige Ergänzung des narrativen Bildteils. Insofern gehört die Emblematik zentral, die Fabeldichtung dagegen nur am Rande zur Pictura- Poesis-Literatur.

Weniger durch das Inventar[16] als durch die Intention unterscheidet sich die Fabel vom *Märchen*. Sie will belehren, auch wenn sie unterhält, besser gesagt, indem sie unterhält. „Erzählung nur zum Spaß, das ist noch nicht genug", meint der in Deutschland von Lessing bis K. Vossler seiner vermeintlichen „Schwatzhaftigkeit" wegen geschmähte La Fontaine in dem für seine Fabeltheorie grundlegenden Gedicht „Der Hirt und der Löwe"[17].

Während das Märchen ein „Geschehen unter dem Prinzip des Wunderbaren"[18] schildert, will die Fabel überzeugen. Sie wendet sich an die ratio. Ihrer „Welt des zweckrationalen Handelns" steht im Märchen eine „Welt traumhafter Wunscherfüllung" gegenüber.[19]

Vor allem aber ist es der gleichnishafte Charakter, der die Fabel vom Märchen und von der *ätiologischen Tiergeschichte* trennt. Von den drei für die Tiervolkserzählung[20] wesentlichen Merkmalen – Tierakteure, Anthropomorphisierung und eine auf Tierbeobachtung zurückgehende Erlebnisform (und „Tieraitiologien, in denen wahre Tiermerkmale phantasievoll erklärt werden"[21]) – gilt für die Fabel allenfalls, d. h. für die spezielle Form der Tierfabel, das erste Merkmal. Denn die Tiere als Akteure der Fabel wurden vom Menschen zur Belehrung für Menschen erschaffen. Es sind „Tier-

---

16 E. Leibfried, Fabel, 4. Aufl., Stuttgart 1982, S. 17 und 21.

17 Vgl. Texte zur Theorie von Fabeln, Parabeln und Gleichnissen, hg. v. R. Dithmar, München 1982, S. 105 f.

18 H.R. Jauß, Alerität und Modernität der mittelalterlichen Literatur. Gesammelte Aufsätze 1956–1976, München 1977, tabellarische Übersicht zwischen S. 46 und S. 47.

19 Ebd.

20 Vgl. F. Harkort, Tiervolkserzählungen. In: Fabula 9 (1967), S. 87-99; ders., Tiergeschichten in der Volksüberlieferung. In: Das Tier in der Dichtung, hg. v. Ute Schwab, Heidelberg 1970, S. 12-54.

21 F. Harkort (1967), S. 91.

wänste“ (Luther); ihre etwaige Übereinstimmung mit der Natur ist didaktisch bedingt.

„Jeder Rhetoriker und jeder Redner oder Dichter der neueren Zeit versteht unter Parabel, Fabel und Allegorie etwas anderes.“[22] Diese Feststellung von Adolf Jülicher gilt in einem gewissen Maß auch heute noch. So erscheint – um nur zwei Beispiele zu nennen – Lessings Geschichte von den drei Ringen, die sogenannte Ringparabel (Nathan III,7), und das Gedicht „Es ging ein Mann im Syrerland“ von Friedrich Rückert[23] in vielen Lexika als Musterbeispiel für eine Parabel, obwohl es sich in beiden Fällen um eine *Allegorie* handelt. Die Abgrenzung gegenüber der *Allegorie* ist jedoch eine entscheidende Voraussetzung, wenn man die Struktur der parabolischen Rede erkennen will.

Friedrich Rückert beschreibt in seinem Gedicht in 60 Zeilen Zustand und Verhalten eines Mannes, der in einen Brunnenschacht gestürzt ist und sich an einen Strauch geklammert hat – von oben durch ein wildes Kamel, von unten durch einen Drachen bedroht. Eine schwarze und eine weiße Maus nagen an der Wurzel des Strauches. Der Mann ist in großer Gefahr. Da sieht er einen Brombeerstrauch, ißt Beere nach Beere und vergißt die Gefahr.

Es folgen weitere 30 Zeilen, in denen Rückert nun dieses hintergründige Geschehen Zug um Zug deutet. Mit dem Drachen ist der Tod gemeint, mit dem Kamel die Lebensangst; die weiße Maus bedeutet den Tag und die schwarze Maus die Nacht, die Beere aber die Sinnenlust, die den Menschen alles vergessen läßt.

„Du fragst: Wer ist der thöricht Mann,
Der so die Furcht vergessen kann?
So wiss’, o Freund, der Mann bist du;
Vernimm die Deutung auch dazu.“

So schreibt Rückert, bevor er die oben knapp skizzierte Deutung gibt, die der Leser von sich aus nicht finden könnte. Das ist typisch für die allegorische Rede. Allegorien müssen enträtselt, entschlüsselt werden, damit man sie verstehen kann. Es gibt „Schlüsselwörter“ in

---

[22] Adolf Jülicher, Die Gleichnisreden Jesu. Zwei Teile in einem Band, Darmstadt 1976, S. 50.

[23] Friedrich Rückerts gesammelte poetische Werke in 12 Bänden, 4. Bd., Frankfurt a. M. 1868, S. 303.

der Allegorie, die „ihre eigentliche Bedeutung wahren und die Auflösung erleichtern“.[24]

Die allegorische Rede wendet sich an den Eingeweihten. Das zeigt die berühmte Minneallegorie im „Tristan“ des Gottfried von Straßburg. Gottfried schreibt für die „edelen herzen“, für einen kleinen Kreis Auserwählter. Fabel und Parabel aber richten sich an den Andersdenkenden oder auch den Gegner; sie wenden sich an den, der nicht verstehen kann oder will. Die gleichnishafte Rede will nicht verrätseln oder verschlüsseln, sondern erhellen und veranschaulichen. Die Parabel „deutet, sie kann nicht gedeutet werden“.[25]

Die sogenannte Ringparabel in Lessings „Nathan“ aber ist eine Allegorie. Der Unterschied zwischen ihr und einer Parabel zeigt sich schon in der durch Dispute unterbrochenen Erzählweise und in den Worten des Sultans („Komm mit deinem Märchen nur bald zu Ende.“ – „Das soll die Antwort sein auf meine Frage?“) im Gegensatz etwa zur Reaktion des Königs David auf die vom Propheten Nathan erzählte Fabel. Wie in dem allegorischen Gedicht Rückerts bestehen auch bei Lessings Ringallegorie genaue Beziehungen: 3 Ringe = 3 Religionen; 3 Söhne = 3 Vertreter dieser Religionen; echter Ring = echte Religion; Vater = Gott; Richter = Nathan.

An den Texten von Rückert und Lessing kann man den grundsätzlichen Unterschied zwischen parabolischer und allegorischer Redeweise erkennen. Im Gegensatz zu Fabel und Parabel „gibt uns das allegorische Bild ein Rätsel auf, weil es seine Daseinsberechtigung nicht schon in seiner bloßen Existenz trägt, und wir sind erst beruhigt, wenn wir die Lösung des Rätsels gefunden haben; dann aber sind wir auch völlig ruhig, weil der Verstand eine klare und erschöpfende Antwort gegeben hat“.[26] Nachdem Nathan „seine Antwort in klare Worte gefaßt hat (.....), ist der Inhalt des Ringes völlig erschöpft, die Bedeutung der Allegorie klar ausgedrückt: Religion ist Liebe in Gesinnung und Tat“.[27]

---

[24] Gero von Wilpert, Sachwörterbuch der Literatur, 6. Aufl., Stuttgart 1979, S. 16.

[25] Adolf Jülicher, a.a.O., S. 106.

[26] Emil Ermatinger, Das dichterische Kunstwerk, Leipzig und Berlin, 3. Aufl., 1939, S. 296.

[27] Ebd.

Daß auch heute noch in Predigt und Unterricht die Grenzen zwischen Allegorie und Parabel übersehen werden, hängt entscheidend damit zusammen, daß die Gleichnisse Jesu von den Evangelisten selbst bisweilen nicht nur allegorisch verstanden und allegorisierend gedeutet, sondern auch zu Allegorien umgeformt wurden. Das zeigt ein Vergleich zwischen den Parabeln vom Sämann (Mt 13,3–9 par.) und vom Unkraut unter dem Weizen (Mt 13,24–30) mit den beiden Deutungen (Mt 13,18–23 / Mt 13,36–43). Besonders aufschlußreich ist eine Gegenüberstellung der Parabel vom Gastmahl bei Lukas (Lk 14,16–24) und der veränderten Fassung, der Allegorie bei Matthäus (Mt 22,2–14). Aus dem Mann wurde ein König, aus dem Gastmahl eine Hochzeitsfeier. Im Gegensatz zur Parabel bei Lukas wird in der Allegorie bei Matthäus jedes einzelne Wort zur Metapher, und wir brauchen einen Schlüssel zum Verständnis: König = Gott; Sohn = Messias; Hochzeitsmahl = anbrechende messianische Freudenszeit; Erstgeladene = Juden; Knechte = Propheten usw.; mit dem Anzünden der Stadt schließlich ist die Zerstörung Jerusalems und die Bestrafung der Juden gemeint.

Die allegorisierende Auslegung der Gleichnisse Jesu beginnt im Neuen Testament und hat in der Auslegungsgeschichte von 1800 Jahren bisweilen erstaunliche Blüten getrieben. Das hat Adolf Jülicher auf 120 Seiten ausführlich dargestellt. Jülichers Verdienst besteht darin, daß er den Kampf gegen die allegorisierende Auslegung der Gleichnisse Jesu gezielt und erfolgreich aufgenommen hat. Sein Werk „Die Gleichnisse Jesu" hat befreiend gewirkt. „Ihrer Intention nach aber, darin wird man Jülicher uneingeschränkt zustimmen müssen, sind gerade die Gleichnisse nichts weniger als gewollte Verhüllung. Die Intention ist vielmehr, den Hörer zu gewinnen, zu überzeugen."[28]

---

[28] Ingo Baldermann, Biblische Didaktik, Hamburg, 2. Aufl., 1964, S. 118.

XII. Parabolische Rede

1. Bild und Gleichnis

Die Fabel ist ebenso wie die Parabel eine Gleichniserzählung. Der Zusammenhang zwischen Gleichnis, Parabel und Fabel wird deutlich, wenn man die in ein episches Kunstwerk eingefügten Gleichnisse, wie wir sie beispielhaft bei *Homer* und *Goethe* finden, mit den *Gleichnissen Jesu* im Neuen Testament und mit den *äsopischen Fabeln* vergleicht.

Zunächst gilt die ganz allgemeine Feststellung, daß parabolische Rede Bildrede ist. Zwischen den Extremen von Gefühl und Verstand entfalten sich die sprachlichen Bilder. Sie dienen dem Erfassen der Welt durch die Sprache. „Sprachliche Bilder sind Sprachgebilde von relativer Geschlossenheit in der Erfahrungsgestaltung und deutlicher Geprägtheit durch einen bestimmten Erfahrungsakt." Sie „erwachsen aus einem sprachlichen Weltbild; aus ihm sind sie in ihrem Stilwert abzuleiten".[1]

Dieses Erfassen der Welt durch das sprachliche Bild kann erfolgen als Verbreiterung durch den Vergleich oder als Vertiefung durch das Sinnbild, das Symbol. So unterscheidet die Stilistik drei Arten des sprachlichen Bildes: das geschlossene Bild, das Sinnbild und den Vergleich. „Die *Intensität* in der inneren Fülle des geschlossenen Bildes kann so stark werden, daß es gleichsam in der bestimmten Stelle im Werk über sich selbst hinauszugreifen beginnt und seine Bedeutsamkeit über weitere Bereiche des Werkes ausstrahlt: das geschlossene Bild wird zum Symbol. Es kann auch die *Extensität* der Bildgestaltung verschieden sein, d. h. die Zahl der Einzelheiten, die aus dem Erfahrungsbereich im Bild ausgeformt werden. (.....) Die Extensität der Bildfülle kann das Bild endlich sprengen, aber der innerste Bezug bleibt erhalten: es kommt zu Vergleichen und Gleichnissen."[2]

---

[1] Herbert Seidler, Allgemeine Stilistik, 2. Aufl., Göttingen 1963, S. 279 f.
[2] Ebd., S. 289; vgl. auch: H. Seidler, Die Dichtung, Stuttgart 1959.

Das Wort „bilid“ (Bild) hat wenigstens ursprünglich die Bedeutung: Abbild eines Urbildes.[3] So übersetzt der Dichter des Heliand lateinisch „imago“ (für das Abbild des Kaisers auf der Münze) mit „bilidi“ oder auch mit „gelíknessi“. Wenn Jesus bei der Fußwaschung davon spricht, daß er seinen Jüngern ein Beispiel gegeben habe, so heißt das in Otfrieds Evangelienharmonie und im Tatian „bilidi“. In den Bibelübersetzungen wird „bilidi“ gebraucht für die Erscheinung der Engel, für die Glorie Christi, für den Zeichencharakter des Wunders und für die Gleichnisreden Jesu.

Das Wort „Gleichnis“ kommt von ahd. galihnissa, galihnissi und bedeutet: „bild, ebenbild, abbild, bildnis, gestalt, erscheinung“ als konkrete bezeichnung dessen, was „einem anderen ähnlich ist“.[4] Im Grimmschen Wörterbuch heißt es dazu:

> „so verschieden die formen des gleichnisses als einer figürlichen rede sein mögen, so liegt doch in jedem fall als mazgebende voraussetzung zugrunde, dasz zwischen zwei größen oder sinnzusammenhängen ein verhältnis der gleichheit besteht, das den akt der vergleichung ermöglicht.“[5] „auch außerhalb des biblischen gebrauchs als gleichniserzählung, die einen gedanken, eine wahrheit, eine moral, einen lehrsatz u. ä. erklärt und verdeutlicht...“[6]

Im Gegensatz zur Beispielerzählung können wir von einem Gleichnis nur sprechen, wenn es sich um ein räumliches Nebeneinander handelt, um die Zusammenschau verschiedener Bereiche. „Erst auf der Ebene eines räumlich wirklichen oder räumlich gedachten Nebeneinander bildet sich die Gleichnisform heraus.“[7] Deutlicher als in griech. „eikon“ = Bild, Abbild, Gemälde, Vergleich, Gleichnis und in griech. „eoika“ = ähnlich sein, gleichen, kommt das sprachlich zum Ausdruck in gotisch „galeiks“, ahd. „gilih“, mhd. „gelih“ = „von übereinstimmender leibesgestalt oder art“.

Wir unterscheiden bei der gleichnishaften Rede Grundbereich und Vergleichsbereich – mit den Termini der antiken Poetik: com-

---

[3] Vgl. Hermann Pongs, Das Bild in der Dichtung, 1. Bd., 2. Aufl., Marburg 1960, S. 8 ff.

[4] Deutsches Wörterbuch von Jakob Grimm und Wilhelm Grimm, 4. Bd., 1. Abt., 4. Teil, Leipzig 1912, Spalte 8184 ff.; hier: Spalte 8185.

[5] Ebd., Spalte 8195.

[6] Ebd., Spalte 8196.

[7] H. Pongs, a.a.O., S. 151.

paratum und comparandum – oder sprechen von Sachhälfte und Bildhälfte, besser von -teil oder -sphäre. Die beiden Bereiche sind bisweilen durch die Vergleichspartikel „so" – „wie" verbunden.

Eine Sache soll durch ein Bild veranschaulicht, sie soll im Bild eindringlich und überzeugend dargestellt werden. Mit dem Analogieschluß überträgt der Hörer oder Leser das, was im Bilde deutlich wurde, auf die Sache. Analog sind nicht die Einzelheiten von Bild und Sache; es geht nicht wie bei der Allegorie um eine Reihe von Ähnlichkeiten, die man einzeln ausdeuten muß, sondern um das sogenannte tertium comparationis („das Dritte des Vergleichs"), um den springenden Punkt, die entscheidende Aussage.

Das Gleichnis beruht auf dem Vergleich. Verglichen werden können Eigenschaften oder Vorgänge. Aus welchem Gebiet ein Autor seine Analogie wählt, ist nicht nur psychologisch und soziologisch aufschlußreich, sondern auch wichtig für die Stimmigkeit des Vergleichs. Wichtig ist weiter der Umfang der beiden Bereiche im Verhältnis zueinander und die Reihenfolge. Der Vergleichsbereich kann dem Grundbereich vorangehen oder folgen, er kann bisweilen auch in den Grundbereich eingefügt sein wie etwa das Schlußbild in Kellers Novelle *Romeo und Julia*. „Steht der Vergleichsbereich voraus – wie meist auch in den Homerischen Gleichnissen –, so schafft er eine bestimmte Gefühlsatmosphäre oder umreißt einen Erfahrungsbereich; dahinein wird dann der Grundbereich gestellt; er wird daher von vornherein in einer bestimmten Beleuchtung gesehen, in einen bestimmten weiteren Zusammenhang gestellt. In einem solchen Augenblick öffnet sich der Blick in eine Weite, die über den augenblicklichen Stand des Erzählten oder Ausgedrückten hinausgeht. Damit ist gerade durch den Vergleich die Verwesentlichung herausgearbeitet." [8]

Die frühen und berühmten Beispiele in den Epen Homers zeigen, daß die Gleichnisse nicht nur Schmuck sind, sondern vielfach gerade an der Stelle einer möglichen Ausschmückung stehen und „eine ganz bestimmte Funktion" haben. [9] Sie spiegeln die Handlung oder ersetzen sie und „vermitteln dichteste Vorstellung in gedrängtester Form. Dabei sind es nicht nur optische oder akustische

---

[8] H. Seidler, Dichtung, a.a.O., S. 219.

[9] Roland Hampe, Die Gleichnisse Homers und die Bildkunst seiner Zeit, Tübingen 1952, S. 9.

Eindrücke, die ein solches Gleichnis zusammenfassen, nicht nur geistig-seelische Regungen, die es widerspiegeln kann, auch Motivierungen können – unausgesprochen – im Gleichnis gegeben werden".[10]

Auch wenn Homer das Bild (den Vergleichsbereich) bisweilen sehr ausführlich und in vielen Einzelheiten zeichnet, mit einer epischen Ruhe, die den modernen Leser ungeduldig machen kann[11], so haben seine Gleichnisse doch *einen* Vergleichspunkt.[12] Verfehlt ist es allerdings – bei Homer wie überhaupt –, „aus den Gleichnissen jeweils *einen* Vergleichspunkt herauszupflücken, das andere für mehr oder weniger abschweifende oder gar unpassende Ausschmükkung zu halten".[13] Verfehlt ist auch die Reduktion, die zur Abstraktion führt; denn der Vergleichsbereich steht in seiner ganzen Fülle und Bildhaftigkeit für den Grundbereich, für die gemeinte Sache. Eine Reduktion in diesem Sinn verbietet sich schon deshalb, weil vielfach im Bild zum Ausdruck gebracht wird, was sich anders nicht ausdrücken läßt.

Als ein Beispiel soll hier das Löwengleichnis aus dem 18. Gesang (Zeile 314 ff.) der *Ilias* stehen:[14]

„Alle speisten sie dann im Heer, indes die Archaier
Während der ganzen Nacht um Patroklos stöhnten und klagten.
Vor den andern erhob der Pelide die heftige Klage,
Hielt mit den mordgewohnten Händen die Brust des Gefährten,
Unter schwerem Gestöhn, wie ein schönbärtiger Löwe,
dem da heimlich aus dichtem Gehölz ein Jäger des Hirsches
Raubte die Jungen; es klagt das Tier, das später gekommen,
Streift in den Schluchten umher und sucht nach den Spuren
des Mannes,
Ob es ihn irgendwo fände, von grimmigem Zorne besessen:
Also stöhnte er tief und sprach zu den Myrmidonen:
Wehe, welch nichtiges Wort ist jenes Tags mir entfallen,
Als ich Trost im Palaste dem Helden Menoitios zusprach!"

---

[10] Ebd., S. 13.

[11] Vgl. Ernst Elster, Prinzipien der Literaturwissenschaft, Halle, 1. Bd. (1879), S. 379, und 2. Bd. (1911), S. 120.

[12] Vgl. Emil Staiger, Grundbegriffe der Poetik, 7. Aufl., Zürich und Freiburg 1966, S. 115.

[13] R. Hampe, a.a.O., S. 13.

[14] Homer: Ilias, übertragen von Hans Rupé, 2 Bde., Ernst Heimeran Verlag 1948 (zweisprachige Ausgabe).

Achilles klagt über den Tod des Freundes Patroklos. Für diesen Schmerz des Helden wählt Homer das Bild vom Löwen, dem man die Jungen geraubt hat und der nun voll Schmerz und Grimm nach dem Täter sucht. Der Vergleichsbereich steht voran (eingeleitet durch das Vergleichspartikel „wie") und schafft ein anschauliches Bild von einem inneren menschlichen Vorgang und eine Gefühlsatmosphäre, ohne daß der Schmerz des Achill direkt geschildert zu werden braucht.

Die Gestalt des Löwen im Vergleichsbereich verdeutlicht beides zugleich: die Erhabenheit des Helden und die Mächtigkeit seines Leides. Durch das Gleichnis wird aber nicht nur eine menschliche Empfindung anschaulich und eindringlich; es wird auch die Handlung weitergeführt. „In dem Gleichnis vom Löwen (18, 318 ff.) wird die innere Wandlung, der Sinnesumschwung des Achilleus festgehalten, ein seelisch-geistiger Vorgang, für dessen Erfassung und Darstellung es damals – im Zeitalter der Entdeckung des Geistes – eine eigene abstrakte, von der sinnlichen Grundlage losgelöste Terminologie nicht gab."[15]

Ohne daß es ausgesprochen wird, ist für den Leser bereits ein Fortgang der Handlung angezeigt. Das Bild vom klagenden und zugleich grimmig suchenden Löwen weist voraus auf die Rache Achills.

Da die Gestalt des Löwen nicht nur in den Epen Homers, sondern auch in den äsopischen Fabeln besonders häufig erscheint, sei auf die Beurteilung von Roland Hampe zu diesen Gleichnissen verwiesen, da sie auch für das richtige Verständnis der äsopischen Fabeln aufschlußreich ist.

Hampe will in seinem Buch untersuchen, ob die Gleichniswelt Homers mit der Bildkunst seiner Zeit übereinstimmt. Er schreibt über die Löwengleichnisse (S. 32):

> „Der Löwe steht in den Homerischen Vergleichen oft als Sinnbild für die gewaltige Stärke und wird in dieser Eigenschaft gern mit Eber und Pardel gleichgesetzt. Es kommt dabei nicht so sehr auf den Löwen und sein Aussehen als vielmehr auf seine Fähigkeiten und Charaktereigenschaften an. So erfahren wir denn auch in den vielen Löwengleichnissen über das äußere Aussehen des Löwen fast nichts. Nur zwei Kennzeichen werden hervorgehoben, die volle Mähne und die starken Zähne. Ein anderes

---

[15] R. Hampe, a.a.O., S. 21.

Beiwort mag sich allenfalls auf die Farbe beziehen, kann aber auch als Kennzeichnung des feurigen Wesens aufgefaßt werden. Auf dieses Wesen, den unbändigen Mut, die Wildheit, Wut kommt es dem Dichter an. Sich freuen wie ein Löwe, oder stöhnen wie ein heftig ergrimmter Löwe, seiner Stärke vertrauend oder trotzend wie ein Löwe, Böses, Verderbliches, Wildes im Sinne haben, mißmutig, erhabener oder unbeugsamer Gesinnung sein wie ein Löwe – auch als Beiwort „löwenmutig", wie es für Achill (oder Odysseus oder Herakles) gebraucht wird – gehört hierher. Auf Raub, Verwüstung, Mord ausgehend, rohes Fleisch verschlingend (auch dies als Zeichen der schrankenlosen Gier), zitternde Furcht, schaudererregenden Schrecken verbreitend – all das gehört zu seinem Wesen. Auch dort, wo nur der Sprung des Löwen verglichen wird, ist es nicht die körperliche Fähigkeit allein, sondern der Sprung, der eben von einem Löwenmut, Löwenhunger, Löweningrimm getrieben so unaufhaltsam ist.
Ebenso verhält sich auch die Bildkunst dieser Zeit. Nur einzelne Charakteristika werden immer wieder hervorgehoben: das zahnige Maul, die dicke Mähne. Dazu kommen in der Bildkunst noch die großen Krallentatzen. Im übrigen sind diese Löwen Phantasiegebilde. Daß aber diese Löwen rohes Fleisch verschlingen – ob Mensch, ob Tier dabei zerrissen und verschlungen wird, ist einerlei – werden die Darsteller nicht müde, immer wieder vorzuführen. Es ist das Raubtierwesen, nicht die äußere Gestalt, das auch die bildenden Künstler zeigen wollen."

„Im Gesamt des Ablaufs eines Sprachkunstwerks", schreibt Herbert Seidler in seiner *Stilistik*, sind Vergleiche „Hochtonstellen sprachlich-künstlerischen Welterfassens, in ihnen konzentriert sich das Weltbild des Gestalters, und von ihnen strahlt die Gestimmtheit dieses Weltbildes auf den ganzen Sprachablauf aus".[16]

Das wird besonders deutlich, wenn man das Schlußgleichnis von Goethes *Tasso* betrachtet.

„Und wenn der Mensch in seiner Qual verstummt,
Gab mir ein Gott, zu sagen, wie ich leide.
ANTONIO (*tritt zu ihm und nimmt ihn bei der Hand*).
TASSO. O edler Mann! Du stehest fest und still,
Ich scheine nur die sturmbewegte Welle.
Allein bedenk' und überhebe nicht
Dich deiner Kraft! Die mächtige Natur,
Die diesen Felsen gründete, hat auch
Der Welle die Beweglichkeit gegeben.
Sie sendet ihren Sturm, die Welle flieht
Und schwankt und schwillt und beugt sich
schäumend über.

[16] H. Seidler, Stilistik, a.a.O., S. 297.

In dieser Woge spiegelte so schön
Die Sonne sich, es ruhten die Gestirne
An dieser Brust, die zärtlich sich bewegte.
Verschwunden ist der Glanz, entflohn die Ruhe. –
Ich kenne mich in der Gefahr nicht mehr
Und schäme mich nicht mehr, es zu bekennen.
Zerbrochen ist das Steuer, und es kracht
Das Schiff an allen Seiten. Berstend reißt
Der Boden unter meinen Füßen auf!
Ich fasse dich mit beiden Armen an!
So klammert sich der Schiffer endlich noch
Am Felsen fest, an dem er scheitern sollte."

Tassos Schlußrede[17] bringt im Bild die Tragik der dichterischen Existenz zum Ausdruck; sie zeigt im Gleichnis das Motiv des Dramas, die „Disproportion des Talents mit dem Leben" (Goethe). Es handelt sich um ein Doppelgleichnis. Das erste Gleichnis von dem Felsen und der Welle zeigt den Gegensatz zwischen Antonio und Tasso. Fest geformt und sicher, aber auch starr und hart ist der Weltmann Antonio, beweglich wie eine Welle der Künstler Tasso, zugleich sensibel und mimosenhaft empfindsam.

In der Beweglichkeit besteht der besondere Reiz der Welle; denn alles spiegelt sich in ihr in einem immer wieder neuen Bild. Da die spiegelnde Welle von jedem Sturm bewegt wird, ist sie aber auch in der ständigen Gefahr der Selbstauflösung. Dem entspricht die Natur des Dichters Tasso, der schon nach dem ersten Auftreten des selbstsicheren Weltmannes Antonio befürchtet, daß er selbst ein Nichts wird:

„... ich fürchte,
Wie Echo an den Felsen zu verschwinden,
Ein Widerhall, ein Nichts, mich zu verlieren."

Von einer Schuld Antonios an dem Leiden Tassos dürfen wir ebensowenig reden wie von einer Schuld Tassos. Weltmann und Künstler stehen – nach dem Urteil der Prinzessin – gegeneinander, weil die Natur zwei und nicht einen Menschen aus ihnen gemacht

[17] Vgl. zu den folgenden Ausführungen Benno von Wiese, Die deutsche Tragödie von Lessing bis Hebbel (4. Aufl., 1958, S. 89 ff.); Elizabeth M. Wilkinson, in: B. v. Wiese (Hg.), Das deutsche Drama, 1. Bd., 2. Aufl., Düsseldorf 1960, S. 193 ff.; Hermann Pongs, Das Bild in der Dichtung, a.a.O., S. 157 f.

hat. Der Konflikt ist naturhaft, nicht schuldhaft. Das kommt auch in dem aus dem Bereich der leblosen Natur gewählten Bild von Fels und Welle zum Ausdruck. Das naturhaft Gegebene führt gleichsam zwangsläufig zu dem tragischen Leiden Tassos.

Diese unentrinnbare Notwendigkeit – bis hin zur Selbstzerstörung des Künstlers – wird in dem zweiten Gleichnis deutlich. Der Fels des ersten Bildes ist geblieben, ist aber jetzt nicht mehr nur Kontrast (zur Welle), sondern Bedrohung. Am Felsen zerschellt das Schiff und macht aus dem Menschen einen Schiffbrüchigen, der sich an diesen Felsen klammert. Das Schlußgleichnis zeigt deutlich, daß das Ende des Dramas offen bleibt. Da der Vergleichsbereich nicht mehr die unbelebte Natur (Fels und Welle), sondern den Menschen in ihr (Fels und Schiffer) zeigt, wird ein deutlicher Akzent gesetzt. Unser Mitgefühl ist auf der Seite des Menschen, d. h. übertragen: auf der Seite Tassos.

Bild und Sache gehen in dem Schlußgleichnis des *Tasso* ineinander über und verschmelzen. Besonders unvermittelt und schroff ist der Übergang an der Stelle, wo aus dem einen Bild von Fels und Welle nach dem Gefühlsausbruch Tassos („Ich kenne mich in der Gefahr nicht mehr…") das andere von dem Fels und dem Schiffbrüchigen entsteht. Dieser Übergang ist eindringlich; er zeigt, daß die ganze Tragödie in dem Schlußgleichnis in bildhafter Konzentration erscheint. Tasso schildert die Dichternatur in leuchtenden Farben. Er spricht von der Beweglichkeit, vom Schwanken, Schwellen und Überschäumen und von dem Spiegel, in dem die Gestirne ruhen. Diese Ruhe aber hat der Dichter Tasso bereits beim ersten Auftreten Antonios verloren. Er gleicht nicht mehr der Welle, sondern dem Schiffbrüchigen. Das bekennt er offen und objektiviert es durch das neue dichterische Bild.

Der dem Schlußgleichnis vorangehende vielzitierte Satz Z. 3431 f. weist auf einen wesentlichen Unterschied zwischen Mensch und Dichter. Dieser Satz hat nur Sinn, wenn man „sagen" hier nicht einfach als „aussagen" oder gar „klagen" versteht, sondern als „bilden". Der Mensch verstummt, aber der Künstler kann die Qual in ein dichterisches Bild kleiden, er kann den Schmerz im Gleichnis objektivieren.

> "Wenn ganz was Unerwartetes begegnet,
> Wenn unser Blick was Ungeheures sieht,
> Steht unser Geist auf eine Weile still:
> Wir haben nichts, womit wir das vergleichen",

sagt Antonio zu Tasso und fordert ihn am Ende des letzten Dialogs auf:

> „Und wenn du ganz dich zu verlieren scheinst,
> Vergleiche dich! Erkenne, was du bist!" (3419 f.)

Tasso aber findet kein Beispiel der Geschichte, keinen Menschen, mit dem er sein Leid „vergleichend fassen" (3425) kann. „Erst wenn er das ‚Vergleiche dich' als Dichter deutet, wenn seine Vision sich weitet und er seine Tragödie in Bildern noch einmal durchlebt, löst sich die Spannung. Die Wandlung erfolgt durch das Geheimnis der Worte. Die Aussöhnung stellt sich ein – Aussöhnung, nicht Trost –, wenn er sein Schicksal dadurch außer sich stellt und ihm Dauer verleiht, daß er es einem Material einverleibt, das nicht er selbst ist, nämlich der Sprache."[18]

2. Fabel und Parabel

Fabeln, Parabeln und Gleichnisse kann man zusammenfassend als parabolische oder gleichnishafte Rede bezeichnen. Unterschiede in der Sprachform sind feststellbar, so wie die theologische Literatur zwischen den neutestamentlichen Gleichnissen und den Gleichnis-*erzählungen*, die sie Parabeln nennt, unterscheidet – also beispielsweise zwischen den Gleichnissen vom Schatz im Acker und von der kostbaren Perle einerseits und den Parabeln vom verlorenen Sohn und vom Sämann andererseits. Hier zeigen sich jedoch bereits die Widersprüche in der Terminologie, denn in den meisten literarischen Lexika wird die Parabel vom verlorenen Sohn als Musterbeispiel für das Gleichnis angeführt. Man könnte auch von der Fabel des verlorenen Sohnes sprechen, wenn man den Argumenten von Adolf Jülicher folgen und die Vorurteile gegenüber der Fabel abbauen würde. Trotz der Unterschiede, die man bei den biblischen und außerbiblischen Texten aufzeigen kann, sind die gestaltenden Sprachkräfte wesentlich gleich, und es erscheint künstlich, wenn man zwischen einer Fabel und einer Parabel grundsätzlich unterscheiden will. Gerade ein Blick auf die modernen Texte macht eine solche Unterscheidung fragwürdig oder unmöglich.

---

[18] E. M. Wilkinson, a.a.O., S. 213.

Obwohl das Wort *parabole* etwa fünfzigmal im Neuen Testament vorkommt, und zwar fast ausschließlich in den synoptischen Evangelien, nützt uns das wenig, wenn wir definieren wollen, was das Neue Testament unter einem Gleichnis versteht. Ebenso wie das hebräische Wort „Maschal" im Alten Testament, steht auch das griechische Wort „parabole" nicht nur für Gleichnis und Parabel, sondern für alle Arten bildlicher Rede und noch für einiges mehr. Das hebräische *Maschal* „umfaßt die sinnbildhafte Rede im weitesten Sinne: einfachen Vergleich und ausgeführtes Exempel, Parabel, Fabel, Allegorie, Symbol, Sprichwort, Sentenz".[19] Und das griechische „parabole" „kann in der neutestamentlichen Terminologie den weiten Sinn des alttestamentlichen ‚Maschal' haben".[20] Joachim Jeremias zieht daraus die Konsequenz und betont ausdrücklich, daß er diesen weiten Sinn meint, wenn er von einem Gleichnis spricht. Er wendet sich gegen jede nähere Bestimmung dieses Begriffes mit der Begründung: „Es heißt den Gleichnissen Jesu ein sachfremdes Gesetz aufzwingen, wenn man sie in die Kategorien griechischer Rhetorik preßt."[21]

Dieses Urteil erscheint uns ungerechtfertigt. Wenn der Sprachgebrauch der Evangelisten nicht weiterhilft, so lassen sich doch – was an sich auch viel näher liegt – Definitionen und Unterscheidungen aus den Texten selbst gewinnen. Dabei geht es nicht um Kategorien griechischer Rhetorik, sondern um die den Text bestimmenden Sprachkräfte.

Die folgende Übersicht (nach Jülicher, Bultmann, Fuchs, Linnemann u.a.) soll – ohne Anspruch auf Vollständigkeit – zur Klärung dienen:

I. Gleichnis

Schatz im Acker (Mt 13,44)
Kostbare Perle (Mt 13,45 f.)
Fischnetz (Mt 13,47-50)
Von selbst wachsende Saat (Mk 4,26-29)
Senfkorn (Mk 4,30-32 / Mt 13,31 f. / Lk 13,18 f.)
Sauerteig (Mt 13,33 / Lk 8,20 f.)

[19] Die Religion in Geschichte und Gegenwart, 3. Aufl., 2. Bd., Tübingen 1958, Spalte 1616.
[20] Ebd., Spalte 1617.
[21] Joachim Jeremias, Die Gleichnisse Jesu. 10. Aufl., Göttingen 1984, S. 16.

Hausbau (Mt 7,24-27 / Lk 6,47-49)
Sklave und Herr (Lk 17,7-10)
Turmbau und Kriegführen (Lk 14,28-33)
Verlorenes Schaf und verlorener Groschen (Lk 15,4-10 / Mt 18,12-14)

II. Parabel

Bittender Freund (Lk 11,5-8)
Ungerechter Haushalter (Lk 16,1-7) (ohne V. 8!)
Verlorener Sohn (Lk 15,11-32)
Arbeiter im Weinberg (Mt 20,1-15) (ohne V. 16!)
Sämann (Mk 4,3-9 / Mt 13,3-9 / Lk 8,5-8)
Unfruchtbarer Feigenbaum (Lk 13,6-9)
Großes Abendmahl (Lk 14,16-24 / Mt 22,2-14) (Mt = Allegorie)
Unkraut unter dem Weizen (Mt 13,24-30)
Unbarmherziger Knecht (Mt 18,23-35)
Die beiden Schuldner (Lk 7,41-43)
Die beiden Söhne (Mt 21,28-31) (ohne V. 31b!)
Die anvertrauten Gelder (Mt 25,14-30 / Lk 19,12-27)
Die zehn Jungfrauen (Mt 25,1-13)
Die bösen Weingärtner (Mt 21,33-41 / Mk 12,1-9 / Lk 20,9-16) (Allegorie?)

III. Allegorie

Großes Abendmahl (Mt 22,1-14 / Lk 14,16-24) (Lk = Parabel)
Deutung der Parabel vom Sämann (Mk 4,13-20 / Mt 13,18-23 / Lk 8,11-15)
Deutung der Parabel vom Unkraut unter dem Weizen (Mt 13,36-43)

IV. Beispielerzählung

Barmherziger Samariter (Lk 10,25-27)
Reicher Bauer (Lk 12,16-21)
Reicher und Armer (Lk 16,19-31)
Pharisäer und Zöllner (Lk 18,10-14)

Das Verhältnis innerhalb der parabolischen Rede – d. h. zwischen Gleichnis, Parabel und Fabel – ist sehr verschieden bestimmt worden, je nachdem welche Art von Texten analysiert und verglichen wurde.

Das Verhältnis von *Gleichnis und Parabel* im Neuen Testament läßt sich nach grundlegenden Untersuchungen von Rudolf Bultmann, Ernst Fuchs, Eta Linnemann u. a. – vereinfacht und von fließenden Übergängen abgesehen – folgendermaßen beschreiben: Das Gleichnis zeigt im Bild etwas Alltägliches und Typisches; die

Parabel stellt in bildhafter Erzählung einen interessanten Einzelfall dar. Zusammenfassend schreibt Ernst Fuchs: „Gleichnisse unterscheiden sich von den Parabeln also lediglich durch den Wechsel der Parabel vom Typischen, Regelhaften zum prägnanten Einzelfall, der natürlich erzählt werden *muß*."[22]

Von einigen unbedeutenden Ansätzen anderer Theologen abgesehen, hat erstmalig Adolf Jülicher in seinem zweibändigen Werk „Die Gleichnisreden Jesu" (1888/1889 und in 2. Aufl. 1910) die neutestamentlichen Gleichnisse mit den äsopischen Fabeln vergleichend untersucht – mit dem Ergebnis, daß man die sogenannten Parabeln, d. h. die erzählenden Gleichnisse Jesu, auch als Fabeln bezeichnen kann. „Die Mehrzahl der parabolai Jesu, die erzählende Form tragen, sind Fabeln, wie die des Stesichoros und des Aesop."[23] Die drei Grundelemente der parabolai Jesu sind nach Jülicher: (1) ein vollständiger Gedanke, (2) eine Rede von vergleichendem Charakter mit (3) einem tieferen Sinn.

Jülicher unterscheidet das Gleichnis, die „Parabel im engeren Sinne, d. h. die Fabel im Dienst religiöser Ideen"[24] und die Beispielerzählung. Entsprechend dieser Dreiteilung ist der zweite Band dieses Monumentalwerkes gegliedert. Das *Gleichnis* definiert Jülicher in Anlehnung an Aristoteles (Rhetorik 2,20) als „diejenige Redefigur, in welcher die Wirkung eines Satzes (Gedankens) gesichert werden soll durch Nebenstellung eines ähnlichen, einem andern Gebiet angehörigen, seiner Wirkung gewissen Satzes".[25]

Die erzählenden parabolai Jesu setzt Jülicher mit den Fabeln gleich[26] und definiert die *Fabel* als „die Redefigur, in welcher die Wirkung eines Satzes (Gedankens) gesichert werden soll durch die Nebenstellung einer auf anderm Gebiet ablaufenden, ihrer Wirkung gewissen erdichteten Geschichte, deren Gedankengerippe dem jenes Satzes ähnlich ist".[27] Den Unterschied zwischen *Gleichnis und Fabel* bestimmt Jülicher:

---

[22] Ernst Fuchs, Hermeneutik, Bad Cannstatt 1954, S. 222.

[23] Adolf Jülicher, Die Gleichnisreden Jesu. Zwei Teile in einem Band. Darmstadt 1976 (reprografischer Nachdruck der zweibändigen Ausgabe, 2. Aufl., 1910), S. 98.

[24] Ebd., S. 117.

[25] Ebd., S. 80.

[26] Vgl. ebd., S. 100 u.ö.

[27] Ebd., S. 98.

(1) Im Gleichnis herrscht einheitliche Zeit, während in der Fabel das Bild in der Vergangenheit und die Sache in der Gegenwart steht.
(2) „Das Gleichnis beruft sich auf Allgemeingültiges, die Fabel auf einmal Vorgekommenes.“[28]
(3) Das Gleichnis zeigt im Bildteil eine allgemein bekannte Wirklichkeit, alltägliche Dinge, ein Verhalten, das jedem einsichtig ist, weil er ständig so handelt. Die Fabel enthält eine frei erfundene Geschichte, etwas Einmaliges; sie wirkt, indem sie das Interesse weckt und Spannung erregt.
(4) Im Gegensatz zu den zeitlosen Bildern im Gleichnis „gehört es zum Wesen der Fabel, daß sie Vergangenes, Vollendetes beibringt, daß sie ihrem ‚Mythus‘ kühn die Wirklichkeit zuteilt. Das Gleichnis beugt jeder Opposition vor, indem es nur von Unzweifelhaftem redet, die Fabel hofft jeder Opposition auszuweichen, indem sie so hinreißend, so warm und frisch erzählt, daß der Hörer gar nicht an Einwände denkt. Sie macht ihm die Sache so wahrscheinlich, daß er nach der Wahrheit nicht fragt. Durch ihre *Anschaulichkeit* ersetzt die Fabel, was das Gleichnis durch die Autorität des allgemein Bekannten und Anerkannten voraus hat.“[29]

Im Grimmschen Wörterbuch kann man lesen: „eine fabel ist eine parabol, und eine parabol ist eine fabel“[30]. Befragt man dagegen die modernen Literaturlexika nach dem Verhältnis von *Fabel und Parabel*, so findet man zahlreiche sich widersprechende vermeintliche Unterscheidungskriterien mit widersprüchlichen Paradigmata. Vielfach klingt eine Wertung an. Die Fabel gilt dann als lehrhafte Tierdichtung, als eine vorwiegend für Kinder geschriebene moralische Geschichte, während man die Parabel von der didaktischen Dichtung abzurücken versucht und allenfalls als „Abart“ lehrhafter Dichtung gelten läßt. So kommt es, daß im Gegensatz zu der alten, abgestandenen und längst gestorbenen Fabel nun die Parabel als moderne, existentielle Gattung gilt.

Eine solche Wertung bestimmt auch die Terminologie von Werner

---

[28] Ebd., S. 97.
[29] Ebd., S. 97.
[30] J. und W. Grimm, Deutsches Wörterbuch, Bd. VIII, Leipzig 1889, Sp. 1452.

Brettschneider, der unter Berufung auf Wolfgang Kayser[31] die Parabel als übergeordnete Form der Fabel (neben bîspel, Kasus, Gleichnis, Antimärchen) versteht.[32] Besonders deutlich wird diese Wertung in der Kafka-Forschung, die zwar, was sich durch Kafkas Texte geradezu anbietet, wenigstens ansatzweise die Brücke zu den neutestamentlichen Gleichnissen schlägt, aber die Bezeichnung „Fabel" für Kafkas parabolische Prosa entschieden ablehnt. Denn die Parabel gilt als Ariel der Literatur und die Fabel als Caliban.[33]

Lessings Unterscheidung zwischen Fabel und Parabel, daß das Geschehen in der Fabel als wirklich, in der Parabel dagegen nur als möglich dargestellt wird, hat Adolf Jülicher mit Recht verworfen.[34] Hier sprechen gerade die neutestamentlichen Texte gegen Lessings Theorie. Sie sprechen auch gegen die bisweilen vertretene Meinung, daß das „fabulöse" oder „unrealistische" Element die Fabel von der Parabel trennt.[35] Denn unwahrscheinliche und unnatürliche Züge, das Groteske und Absurde finden wir auch in den Parabeln Jesu. Ebensowenig zutreffend ist die Ansicht, die Fabel sei symbolisch, die Parabel dagegen allegorisch.[36]

Auch wenn man im Einzelfall den einen oder den anderen Begriff bevorzugen wird, darf das nicht darüber hinwegtäuschen, daß es eine grundsätzliche Unterscheidung zwischen Fabel und Parabel nicht gibt.

---

31 „Die Fabel ist im Grunde eine spezielle Form der Parabel." (W. Kayser, Das sprachliche Kunstwerk, 1948, S. 123.)

32 Werner Brettschneider, Die moderne deutsche Parabel, Berlin 1971, S. 9 f.

33 Vgl. Heinz Politzer, Frank Kafka, der Künstler, Frankfurt/M. 1965, S. 451f.

34 A. Jülicher, Die Gleichnisreden Jesu, a.a.O., S. 100.

35 Vgl. u.a. Manfred Windfuhr, Nachwort zu: Deutsche Fabeln des 18. Jahrhunderts, hg. v. M. W., Stuttgart 1965, S. 127.

36 Erwin Leibfried, Fabel, 4. Aufl., Stuttgart 1982, S. 18 f.

XIII. Strukturmerkmale

1. Umfang

Seine Auffassung, daß die Fabel knapp, gezielt und pointiert sein muß, um die gewünschte Wirkung zu erreichen, veranschaulicht Lessing an der Geschichte vom Besitzer des Bogens, mit der das letzte seiner drei Fabelbücher beginnt.[1] Lessing kritisiert die „lustige Schwatzhaftigkeit“[2] La Fontaines und seiner deutschen Nachahmer. Durch das Ausschmücken und Ausdehnen werde die Fabel zum Kinderspiel. „Freylich geht es dem La Fontaine und allen seinen Nachahmern wie meinem Manne mit dem Bogen.“[3]

Der Besitzer des Bogens

Ein Mann hatte einen trefflichen Bogen von Ebenholz, mit dem er sehr weit und sehr sicher schoß, und den er ungemein werth hielt. Einst aber, als er ihn aufmerksam betrachtete, sprach er: Ein wenig zu plump bist du doch! Alle deine Zierde ist die Glätte. Schade! – Doch dem ist abzuhelfen; fiel ihm ein. Ich will hingehen und den besten Künstler Bilder in den Bogen schnitzen lassen. – Er ging hin; und der Künstler schnitzte eine ganze Jagd auf den Bogen; und was hätte sich besser auf einen Bogen geschickt als eine Jagd?
Der Mann war voller Freuden. „Du verdienest diese Zierrathen, mein lieber Bogen!“ – Indem will er ihn versuchen; er spannt, und der Bogen – zerbricht.

Zweck des Bogens ist das Schießen und nicht das Anschauen. Der glatte, schlichte Bogen schießt scharf und sicher. Wird er jedoch zweckentfremdet mit Schnitzwerk verziert, so zerbricht er. Zweck der Fabel ist nach Lessings Ansicht die Belehrung und nicht die Unterhaltung. Die kurze, prägnante Fabel trifft, während die ausgeschmückte dieser Intention widerstrebt. Die Kürze gilt Lessing als „Seele der Fabel“ und die Schmucklosigkeit als ihr „vornehmster Schmuck“.[4] Trotzdem lehnt er die Ausschmückungen nicht grundsätzlich ab, sondern nur „leere Verlängerungen“, Ausschmückungen, die von der Intention der Fabel abführen.

---

1 G. E. Lessing sämtliche Schriften, a.a.O., Bd. 1, S. 219.
2 Ebd., Bd. 7, S. 468.
3 Ebd., S. 471.
4 Ebd., S. 467.

„Wenn ich mir einer moralischen Wahrheit durch die Fabel bewußt werden soll, so muß ich die Fabel auf einmal übersehen können; und um sie auf einmal übersehen zu können, muß sie so kurz seyn als möglich. Alle Zierathen sind dieser Kürze entgegen; denn ohne sie würde sie noch kürzer seyn können: folglich streiten alle Zierrathen in so fern sie leere Verlängerungen sind, mit der Absicht der Fabel.“[5]

Zu den „leeren Verlängerungen„ gehören die Zeit- und Ortsangaben, die Jacob Grimm besonders schätzt und die man beispielsweise bei Erasmus Alberus und Hans Sachs findet. Durch diese Tendenz zur Episierung gerät die Fabel in die Nähe des Tierepos und des Schwanks.

Im Gegensatz zu den knappen, eng an Steinhöwels Übersetzung orientierten Fabeln Luthers schmückt Erasmus Alberus mit Zeit- und Ortsangaben aus:

„Es ist geschehen vor langer Zeit,
Da hatte...“
„Bei Danzig wohnt ein reicher Mann
Auf einem Hof...“
„Es liegt eine Stadt bei Kautenbach,
Nicht fern vom Rhein, heißt Andernach ...“

Die Fabel von Wolf und Lamm beginnt in der Fassung des Erasmus Alberus:

„Wenn man will gehn ins Hessenlandt,
Von Franckfurt, zu der linken handt,
Ein groß gebirg reycht bis an Rhein,
und in das Hessenlandt hinein,
Vom Mayn ligt zwo meil oder drey,
Was etwan da geschehen sey,
Und was ein Wolff da hab gethan,
Will ich jetzt kürtzlich zeigen an (.....)“

Diese „Kürze“ besteht in einem Bildteil von 64 und einem Morale von weiteren zehn Zeilen.

Die Schärfe dieser Fabel von der Antike bis zu Luther wird bei seinem Zeitgenossen Hans Sachs durch den behaglichen Erzählton abgeschwächt. Nachdem der Wolf den Disput mit dem Schaf aufgegeben und erklärt hat, daß er trotz aller Unschuldsbeteuerungen nicht auf sein Mahl verzichten werde, müßte die Tat selbst

[5] Ebd., S. 470.

knapp berichtet werden. Hans Sachs aber fügt eine 23 Zeilen lange Erklärung des Wolfs an, durch die die Wirkung der Fabel auf den Hörer zerstört oder zumindest geschwächt wird.

Wie die Erzählfreude, vor allem die liebevolle Ausschmückung der für die Intention der Fabel unwichtigen Details zum Märchen führt, kann man an zahlreichen orientalischen Texten erkennen, beispielsweise am Fabelmotiv von Löwe und Maus. „Die Fabel wird aber im Gegensatz zum Märchen von ihrem Schöpfer wie vom Zuhörer oder Leser als eine um der Nutzanwendung willen erfundene Geschichte empfunden, die Vorgänge und Figuren werden also nicht als solche wichtig genommen, sondern auf ihre praktische Bedeutung abgetastet und vom Dichter von vornherein daraufhin angelegt."[6]

Die Fabel von Löwe und Maus ist auch in der dichterischen Fassung des Babrios nur 16 Zeilen lang[7].

(1) Ein Löwe hat eine Maus gefangen und will sie töten. (2) Die Maus fleht um ihr Leben mit dem Versprechen, daß sie sich dankbar erweisen werde. (3) Der Löwe lacht sie aus, läßt sie aber leben. (4) Als der Löwe in ein Fangnetz gerät, nagt die Maus die Schlinge durch und befreit ihn.

Im Gegensatz zu dieser knappen und gezielten Gestaltung ist die entsprechende orientalische Fabel des *Pantschatantra* „Die Elefanten und die Mäuse" reich an märchenhaften Zügen.[8] (1) Eine riesige Mäusesippe lebt in Freuden bei Essen und Trinken, Festen und Gelagen, bis eine Elefantenherde beim Durchmarsch zum Wasser den größten Teil von ihnen zertritt. (2) Die Überlebenden senden eine Abordnung mit der Bitte um künftige Verschonung zum König der Elefanten. (3) Dieser hört sich die feierliche Botschaft an und verspricht, daß seine Herde auf einem anderen Weg von dem Teich heimkehren werde. (4) Der Elefantenfürst wird bei einer Treibjagd gefangen und mit seiner ganzen Herde an die Bäume des Waldes gebunden. Daraufhin sendet der Elefantenfürst eine Elefantin, die nicht gefangen wurde, zu den Mäusen, um die Not zu melden. Die Mäuseschar eilt herbei, zerbeißt die Stricke und befreit die ganze Elefantenschar.

---

[6] Max Lüthi, Märchen, 7. Aufl., Stuttgart 1979, S. 13.
[7] Babrios Fabeln, übersetzt von W. Hertzberg, a.a.O., S. 54.
[8] Pantschatantra, hg. v. Th. Benfey, a.a.O., S. 208.

Im Vergleich zwischen beiden Fassungen wird deutlich, daß die märchenhaften Züge die Wirkung der Fabel beeinträchtigen: die große Herde, die Botschaft der Mäuse, die feierliche Rede, die riesenhafte Treibjagd mit „Tausenden von Elefanten" an den Bäumen, die Botschaft des Elefantenfürsten an die Mäuse. Das im Märchen beliebte Botenmotiv widerspricht, weil es am Ende wiederkehrt, der Intention der Fabel, die doch gerade darüber belehren will, daß allem Spott zum Trotz auch der Schwache einem Mächtigen dankbar und dienstbar sein kann. Dadurch, daß der Elefantenfürst einen Boten zu der Mäuseherde sendet, wird dieser Überraschungseffekt aufgehoben. Der Erzähler hat über der Freude am märchenhaften Detail die Absicht der Fabel aus dem Auge verloren.

Lessings Geschichte vom Besitzer des Bogens verdeutlicht zugleich, daß die wirkungsvolle Fabel vom Ende her konzipiert ist und auf einen pointierten Schluß zielt. So wird die Spannung bis zum Ende der Erzählung erhalten. Rudolf Bultmann hat Ähnliches bei den Gleichnissen Jesu festgestellt. „Es herrscht das Gesetz des ‚Achtergewichts', d. h. das Wichtigste wird zuletzt erzählt."[9] Zu dieser Spannung auf das Ende hin kommt in Lessings Geschichte vom Besitzer des Bodens noch der Kontrast. Das letzte, durch Gedankenstrich abgetrennte Wort birgt ein Überraschungsmoment. Der Leser, der sich mit dem Besitzer über die Verschönerung des Bogens gefreut hat, wird enttäuscht. Eine solche *Pointe*, die am Schluß steht, finden wir in vielen Fabeln, besonders eindrucksvoll in Kafkas Geschichte von Katze und Maus.[10] J. J. Breitinger zählt diesen unerwarteten Ausgang zu den Elementen der Fabel, die er zusammenfassend als das „Wunderbare" bezeichnet. Und dieses Wunderbare hält er für notwendig, um die Aufmerksamkeit des Lesers zu gewinnen.[11] So treffend Breitingers Feststellung ist, das Wichtigste fehlt. Denn entscheidend ist, daß durch dieses Überraschungsmoment am Ende der Fabel der Leser zum Umdenken genötigt wird. Ist er daran gewöhnt, daß der Starke den Schwachen zertreten kann, weil er ihn nicht braucht, so zeigt ihm die Fabel von Löwe und Maus das Gegenteil. Glaubt er, daß man mit Hin-

---

9 Rudolf Bultmann, Die Geschichte der synoptischen Tradition, 3. Aufl., Göttingen 1967, S. 207.

10 Franz Kafka, Die Erzählungen, Frankfurt/Main 1961, S. 326.

11 J. J. Breitinger, Critische Dichtkunst, a.a.O., S. 186.

terlist am besten zum Ziel kommt, so veranschaulicht ihm der unerwartete Ausgang der Fabel von Frosch und Maus die Gefahr. Ist er der Meinung, daß sprichwortgetreu auf einen groben Klotz ein grober Keil gehört, so überrascht ihn die Antwort der Ähren in der Fabel „Ein dicker Sack" von Wilhelm Busch.
Ob die Pointe gattungsspezifisch ist[12] oder nicht; ihre Wirkung bleibt unbestreitbar.

2. Aufbau

Die Fabel ist episch und dramatisch zugleich; sie ist das in eine Erzählung eingefügte Drama in knappster Form. In diesem Drama herrscht Einheit von Ort, Zeit und Handlung. Das Geschehen spielt sich an einem einzigen Ort ab, in einer Zeitspanne, die meist nicht länger währt, als ein kurzer Dialog (ggf. mit der anschließenden schnellen Tat) dauert. Es gibt nur eine einzige Handlung und keine Nebenhandlungen.

Die Fabel bietet keine abgeschlossene Handlung, sondern nur einen Ausschnitt. Der Vorhang auf der Bühne wird nur einmal kurz aufgezogen, um dem Zuschauer einen Einblick zu geben. Was vorher geschah, sieht man nicht. Auch am Ende wird nur berichtet, was für die Aussage wichtig ist. Daß der Wolf das Lamm frißt, muß berichtet werden. Aber ob der Wolf, der das Leben als Hund an der Kette abgelehnt hat, nun im Wald verhungern wird, interessiert nicht. Uninteressant ist auch, ob der Wolf das Lamm in der Nähe von Frankfurt gefressen und der Hahn die Perle auf einem Misthaufen bei Danzig gefunden hat, wie Erasmus Alberus erzählt. Lokalisierungen dieser Art führen von der Intention der Fabel ab, die nicht etwas Einmaliges, sondern etwas Typisches darstellt und deshalb nicht an eine bestimmte Zeit und an einen bestimmten Ort gebunden ist. So ist der Ausschnitt, der in diesem Kurzdrama gezeigt wird, nicht beliebig, sondern ein Ausschnitt von entscheidender und allgemeingültiger Bedeutung in einer konzentrierten Form.

---

[12] Was Doderer betont und Lindner bestreitet: „höchst geeignetes Mittel zum prägnanten Abschluß und Höhepunkt", aber „nicht ausschlaggebend für die Erfüllung der Fabelstruktur" (Lindner 1978, 40). Vgl. dagegen M. Windfuhr (1977, 128): „Ohne eine solche Pointe kann die Fabel nicht existieren."

La Motte, Fables nouvelles, Paris 1719
(S. VII und S. 270: Tiere als Richter)

Die Fabel in ihrer strengen Form beschränkt das dramatische Geschehen auf einen Dialog als einmalige Rede und Gegenrede oder auf eine einmalige Handlung und Gegenhandlung. Beim Monolog, der sehr viel seltener ist, steht eine Situation oder ein Ereignis an der Stelle der Rede und löst die Gegenrede aus (vgl. Fuchs und Weintrauben). Die Rede und die Handlung in der Fabel ersetzen oder ergänzen sich. Deshalb sprechen wir besser allgemein von *actio* und *reactio*.

Aus dem dramatischen Charakter der Fabel ergibt sich, daß ein gleichnishaftes *Bild* noch keine Fabel ist. Auch die biblischen Gleichnisse (beispielsweise von Senfkorn und Sauerteig, vom Schatz im Acker und der kostbaren Perle) oder die Homerischen Gleichnisse (wie die berühmten Löwengleichnisse der „Ilias") sind mehr als ein Bild, da sie eine Handlung enthalten.

Andererseits ist aber auch die gleichnishafte *Handlung* noch keine Fabel. Erst durch die *Erzählung* dieser Handlung entsteht eine Fabel. Das hat u.a. Lessing in seinen „Abhandlungen" hervorgehoben. Die bloße Begebenheit muß zu einer Handlung werden, die zu einem bestimmten Zweck erzählt wird.

Daß der Vater vor den Augen seiner Söhne ein Bündel Stäbe einzeln zerbricht, nachdem die Söhne die gebündelten Stäbe nicht zerbrechen konnten, ist nur eine gleichnishafte Handlung. Die entsprechende Fabel lautet:

Vor grauen Zeiten lebt' ein Mann, der sehr alt war.
Der hatte viele Kinder; da er nun merkte
Sein Ende nahn, und er an sie noch Aufträge
Ertheilte, hieß ein Bündel er herbeischaffen
von dünnen Stäben, die auch einer gleich brachte.
„Versucht nun, Kinder", sprach er, „alle Kraft sammelnd,
Ob die verbundnen Stäb' ihr wohl entzwei brechet."
Sie konnten's nicht; da sprach er: „Jetzt versucht's
einzeln."
Da nun so einzeln sie gar leicht entzwei brachen,
So sagt er: „Kinder, also, wenn ihr einträchtig
Zusammen alle haltet, kann kein Mensch jemals
Euch schrecken, wenn er noch so große Macht hätte.
Dagegen, wenn ihr Jeder andern Sinn heget,
So wird es Jedem, wie dem einen Stab gehen.
Für Brüder ist ein großes Glück und Gut Eintracht,
Die Niedre schon zu hohem Stand hinaufbrachte."

Diese Fabel, wie sie Babrios erzählt[13], ist kein besonders typisches Beipiel der Gattung. Daß der Vater nach dem vergeblichen Versuch der Söhne den Faden um das Bündel löst und den Söhnen vorführt, wie leicht man die Stäbe einzeln zerbrechen kann, fehlt bei Babrios. Ein guter Redner hätte auf dieses dramatische Spannungsmoment und das Stilmittel des Kontrastes nicht verzichtet. Der entsprechende Passus bei Babrios („da sprach er: Jetzt versucht's einzeln. Da nun so einzeln sie gar leicht entzwei brachen") ist im Vergleich dazu von geringerer Überzeugungskraft.

Trotzdem läßt sich auch an diesem Text das Aufbauprinzip der Fabel zeigen: (1) Die *Situation* wird geschildert: Ein Vater läßt kurz vor seinem Tod ein Bündel Stäbe herbeischaffen. (2) Er fordert die Kinder auf, das Bündel zu zerbrechen. Der Versuch mißlingt. (3) Daraufhin fordert er sie auf, die Stäbe einzeln zu zerbrechen, was den Kindern ohne Schwierigkeiten gelingt. (4) Abschließend wird das *Ergebnis* erzählt (bei Babrios als Belehrung des Vaters; damit wird die Anwendung der Fabel vorweggenommen). Es ergibt sich also das Schema: Situation – actio (Rede/Handlung) – reactio (Gegenrede/Gegenhandlung) – Ergebnis.

Dieses vierteilige Schema ist ein von der Antike bis zur Moderne weitgehend durchgeführtes Aufbauprinzip der Fabel. Das zeigt – beispielhaft – die Fabel von Fuchs und Rabe.

Situation: Der Rabe sitzt mit einem Stück Käse auf einem hohen Baum. Der Fuchs naht voll Gier nach dem Käse. Mit Gewalt läßt sich nichts erreichen.

actio: Der Fuchs versucht es mit List. Der Rabe hat im Gegensatz zu den bunten Singvögeln ein schwarzes und glanzloses Gefieder. Im Gegensatz zum Adler, dem König der Vögel, hat er einen unscheinbaren Kopf. Wenn einer heiser ist und nicht singen kann, sagen wir: Er krächzt wie ein Rabe. Der Fuchs sagt das Gegenteil. Er belügt den Raben; er schmeichelt ihm aus Gewinnsucht.

reactio: Der eitle Rabe will seine Stimme erklingen lassen. Durch die Schmeichelei des Fuchses betört, denkt er nicht daran, daß er den Käse verliert, wenn er den Schnabel öffnet.

---

[13] Babrios Fabeln, übersetzt in deutschen Choliamben von W. Hertzberg, Halle 1846, S. 24.

Ergebnis: Der Fuchs hat sein Ziel mit List erreicht und frißt den Käse auf. Erst jetzt merkt der Rabe, daß er betrogen wurde und für seine Eitelkeit bezahlen muß.

So sieht die kurze Fabel bei *Äsop* aus, aber auch die längere (19 statt 10 Zeilen), gereimte bei *La Fontaine*. Auch *Lessing* hält an diesem Aufbau fest, obwohl er die Fabel grundsätzlich ändert, indem er sich nicht gegen den eitlen Toren, sondern gegen den Schmeichler aus Gewinnsucht richtet.

Interessant ist ein Vergleich mit der modernen Fassung von James *Thurber*.

Die *Situation* ist gleich.

Die *actio* wird mit einem ironischen Kommentar versehen.

Die *reactio* widerspricht der früheren reactio (Äsop, La Fontaine) vollkommen. Der Rabe weiß und gibt zu, daß er schwarz ist im Gegensatz zu den bunten Vögeln. Der moderne Rabe weiß, daß der Käse dem Schnabel entfällt, wenn man ihn aufreißt. Entsprechend ist das *1. Ergebnis:* Der Rabe durchschaut den Fuchs und hält den Käse fest. Es folgt eine *2. actio:* Der Fuchs geht auf das ein, was der Rabe gern hören möchte („einmalig"). Er schmeichelt, indem er Eigenschaften hervorhebt, die nicht sichtbar und hörbar sind, deren Gegenteil also auch nicht so schnell in die Augen springt (berühmt, talentiert). Dem entspricht die *2. reactio:* Der Rabe läßt den Käse nicht aus Dummheit fallen, sondern gibt freiwillig, damit ihm der Fuchs zuhört. Er versucht nicht mehr (wie bei Äsop und La Fontaine) zu singen, sondern verkündet sein eigenes Lob („Ich bin..."). *2. Ergebnis:* Der Fuchs stimmt dem Raben zu und entlarvt ihn zugleich („Opfer"). Der Fuchs ist gesättigt; der Rabe bleibt einsam und verlassen zurück.

Das vierteilige Aufbauprinzip beruht, wie bereits erwähnt, letztlich darauf, daß die Fabel episch und dramatisch zugleich ist, daß ein Drama in Kleinstform in einen erzählerischen Rahmen gefügt wird. Dieses Aufbauprinzip ergibt sich aber auch aus der didaktischen Intention. Der gute Redner, der seinen Hörern eine Angelegenheit gleichnishaft verdeutlichen will, muß zunächst die Situation aufzeigen und – nach dem dramatischen Geschehen in Rede und Gegenrede, in Handlung und Gegenhandlung – am Ende das Ergebnis berichten.

Das Grundschema ist variabel. So können actio und reactio zu einem *doppelten Wechsel* ausgedehnt werden wie in der Fabel von

Fuchs und Rabe bei James Thurber. Die Fabel von Wolf und Lamm zeigt die Variationsmöglichkeiten von eins bis vier. Einen *vierfachen Wechsel* hat die Fabel in der Fassung von *Steinhöwel* und *Luther*: (1) Die Anklage, daß es dem Wolf das Wasser trübe, erweist das Lamm als falsch. (2) Den Vorwurf, es schmähe den Wolf, weist es zurück. (3) Die Anklage gegen seinen Vater beantwortet es mit dem Hinweis auf das Ungerechtfertigte der Sippenhaftung. (4) Die Anklage, daß es dem Wolf den Acker verwüstet habe, erweist das Lamm als falsch. Die erste und die letzte Anklage entsprechen sich. In beiden Fällen handelt es sich um eine bewußte Lüge, die sich sofort widerlegen läßt, da das Gegenteil sichtbar und beweisbar ist. Diesen vierfachen Wechsel hat auch Hans *Sachs* beibehalten und ausgeschmückt, während *Waldis* und (mit einigen Änderungen und Ausschmückungen) *Alberus* nur die ersten beiden Teile der Wechselrede bieten. *La Fontaine* bringt sinnvollerweise nur die ersten drei Vorwürfe, in denen es um Schaden, Schmähung, Sippenhaft geht (während der vierte Vorwurf wieder wie der erste einen vermeintlichen Schaden nennt). *Lessing* hat sich auf einen einfachen Wechsel beschränkt. Noch knapper als Lessings Parodie, in der nicht das Schaf gefressen, sondern der Wolf verspottet wird, ist die Fassung von Helmut *Arntzen*:

> Der Wolf kam zum Bach. Da entsprang das Lamm.
> Bleib nur, du störst mich nicht, rief der Wolf.
> Danke, rief das Lamm zurück, ich habe im Äsop gelesen.

Die Fabel von Wolf und Lamm zeigt beim Vergleich der verschiedenen Fassungen beispielhaft, daß die Wiederholung bis hin zur vierfachen Wechselrede keine Ausschmückung bedeutet, die von der Intention der Fabel abführt. Im Gegenteil. Sie dient der Unterstreichung. Denn die Einzelszenen gehören zusammen als verschiedene Varianten zu demselben Thema. Der Starke sucht für seine Gewalttat den Schein des Rechts.

Dieses *Gesetz der Wiederholung* hat R. Bultmann als eine der „typischen Stilformen volkstümlicher Erzählweise“ bei den Gleichnissen Jesu festgestellt.[14]

---

[14] Rudolf Bultmann, Die Geschichte der synoptischen Tradition, Göttingen, 3. Aufl., 1957, S. 207.

Andererseits aber gibt es Fabeln, die so gestrafft sind, daß aus dem vierteiligen Grundschema ein drei- oder zweiteiliges geworden ist. Hier wird im Dialog die Situation nachgeholt bzw. das Ergebnis vorweggenommen. Nur dreiteilig sind Lessings Fabeln von Eichel und Schwein oder vom Wolf auf dem Totenbett. Hier braucht das Ergebnis nicht mehr erzählt zu werden, weil es bereits in den letzten Worten des Schweins bzw. des Fuchses enthalten ist.

Auf den Dialog beschränkt und somit nur zweiteilig sind Lessings Fabeln von Hamster und Ameise und vom kriegerischen Wolf. Hier erscheinen Ausgangs- und Endsituation implizit im Dialog.

Gleims Fabel von Pferd und Esel ist *vierteilig* mit wiederholter Wechselrede. (1) Ein übermäßig belasteter Esel geht neben einem Pferd, das nichts trägt. (2) Der Esel bittet das Pferd um Hilfe. (3) Der „grobe Gaul“ lehnt ab. (2a) es folgt ein zweiter und gesteigerter Hilferuf, (3a) der entsprechend beantwortet wird. (4) Der Esel erliegt, und das Pferd muß nun außer der ganzen Last auch noch die Haut des Esels tragen.

Dreiteilig ist Gleims Fabel von dem Habicht und den Störchen. (1) Ein Habicht frißt in Gegenwart von zwei Störchen eine Lerche. (2) Der Storch beklagt die Lerche. (3) Der Habicht weist ihn darauf hin, daß ein vom Storch verzehrter Frosch nicht weniger beklagenswert ist. Hier kann der vierte Teil fehlen, weil das Ergebnis als Pointe in der Gegenrede bereits enthalten ist („Vorhin quakt er so artig noch.“).

Eine der meisterhaftesten Fabeln Gleims, die von Löwe und Fuchs, ist nur *zweiteilig*, beschränkt auf die lange Rede des Fuchses und die kurze Gegenrede des Löwen. Die Situation ist implizit in diesem Dialog enthalten. Sie braucht nicht geschildert zu werden; denn sie wird im ersten Satz des Fuchses deutlich. Der vorgetäuschte Verdruß kommt durch die raffiniert-harmlosen Worte des Fuchses besser zum Ausdruck, als wenn statt dessen erzählt würde, daß ein Fuchs mit kummervoller Miene vor den Löwen trat, um ihn zu täuschen. Auf die Rede – mit der der Fuchs gleichzeitig den Esel anschwärzen und damit gefährden, sich selbst beliebt machen und den Löwen beleidigen will – folgt die Gegenrede, wirkungsvoll pointiert durch das doppeldeutige „ein Esel“, das statt Name Schimpfwort wird und damit auf den Fuchs bezogen ist. Das Ergebnis braucht nicht mehr ausgesprochen zu werden, da es im letzten Satz, in der Antwort des Löwen vorweggenommen ist. Der Fuchs steht am Ende als der Blamierte da. Er ist nicht nur vom Löwen durchschaut, sondern muß auch das Schimpfwort widerspruchslos hinnehmen und zugleich das vernichtende Urteil des Löwen über das Gerede des Fuchses hören. Gleim nutzt für die Pointe der Fabel die auch in der Anekdote beliebte Möglichkeit, daß das Personalpronomen der dritten Person zugleich Anredepronomen ist („Fuchs, *er* spreche, was er will."), wenn man besonders höflich und distanziert spricht.

Zusammenfassend läßt sich feststellen: Das vierteilige Grundschema der Fabel kann erweitert werden durch Wiederholung und Variierung der Wechselrede/-handlung. Es kann reduziert werden bis zur reinen Wechselrede/-handlung, die als actio und reactio den Kern der Fabel bildet. Hier wird deutlich, daß das dramatische Moment überwiegt und das eigentlich bestimmende der Fabel ist.

3. Akteure

Versteht man die Fabel als Tierfabel, indem man wie Jacob Grimm nur Tiere als Akteure duldet und die toten Gegenstände in das Märchen verweist[15], so engt man unstatthaft ein. Denn der Vergleichsbereich, der Bildteil der Fabel umfaßt die gesamte belebte und unbelebte Natur, die Menschen- und Götterwelt. Ebenso wie der Wolf mit dem Lamm sprechen die Bäume mit dem Dornbusch und die Distel mit der Zeder auf dem Libanon (Altes Testament); ebenso wie der Magen mit den Gliedern spricht der Blinde mit dem Lahmen (Gellert) oder der Sack mit den Ähren (Busch).

Daß der Fabeldichter Tiere als Akteure bevorzugt, läßt sich unterschiedlich begründen. Naturkundliche Betrachtungen, wie sie Jacob Grimm über Fuchs und Wolf anstellt[16], führen zur Tiergeschichte und zum Märchen und von der Fabel weg.

Eine gewisse Berechtigung dagegen haben Überlegungen, die auf das fabulöse Moment, auf das „Wunderbare" (Breitinger) oder das

---

[15] Jacob Grimm, Reinhart Fuchs, Berlin 1834, S. IX.
[16] Ebd., S. XIXff.

„Unglaubliche“ (Triller) weisen. Johann Jacob Breitinger[17] sieht im Auftreten von Tieren einen besonderen Reiz, weil durch dieses „Wunderbare“ die Aufmerksamkeit des Lesers mehr geweckt werde, als wenn Menschen auftreten würden.

Daniel Wilhelm Triller[18] bezeichnet das „Unglaubliche“, daß Tiere miteinander reden, als wesentliches Element der Fabel.

Gegen Breitingers Theorie hat Lessing mit Recht eingewandt, daß das Wunderbare durch das häufige Vorkommen seine Wirkung verliert. Nur bei den ersten Fabeln, die man kennenlerne, wirke das Auftreten von Tieren, die reden können, sonderbar, später nicht mehr.

Lessing vertritt dagegen die Ansicht, daß es „die allgemein bekannte Bestandheit der Charaktere“ ist, die den Fabelerzähler Tiere bevorzugen läßt.[19] Tiere sind bevorzugte Akteure, weil man ihre Eigenschaften nicht mehr zu beschreiben braucht.

> „Man hört: *Britannicus und Nero.* Wie viele wissen, was sie hören? Wer war dieser? Wer jener? In welchem Verhältnisse stehen sie gegen einander? – Aber man hört: *der Wolf und das Lamm;* sogleich weis jeder, was er höret, und weis, wie sich das eine zu dem andern verhält. Diese Wörter, welche stracks ihre gewissen Bilder in uns erwecken, befördern die anschauende Erkenntniß, die durch jene Namen, bey welchen auch die, denen sie nicht unbekannt sind, gewiß nicht alle vollkommen eben dasselbe denken, verhindert wird. Wenn daher der Fabulist keine vernünftigen Individua auftreiben kann, die sich durch ihre bloße Benennungen in unsere Einbildungskraft schildern, so ist es ihm erlaubt, und er hat Fug und Recht, dergleichen unter den Thieren oder unter noch geringern Geschöpfen zu suchen. Man setze, in der Fabel von dem Wolfe und dem Lamme, anstatt des Wolfes den *Nero,* anstatt des Lammes den *Britannicus,* und die Fabel hat auf einmal alles verloren, was sie zu einer Fabel für das ganze menschliche Geschlecht macht. Aber man setze anstatt des Lammes und des Wolfes, den *Riesen* und den *Zwerg,* und sie verlieret schon weniger; denn auch der *Riese* und der *Zwerg* sind Individua, deren Charakter, ohne weitere Hinzuthuung, ziemlich aus der Benennung erhellet.“[20]

Es gibt in der Tat bestimmte Eigenschaften und Verhaltensweisen, die den Fabeltieren eigen sind und die man auch in Sprichwörtern,

---

[17] J. J. Breitinger, Critische Dichtkunst (1740), a.a.O., S. 186.
[18] D. W. Triller, Poetische Betrachtungen (1737), a.a.O., S. 573.
[19] G. E. Lessings sämtliche Schriften, a.a.O., Bd. 7, S. 450.
[20] Ebd., S. 451.

Redensarten und in der Heraldik findet. Mit den naturkundlichen Erkenntnissen stimmen sie vielfach nicht überein, da die Fabeltiere von Menschen zur Belehrung für Menschen geschaffen wurden.

Nach Herders Ansicht treten die Tiere deshalb so häufig in den Fabeln auf, weil die Tiercharaktere ein unveränderlicher Bestandteil der Naturordnung sind.[21]

Ebenso wie Herder lehnt auch Hegel die Begründungen Breitingers und Lessings ab. Das „Ankleiden eines Menschen als Tier" findet Hegel trivial wie eine „Affen- und Hundekomödie".[22]

Trotzdem ist es vielfach gerade das Animalische, das die Vorliebe des Fabelerzählers für Tiere erklärt. „Das Animalische ist keine Verkleidung, sondern Substanz. (...) Es gibt kein besseres Mittel, den Menschen aus seinem Größenwahn herunterzuholen, als dadurch, daß man ihn an seine Animalität erinnert."[23]

Das einzelne Fabeltier ist jedoch – entgegen einer weit verbreiteten Meinung – nicht auf eine bestimmte menschliche Eigenschaft festgelegt. Auch sprichwörtliche Wendungen wie etwa die vom aufgeblasenen Frosch orientieren sich nur an einem, dem jeweils bekanntesten Fabelmotiv. Die Fabel von *Frosch und Ochse* und die von *Fink und Frosch* (Wilhelm Busch) zeigen in ähnlicher Weise die gefährlichen Folgen von Einbildung und Überheblichkeit. Im Gegensatz dazu geht es aber in der Fabel von *Frosch und Maus* um die Hinterlist, die bestraft wird, und nicht um das Aufblasen, das auch durch einen *dicken Sack* (Wilhelm Busch) veranschaulicht werden kann.

Dasselbe Tier kann für ganz verschiedene menschliche Eigenschaften und Verhaltensweisen stehen. So erscheint der Wolf als der Mächtige, der den unschuldigen Schwachen vernichtet und sich dabei noch den Schein des Rechts gibt (Wolf und Lamm), als der Freiheitsliebende, der eher Entbehrungen auf sich nimmt, als im Wohlstand unter dem Joch zu leben (Wolf und Hund), als töricht und plump (Wolf und Fuchs), als undankbar (Wolf und Kranich) etc.

---

[21] Herders Werke, hg. v. Suphan, a.a.O., Bd. 23, S. 261.
[22] Hegels Ästhetik, hg. v. Bassenge, a.a.O., S. 377.
[23] Theophil Spoerri, Der Aufstand der Fabel. Nachwort zu: La Fontaine, Hundert Fabeln, übertragen von H. Hinderberger und N. O. Scarpi, Zürich 1965, S. 251.

Es wird kein Charakter gezeigt und kein Typus, sondern das Abbild einer bestimmten menschlichen Verhaltensweise. Nur so ist es möglich, daß sich der Hörer und Leser in den verschiedensten Fabeln wiedererkennen kann.

Einer Typisierung der Figuren im Bildteil müßte die Unveränderbarkeit der Charaktere im Sachteil entsprechen. Das aber würde die Fabel ad absurdum führen. Denn wenn sie nicht mehr zu sagen hätte als die Sprichwortweisheiten, daß der Mensch listig ist wie ein Fuchs, gierig wie ein Wolf, machthungrig wie ein Löwe und dumm wie ein Esel, dann hätte die Fabel nichts mehr zu sagen. Wenn aber in der Fabel der Mensch mit einem Esel verglichen wird, so immer in der Absicht, daß der Leser sein Verhalten als „eselhaft“ erkennt und ändert. Denn die Fabel ist nicht statisch, sondern dynamisch; sie konstatiert nicht, sondern provoziert und drängt auf Veränderung. „Die Behauptung von der Unveränderlichkeit menschlicher Eigenschaften erweist die Tierfabel, die sie verifizieren soll, als falsch. Zwar haben darin die Tiere bestimmte Charaktere, aber als bedeutsam wird der erst fixiert durch das Sprechen, das gleichzeitig die Fixierung potentiell aufhebt. Der Esel ist nicht seiner Eselhaftigkeit wegen dumm, er wird zum asinus in fabula erst als der immer wieder Dummes Sprechende.“[24]

Der Akteur einer Fabel wird bestimmt durch den *Gattungsnamen*, die *Kontrastfigur*, die *Art der Rede* und die *Handlungsweise*.

Der antithetische Bau der Fabel wird vielfach bereits in der Überschrift deutlich, ebenso das Stilmittel des Kontrasts: Wolf und Lamm, Pferd und Esel, Wolf und Hund, Frosch und Maus etc. Der Kontrast dient zugleich der Charakerisierung.

Die Zahl der Akteure ist im allgemeinen auf zwei begrenzt. Meistens sind es zwei einzelne Tiere, die sich gegenüberstehen, seltener zwei Gruppen oder ein Tier und eine Gruppe. Dabei wird jedoch die Gruppe als Gesamtheit betrachtet und nicht differenziert. Wenn der Löwe mit Rind, Ziege und Schaf oder mit Tiger, Leopard und Schakal auf die Jagd geht und anschließend den Löwenanteil der Beute fordert, so interessiert das Kollektiv der Unterdrückten, für das auch ein einzelnes Tier stehen könnte.

---

[24] Helmut Arntzen, Kurzer Prozeß. Aphorismen und Fabeln, München 1966, S. 77.

Eine Beschreibung des Aussehens oder Hinweise auf Motive und Affekte finden wir in der Fabel nur, wenn sie für die Aussage von Bedeutung sind, und auch dann nur in knappster Form. Vom Aussehen des Wolfs, der das Lamm frißt, erfahren wir nichts, obwohl es für einen Erzähler reizvoll wäre, das Ungeheuer detailliert zu beschreiben. Für die Aussage aber ist es unwichtig. Vom Wolf, der dem Hund begegnet, erfahren wir dagegen, daß er abgemagert ist, der Hund jedoch fett und vom Reiben der Kette am Hals fahl. Andererseits wird erzählt, daß der Wolf das Lamm frißt; nicht erzählt wird, wie es dem Wolf, der das gute Leben in Unfreiheit verschmäht, weiterhin ergeht.

Daß die Charakteristik in der Fabel so knapp und gleichsam nur schlaglichtartig ist, auf eine bestimmte Eigenschaft, Denkart oder Verhaltensweise unter bestimmten Umständen zugeschnitten und begrenzt, ergibt sich aus der Intention der Fabel. Die Absicht des Fabeldichters bestimmt die Zeichnung der Akteure, deren Charakter vom Autor von der gewünschten Absicht aus entworfen wird. So spricht man auch bei den Gleichnissen Jesu von „der Gestaltung der Figuren und Szenen im Sinn der bewußten Profilierung, die um der Aussage willen geschieht. Jede Verzeichnung oder Vergröberung wird vermieden, weil sie die Aussage gefährden würde. *Von einer Karikatur könnte der Hörer sich absetzen*".[25]

Der durch die Fabel Angeredete aber spielt in diesem Kurzdrama mit. Er selbst ist einer der beiden Akteure. Von ihm wird eine bestimmte Eigenschaft, Denkart, Verhaltensweise übernommen und als bestimmendes Moment in die Fabelfigur gegeben. Auf diese Weise ähnelt die Fabel als Kurzdrama dem modernen Drama, wie wir es u. a. von Brecht, Frisch, Dürrenmatt kennen, im Gegensatz zum Illusionstheater.

4. Exkurs: Illustrationen

Der Ulmer Aesop (1476) enthält knapp zweihundert Holzschnitte, die das Typische der ursprünglichen Fabel in unübertroffener Weise zum Ausdruck bringen durch die einfache Gestaltung, die lineare

[25] Georg Eichholz, Das Gleichnis als Spiel, in: Evangelische Theologie, 21. Jg. (1961), S. 318.

Charakteristik, die Beschränkung auf das Notwendigste und den Verzicht auf jegliche Ausschmückung. Die (durch das Material und die Technik bedingte) Kargheit lenkt den Blick auf das Wesentliche, vermeidet jede Ablenkung und konzentriert die Wirkung.

Wer diese Holzschnitte mit ihrer außerordentlich starken Eindringlichkeit einmal bewußt betrachtet hat, vergißt sie nicht wieder.

> „Es ist, als ob für die Leute von der Art des Äsopmeisters der Holzschnitt nicht nur ein technisch willkommenes Vervielfältigungsmittel dargestellt habe, sondern gleichzeitig auch die Befreiungsmöglichkeit für ein angestautes Drängen nach knapper und gewaltsamer Ausdrucksintensität. Instinktiv muß man empfunden haben, daß aus dem Widerstand des Holzes eine Energie der linearen Charakteristik herausspringt, die als gegebenes Sprachinstrument für die drastische Erlebnis- und Mitteilungsform dieses Geschlechtes[26] benutzt werden konnte, das für die Realität etwas von jener Unbedingtheit des Eindrucks erkämpfen wollte, die bisher nur der Idealität selbstverständlich war. Lebt doch die gleichzeitige Holzplastik ganz von derselben aus dem Holzwiderstand herauswachsenden Ausdruckssteigerung."[27]

Die Knappheit und Kargheit der Fabel und ihre Eindringlichkeit wird in diesen Illustrationen deutlich, zugleich aber auch der antithetische Aufbau, da vielfach zwei Erzählsituationen – actio und reactio – in demselben Bild gezeigt werden. So sieht man beispielsweise einen furchterregenden Löwen, der eine Maus in den Krallen hält, und dahinter eine zweite Maus, die an einem Strick nagt, der um den Hals des Löwen gelegt ist.[28] Ebenso wie diese Fabel ist die von Fuchs und Storch illustriert. Im Vordergrund stehen die beiden Tiere vor einem Teller, von dem der Fuchs die Speise leckt, während der lange und spitze Schnabel des Storches über dem Teller offen bleibt. Unmittelbar dahinter sieht man die beiden Tiere in vertauschter Stellung, die bereits auf die vertauschten Rollen weist. Der Storch hat seinen langen Hals in einen hohen Krug getaucht, während der Fuchs den Krug von außen beleckt.[29]

---

[26] D. h. zur Zeit Steinhöwels.

[27] Buch und Leben des hochberühmten Fabeldichters Aesopi. Mit einer Einführung von W. Worringer und in sprachlicher Erneuerung von R. Benz. Mit sechsunddreißig Abbildungen, München 1925, S. 11f.

[28] Ebd., S. 41 („Von dem Löwen und der Maus").

[29] Ebd., S. 46 („Von dem Fuchs und dem Storchen").

Wird nur *eine* Situation im Bild festgehalten, so ist es die ausdrucksvollste. Die mit Pfauenfedern geschmückte Krähe ist von vier Pfauen umgeben, die sie mit ihren Schnäbeln bedrohen und ihre langen und imposanten Federschwänze nach verschiedenen Richtungen ausgebreitet haben.[30] Der Schnabel des Kranichs steckt tief im Hals des Wolfs, dessen mächtige Zähne besonders auffallend sind.[31] Besonders eindrucksvoll ist die Illustration zur Fabel von Maus, Frosch und Adler.[32] Die mächtigen Schwingen des Adlers füllen die ganze Breite des Bildes. In den Krallen hat er die Maus, um deren Hals ein Seil liegt, das am Fuß des Frosches festgebunden ist. Die anderen Füße hat der Frosch von sich gestreckt. Die Adlerkrallen, die Maus und der Frosch mit seinen ausgestreckten Pfoten bilden eine Vertikale, die durch das ganze Bild reicht und damit einen starken Kontrast zu den horizontal ausgebreiteten Flügeln des Adlers schafft.

Fabeln, die mehr Rede als Handlung enthalten, wie z. B. die von Wolf und Lamm,[33] Fuchs und Rabe,[34] Huhn und Perle,[35] Fuchs und Weintrauben,[36] Ameise und Grille,[37] bieten für die Illustration keine bestimmte entscheidende Situation. Sie scheinen daher für die Illustration weniger gut geeignet zu sein als handlungsstarke Fabeln. Bisweilen wird auch eine Situation mit in das Bild aufgenommen, die in der Fabel fehlt. Der Wolf gibt der auf einem Steilhang weidenden Ziege den Rat, zu ihm auf die Wiese herunterzukommen. Wohlweislich lehnt die Ziege ab. Die Illustration[38] aber zeigt nicht nur die Ziege auf einem Felsblock und den gierig hinaufschauenden Wolf. Man sieht auch die Gedanken: in Blickrichtung der Ziege im Hintergrund einen Wolf, der eine Ziege gepackt hat. – Der Kater, der wegen seines Alters die Mäuse nicht mehr jagen kann, hängt sich mit den Hinterpfoten an eine Stange und stellt sich tot. Die

---

30 Antike Fabeln, hg. v. Ludwig Mader, a.a.O., S. 172 („Dohle und Pfau").
31 Ebd., S. 175 („Wolf und Kranich").
32 Aesop, hg. v. R. Benz, a.a.O., S. 37 („Von der Maus, Frosch und Weihen").
33 Antike Fabeln, hg. v. L. Mader, a.a.O., S. 169.
34 Ebd., S. 179 („Fuchs und Rabe").
35 Ebd., S. 222 („Huhn und Perle").
36 Ebd., S. 242 („Der Fuchs und die Weintrauben").
37 Ebd., S. 266 („Ameise und Grille").
38 Ebd., S. 88 („Der Wolf und die Ziege").

Mäuse aber lassen sich durch diese List nicht täuschen, sondern halten Abstand. Die Illustration[39] zeigt nicht nur die hängende Katze und die Mäuse in weiter Entfernung, sondern auf dem Boden auch die Katze mit einer Maus in der Schnauze. Die Vorsicht, die sich in bestimmten Situationen des Lebens empfiehlt, weil man die Gefährlichkeit und Hinterhältigkeit des anderen kennt, wird also in der Illustration begründet. Was das Tier denkt, verschweigt die Fabel; die Illustration aber macht es deutlich.

Die Bildlichkeit der Fabel hat bis in die Gegenwart zur Illustration animiert. Oft sind diese Zeichnungen – wie etwa bei James Thurber oder Wolfdietrich Schnurre – nur Rankenwerk zu den einzelnen Texten und ohne wesentliche Bedeutung. Bisweilen aber bringen sie das Typische einer Fabel so zum Ausdruck, daß Text und Bild untrennbar zusammengehören. Besonders bekannt wurden die Zeichnungen von Wilhelm Busch. Seine drei Skizzen zur Fabel von Fink und Frosch finden wir auch in vielen Schullesebüchern. Berühmt wurden u. v. a. auch die Illustrationen von Gustave Doré zu La Fontaines Fabeln. Vergleicht man diese Bilder mit den alten Holzschnitten, so fällt der Unterschied besonders auf. Gegenüber der Einfachheit, Großzügigkeit in der Linienführung und der Eindringlichkeit wirken Dorés Zeichnungen sehr verspielt. Man erkennt, daß sie das Entscheidende der jeweiligen Fabel oft nicht zum Ausdruck bringen und mehr als Rankenwerk erscheinen.[40] Bisweilen verzerrt die Illustration Dorés die Fabel ins Abenteuerliche, so etwa das Bild von der Schildkröte und den Enten bei ihrem Flug über ein im Wald gelegenes Dorf[41] oder das Bild vom Esel in der Löwenhaut, der von vielen geheimnisvollen Gestalten mit Peitschen durch die Landschaft gejagt wird.[42] Oft bietet Dorés Illustration auch bereits die Übertragung und legt damit die Fabel auf einen bestimmten „Sitz im Leben" fest.[43]

---

[39] Ebd., S. 152 („Der Kater und die Mäuse").

[40] Vgl. La Fontaine, Hundert Fabeln. Übertragen von H. Hinderberger und N. O. Scarpi, Manesse Verlag Zürich 1965, S. 34 (Hahn und Fuchs), 149 (Wolf und Lamm), 153 (Fuchs und Rabe), 173 (Wolf und Storch), 201 (Fuchs und Storch), 216 (Frosch und Maus).

[41] Ebd., S. 72.

[42] Ebd., S. 159.

[43] Vgl. ebd., S. 21 (Hahn und Perle), 133 (Grille und Ameise), 148 (Fuchs und Trauben).

Man hat sich jedoch nicht auf eine Illustration der einzelnen Fabeln beschränkt, sondern immer wieder auch das Wesen der Fabel dargestellt, wie es etwa der bereits erwähnte Kupferstich zu Trillers Fabeln zeigt.

In diesen Darstellungen taucht meistens der sagenumwobene Ahnherr der Gattung auf. Auch hier zeigt sich die Verbindung von Tradition und Zeitstil. Denn die Äsop-Gestalt ist dem jeweiligen Zeitstil entsprechend eingerahmt, enthält aber zugleich traditionelle Züge entsprechend dem alten Vorbild, wie wir es aus dem Ulmer Äsop kennen. Er bietet nicht nur Illustrationen zu den einzelnen Fabeln, sondern auch einen Holzschnitt, der Äsop mit seinen Requisiten zeigt. Äsop ist mißgestaltet (Buckel u. ä.) und ärmlich (barfuß etc.). Um ihn herum sieht man Tiere (Hund, Schaf, Grille etc.), Gegenstände (Krug, Bündel, Stäbe, Ring, Narrenkappe usw.) und kleine Bildausschnitte, die auf die Vita hinweisen: der aus einer Buchrolle vorlesende, der vom Felsen stürzende, aber auch der auf einer Sanduhr stehende Äsop.

XIV. Intention und Funktion

1. Die eingekleidete Wahrheit

Die Fabel als Wahrheit im Narrengewand, im Tierwanst (Luther), als Honig zum Versüßen der bitteren Arznei (Alberus), als überzuckerter Wurmsamen und Kellerhals (Mathesius) – diese und ähnliche Vorstellungen kennen wir aus der Reformationszeit.

> „Ja, alle Welt hasset die Wahrheit, wenn sie einen trifft. (...) die Wahrheit ist das unleidlichste ding auff Erden."[1] Da man jedoch nicht auf sie verzichten kann, muß man die Menschen *zur Wahrheit betrügen.* Diese paradox klingende Feststellung Luthers finden wir auch bei Erasmus Alberus. Um der verderbten Natur und des Unverstandes willen „muß man uns aarme groben, halßstarige Leut, mit fabeln und bildern betriegen und fangen".[2]

Bilder und Gedichte, die in allegorischer Weise die Fabel als die *eingekleidete Wahrheit* zeigen, sind in der Epoche der deutschen Aufklärung sehr beliebt und verbreitet. Beispielhaft mögen hier Lichtwer und Triller stehen.

Der Kupferstich neben dem Titelblatt von Lichtwers Fabelsammlung illustriert den ersten Text („Die beraubte Fabel"), der einen zeittypischen Beitrag zur Fabeltheorie darstellt. Die „Göttin aller Dichter", die zur Zeit der Aufklärung als höchste Dichtungsart geschätzte Fabel, wird auf der Reise in ein fremdes Land von Räubern überfallen, die ihr, da sie kein Geld besitzt, die zahlreichen kostbaren Kleider und Tierhäute, die sie trägt, vom Leib reißen, um dann zu ihrem Entsetzen die nackte Wahrheit vor sich zu sehen.

Die beraubte Fabel

Es zog die Göttin aller Dichter,
Die Fabel, in ein fremdes Land,
Wo eine Rotte Bösewichter
Sie einsam auf der Straße fand.

---

[1] WA 50, 453f.
[2] Ausgabe Braune, a.a.O., S. 2.

M. G. Lichtwers Fabeln in vier Büchern, 4. Aufl., Berlin 1775;
neben dem Titelblatt: Räuber und nackte Wahrheit

Ihr Beutel, den sie liefern müssen,
Befand sich leer; sie soll die Schuld
Mit dem Verlust der Kleider büßen.
Die Göttin litt es mit Geduld.

Hier wies sich eine Fürstenbeute;
Ein Kleid umschloß das andre Kleid.
Man fand verschiedner Tiere Häute,
Bald die, bald jene Kostbarkeit.

Hilf, Himmel, Kleider und kein Ende!
Ihr Götter! schrien sie, habet Dank!
Ihr gebt ein Weib in unsre Hände,
Die mehr trägt als ein Kleiderschrank.

Sie fuhren fort, noch mancher Plunder
Ward preis; doch eh man sichs versah,
da sie noch schrien, so stand, o Wunder,
die helle Wahrheit nackend da.

Die Räuberschar sah vor sich nieder
und sprach: Geschehen ist geschehn.
Man geb ihr ihre Kleider wieder;
Wer kann die Wahrheit nackend sehn?

Daß die Fabel in diesem poetologischen Einleitungsgedicht Lichtwers,[3] wie oft in dieser Zeit, als Göttin auftritt, zeigt bereits die Bedeutung, die man ihr beimißt. Sie ist nicht eine Dichtart unter anderen, sondern die über allen stehende; denn sie enthält nicht nur Wahrheit, sie ist die Wahrheit selbst. Säkularisierte theologische Ideen stehen hinter dieser Auffassung.[4] Nachdem die Welt ihren ursprünglichen Glanz verloren und der Weisheit und Redlichkeit abgesagt hatte, herrschte die Lüge. Die nackte Wahrheit aber, die vorher anerkannt und mächtig war, galt nun als freches, „unverschämtes Weib" und wurde verjagt. Daraufhin zog sie sich den „Rock der Lügen" an.

„Blieb Wahrheit nach wie vor und ging nur wie die Lügen.
Die Menschen sahen sie, und sahn sie mit Vergnügen.
Und wer sich bis anher an ihrer Blöße stieß,
Der nahm die Wahrheit an, die jetzo Fabel hieß."[5]

---

[3] Vier Bücher Aesopischer Fabeln in gebundener Schreib-Art, Leipzig 1748, S. 8f.

[4] Vgl. ebd., S. 49f. u. ö.

[5] Ebd., S. 50 (Vorwort zum 2. Buch).

Auf diese Weise bewahrte die Wahrheit ihre unbeschränkte Macht. Ihre Wirkung ist gewaltig und umfassend; sie wendet sich an Kind und Greis, an Bürger wie König.[6] Sie wirkt selbst auf „Räuber" und führt sie zu Einsicht und Besserung. Die nicht nur für die Fabeltheorie der Aufklärung typische Vorstellung, daß die dem Menschen unerträgliche Wahrheit der Einkleidung bedarf, wird von Lichtwer historisch-mythisch erklärt.

Die Fülle der Kleider in Lichtwers allegorischem Gedicht weist auf die vielen Arten, die Wahrheit einzukleiden, auf die Vielgestaltigkeit in der Form der Fabel. Auch hier zeigt sich die übergeordnete Stellung durch die Universalität der Möglichkeiten. Die ganze belebte und unbelebte Natur – von der Maus bis zum Löwen und vom Stein bis zum Felsen[7] – dient als Kleidung.

Die Fabel bessert durch ein Bild und lehrt durch die Natur, schreibt Lichtwer (im Vorwort des dritten Buches) im Sinne des pädagogischen Optimismus der Aufklärung. Der Fabeldichter wendet sich an alle Menschen ohne Ansehen von Alter, Stand oder Geschlecht. Er spricht von den alltäglichen Dingen, greift das Laster und die Torheit an. Klugheit und Tugend schätzt er mehr als Macht und Geld. Der Fabeldichter lehnt den „Stolz" und die „Niedrigkeit" in gleicher Weise ab und wählt die mittlere Stillage. Er sucht im Stil den Mittelweg zwischen „Flittergold" und „Lumpenkleid", zwischen „Fürsten Pracht" und „Frost und Blöße".[8]

Im Vorwort des vierten Buches weist Lichtwer sehr anschaulich auf die Fülle des Bildbereichs hin, auf die unbegrenzten Möglichkeiten menschlicher Fantasie, die in der Fabel ausgeschöpft werden können, und wehrt zugleich dem Mißverständnis, daß diese fantasiereiche Bilderwelt nur der Unterhaltung des Lesers dient.

> „Es scheint, als ob der Zweck nur die Vergnügung wäre,
> Doch die Belustigung verzuckert nur die Lehre,
> Der Leser sieht das Bild, er lacht des Fuchses Pein,
> Schluckt aber unvermerckt die Wahrheit lachend ein.
> Die Fabel, die nicht lehrt, kehrt sich in Hirn-Gespinste,
> Und füllt den Kopf mit Rauch ..."[9]

---

6 Vgl. ebd., S. 89f.
7 Vgl. ebd., S. 7f. und 133f.
8 Ebd., S. 89f. (Vorwort zum 3. Buch).
9 Ebd., S. 133f. (Vorwort zum 4. Buch).

Daniel Wilhelm Triller hat seinen *Neuen Äsopischen Fabeln* ein Gedicht vorangestellt, in dem er das Wesen der Fabel bestimmt.[10] Die Wahrheit ist die Seele, die Natur der Leib der Fabel.

„Die Dichtkunst aber wies die Spur,
Wie man sie beide wohl vermähle,
Und suchte scherzhaft unter Bildern
Den Ernst der Wahrheit abzuschildern.
So trat die Fabel drauf ans Licht,
So kam es, daß man sie erfand,
Zwar als ein Kind von Angesicht,
Doch als ein Alter an Verstand;
Man meinte wohl, daß sie zum Scherzen
Und Zeitvertreib erfunden sei;
Jedennoch brachte sie den Herzen
Im Spielen manche Wahrheit bei:
Denn sie war minder für die Ohren
Als für den Geist und Witz geboren.
Wenn Ärzte bittre Tränke reichen,
So pflegen sie des Bechers Rand
Mit Honig listig zu bestreichen;
So ward der menschliche Verstand
Durch süße Fabeln auch betrogen,
Bis er der Wahrheit Bitterkeit,
Die er sonst von Natur gescheut,
Ganz unvermerkt hineingezogen.
(...)"

Neben dem Titelblatt sieht man einen Kupferstich, der im Stil dieser Zeit prunkvoll und figurenreich ist und dem kundigen Leser mehr über das Wesen der Fabel zu sagen vermag als manche umfangreiche Theorie. Trillers „Kurze Erklärung des Kupfertitels" lautet:

„Ein Genius reicht dem Verfasser
Geschöpftes Hippocrenenwasser.
Die Muse heißt ihn Fabeln dichten;
Aesopus selbst sagt sie ihm vor;
Doch läßt er ihn zugleich empor
Die Augen nach der Wahrheit richten.
Um die die Fabel einen Schleier,
Mit Tieren ausgestattet, zieht.

[10] D. W. Triller, Neue Äsopische Fabeln, worinnen in gebundener Rede allerhand erbaulich Sittenlehren und nützliche Lebensregeln vorgetragen werden, Hamburg 1740 (ohne Seitenzahl).

Die Szepter, Buch und Zügel träget,
Weil sie der Laster Ungeheuer
Bezäumet und darnieder schläget,
Und in das menschliche Gemüt
Hingegen gute Sitten präget."

Das Bild zeigt eine auf einer Wolke schwebende, fast nackte weibliche Gestalt *(Wahrheit)*, die von einem auf der einen Seite knienden, blumenbekränzten Mädchen *(Fabel)* mit einem mit Tieren bestickten Schleier umgeben wird *(Einkleidung der Wahrheit)*. Auf der anderen Seite thront auf der Wolke eine Gestalt *(Moral)*, die mit Helm und Zepter, einem Buch mit dem Titel „Morale" und mit einem Zügel versehen ist. Dieser Zügel ist offensichtlich für das pferdeartige und wild aufbäumende Tier gedacht, das von der Wolke fast erdrückt wird *(Laster)*.

Unter der Wolke sitzt eine würdig gekleidete männliche Gestalt mit Buch und Federkiel *(Dichter)*, die von einem kleinen Engel *(Genius)* eine Schale gereicht bekommt; ein zweiter Engel schöpft zu seinen Füßen Wasser aus dem fließenden Bach. Auf dem Schoß des Dichters sitzt ein blumenbekränztes Mädchen mit wallenden Haaren *(Muse)*. Ihre eine Hand liegt auf der schreibenden Hand des Dichters, die andere weist auf einen zwergenhaft, aber würdig aussehenden Mann in einfacher Kleidung *(Äsop)*, der in der einen Hand eine Buchrolle hält, mit der anderen auf die Gestalt über der Wolke zeigt, die die Wahrheit darstellt. – Diese Gestalten sind von einer Fülle von Tieren umgeben: im Wasser schwimmende Molche, auf dem Boden krabbelnde Mäuse, ein stolzer Pfau und andere Tiere auf einem Baum, am Himmel fliegende Vögel, schließlich Hund, Hase, Affe und Löwe, die Äsop neugierig lauernd umringen.

Ähnliche Gedanken wie die von Lichtwer und Triller finden wir, ohne die allegorischen Umschreibungen, auch bei Lessing. Der Fabeldichter, sagt Lessing, wendet sich nicht an unsere Leidenschaften, sondern an unsere Erkenntnis mit dem Ziel, uns von einer moralischen Wahrheit zu überzeugen. Diese Erkenntnis ist eine anschauende. In der erdichteten Geschichte muß man den moralischen Satz leicht erkennen können. Entscheidend ist, „daß die moralische Lehre in die Handlung weder versteckt noch verkleidet, sondern durch sie der anschauenden Erkenntniß fähig gemacht werde".[11] Lessing bezeichnet deshalb „versteckt" als einen falschen Ausdruck, „*ver*kleidet" als mindestens irreführend, „weil auch *verkleidet* den Nebenbegriff einer mühsamen Erkennung mit sich führet. Und es muß gar keine Mühe kosten, die Lehre in der Fabel zu erkennen; (...) Wollte man mit aller Gewalt ein ähnliches Wort hier brauchen, so müßte man es anstatt *verkleiden* wenigstens *einkleiden* heißen".[12]

Weil sie Unbekanntes auf Bekanntes zurückführt und anschaulich darstellt, spricht Arthur Schopenhauer der gleichnishaften Rede einen großen Wert zu. In dem Kapitel „Gleichnisse, Parabeln und Fabeln" der *Parerga und Paralipomena* schreibt Schopenhauer:

> „Sogar beruht alle Begriffsbildung im Grunde auf Gleichnissen; sofern sie aus dem Auffassen des Ähnlichen und Fallenlassen des Unähnlichen in den Dingen erwächst. Ferner besteht jedes eigentliche *Verstehn* zuletzt in einem Auffassen von Verhältnissen (un saisir de rapports): man wird aber jedes Verhältnis um so deutlicher und reiner auffassen, als man es in weit von einander verschiedenen Fällen und zwischen ganz heterogenen Dingen als das selbe wieder erkennt. So lange nämlich ein Verhältniß mir nur als in einem einzelnen Falle vorhanden bekannt ist, habe ich von demselben bloß eine individuelle, also eigentlich nur noch anschauliche Erkenntniß: sobald ich aber auch nur in zwei verschiedenen Fällen das selbe Verhältniß auffasse, habe ich einen *Begriff* von der ganzen *Art* desselben, also eine tiefere und vollkommenere Erkenntniß.
> Eben weil Gleichnisse ein so mächtiger Hebel für die Erkenntniß sind, zeugt das Aufstellen überraschender und dabei treffender Gleichnisse von einem tiefen Verstande."[13]

Noch ein weiteres philosophisches Zeugnis sei in diesem Zusammenhang angeführt, zugleich als Beispiel für die Bedeutung, die der Fabel auch im 20. Jahrhundert zuerkannt wird. Unter der Überschrift „Das Merke" heißt es in den *Spuren* von Ernst Bloch:

> „Kurz, es ist gut, auch fabelnd zu denken. Denn so vieles eben wird nicht mit sich fertig, wenn es vorfällt, auch wo es schön berichtet wird. Sondern ganz seltsam geht mehr darin um, der Fall hat es in sich, dieses zeigt oder schlägt er an. Geschichten dieser Art werden nicht nur erzählt, sondern man erzählt auch, was es darin geschlagen hat oder horcht auf: was ging

---

[11] G. E. Lessings Werke, a.a.O., 7. Bd., S. 433.
[12] Ebd., S. 432.
[13] Schopenhauers sämtliche Werke in 5 Bänden, 5. Bd.: Parerga und Paralipomena, Leipzig o. J., S. 600.

da. Aus Begebenheit kommt da ein Merke, das sonst nicht so wäre; oder ein Merke, das schon ist, nimmt kleine Vorfälle als Spuren und Beispiele. Sie deuten auf ein Weniger oder Mehr, das erzählend zu bedenken, denkend wieder zu erzählen wäre; das in den Geschichten nicht stimmt, weil es mit uns und allem nicht stimmt. Manches läßt sich nur in solchen Geschichten fassen ...«[14]

2. Epimythion und „Sitz im Leben"

Die Fabel war ursprünglich keine „Vermittlerin von moralischen Lehren oder Lebensweisheiten".[15] Dazu ist sie erst im Zuge der Pädagogisierung und Moralisierung geworden. Da die echte Fabel keine moralische Geschichte ist und keine abstrakte Lebensweisheit oder Wahrheit anbietet, sondern jeweils konkrete Situationen und bestimmte Zeitverhältnisse kritisch beleuchtet, kann man aus der dreitausend Jahre alten Sprachform keine Tugendlehre herauskristallisieren. Die „Suche nach einer im Reich der Fabel vorhandenen Wahrheit"[16] muß zu dem Ergebnis führen, daß sich eben keine Morallehre und „keine Ethik der Fabel konstruieren"[17] läßt.

Die Fabel bietet keine gebündelte Wahrheit oder Weisheit, sondern zeigt von der Antike bis zur Moderne so viele Wahrheiten, wie das Leben enthält und die Menschen erkennen. In der echten und substantiellen Fabel geht es um den „Ernst der Lebensentscheidung im Alltag"[18], und zwar im Blick auf eine konkrete Situation und auf die gesellschaftspolitischen Verhältnisse in einer bestimmten Zeit. Die sprachliche Form, beispielsweise der dialogische Charakter, der Kontrast, die Pointe als Anstoß zum Umdenken etc. zeigen das ebenso deutlich wie die Tatsache, daß man den ursprünglichen aktuellen Bezug vielfach rekonstruieren kann. Trotz einiger Ansätze[19] fehlen jedoch noch Untersuchungen, die den Prozeß der

---

[14] Ernst Bloch, Spuren. Neue erweiterte Ausgabe, Frankfurt a. M. 1967.

[15] Erwin Leibfried, Fabel, Stuttgart 1967, S. 87.

[16] Klaus Doderer, Fabeln. Formen, Figuren, Lehren. München 1977, S. 109.

[17] Ebd., S. 112f.

[18] Ernst Haenchen, Die Botschaft des Thomasevangeliums, Berlin 1961, S. 10.

[19] Vgl. Dieter Arendt, Parabolische Dichtung und politische Tendenz. In: Heine-Jahrbuch 1970, S. 41ff.

Entaktualisierung überwinden, indem sie den Zusammenhang zwischen der Fabel und ihrer ursprünglichen Wirklichkeit, den „Sitz im Leben" aufzeigen.

Wenn wir von „Bildteil" und „Sachteil" oder von dem Bild und dem Sinn der Fabel sprechen, muß uns bewußt bleiben, daß es sich hier um eine Hilfskonstruktion handelt. Denn den Sachteil suchen wir in der Fabel meistens vergebens, den Bildteil dagegen nie.

Der sogenannte Sachteil ist ursprünglich die konkrete Situation, in die hinein eine Fabel gesprochen wurde. Denn die Fabel hat ihren Ursprung nicht in der Dichtung, sondern in der Rhetorik. Sie hat einen „Sitz im Leben", sie wird zweckgerichtet mit einer bestimmten Absicht in einer konkreten Situation erzählt. Die Fabeln des Alten Testaments – Jothams Fabel (Richter 9,7–15) und die des Joas (2. Könige 14,9), die Geschichte, die der Prophet Nathan dem König David erzählt (2. Samuel 12,1–4), und das Weinberglied Jesajas (Jesaja 5,1–6) – zeigen das ebenso wie die Gleichnisse Jesu. Lessing hat darauf hingewiesen, aber auch der geschmähte La Fontaine. In dem Gedicht „Die Macht der Fabel" beschreibt er, wie ein Redner vor dem Volk von Athen vergeblich versucht, die Aufmerksamkeit seiner Hörer zu gewinnen. „Was tat der Redner? Ihm half ein Kniff." Er erzählt eine Fabel und erringt das Interesse seiner Zuhörer. Das Fazit, das La Fontaine zieht, lautet:

> „Die Versammlung, durch die Fabel erweckt,
> bei diesem Tadel aufgeschreckt,
> gab sich ganz in des Redners Bann:
> da sieht man was die Fabel kann.
> Athener sind wir in diesem Punkte alle
> (...)"

Der ursprüngliche „Sitz im Leben" einer Fabel wurde meist nicht mitüberliefert oder verkümmerte zu einem Pro- oder Epimythion, zu einem Merksatz, den man der Fabel im Zuge der Überlieferung vor- oder nachstellte. Daraus erklärt sich auch, daß bei manchen alten Fabeln der Bildteil und der zum Epimythion verkümmerte Sachteil nicht zusammenpassen.

Lessing unterscheidet zwischen einfachen und zusammengesetzten Fabeln.

> „*Einfach* ist die Fabel, wenn ich aus der erdichteten Begebenheit derselben bloß irgend eine allgemeine Wahrheit folgern lasse. (...) *Zusammen-*

gesetzt hingegen ist die Fabel, wenn die Wahrheit, die sie uns anschauend zu erkennen giebt, auf einen wirklich geschehenen, oder doch, als wirklich geschehen, angenommenen Fall, weiter angewendet wird."[20]

Herder hat auf diese Unterscheidung Lessings nachdrücklich hingewiesen und zugleich mit Recht betont, daß eigentlich jede Fabel eine zusammengesetzte ist.

„Es giebt also eigentlich keine einfache Fabel; jede ist zusammengesetzt aus dem wirklichen Fall, auf welchen sie angewandt werden soll und aus dem erdichteten, den eben für ihn der Fabellehrer aussann. Daß die schriftlichen Sammler der Fabeln Aesops die Eine, die wahre und wirkliche Situation nämlich, oft ausließen, kam daher, daß sie solche entweder nicht wußten oder daß sie sich die Mühe verkürzten. Sie setzten dafür eine nackte, bisweilen gar eine falsche und verzogne Lehre hin und überließen jedem Lesenden die Anwendung; oder sie glaubten den Fall der Anwendung in die Lehre selbst schon verborgen zu haben, wie es auch zuweilen wirklich geschehen war. Die ältern wahren Fabeln indeß, deren Entstehung man weiß, sind jederzeit mit diesem Gegenstück ihrer Dichtung aufgezeichnet worden, wie die Fabel Jothams und Joas, Nathans Parabel, die Dichtung des Stesichorus, des Menenius Agrippa. (...) Nur den Sammlern haben wirs zuzuschreiben, daß wir die Lockmannischen und Aesopischen Fabeln so abgekürzt, gleichsam als Enthymemen der Fabeldichtung vor uns sehen; (...) Daher nun die unerträgliche Langeweile, wenn wir eine Reihe Fabeln *ohne Anwendung auf bestimmte Fälle des Lebens* nach einander lesen."[21]

Die ursprüngliche Fabel ist auf eine reale, bisweilen auch dichterisch fixierte Situation bezogen, die sie durch ein anschauliches Bild erhellen soll. Zu den wenigen Fabeln, deren historisch-politischer Kontext mitüberliefert wurde, gehört der folgende Text.

„Zu der Zeit, da im Menschen noch nicht wie jetzt, alles in Eins zusammenstimmte, sondern jedes einzelne Glied seinen eignen Willen, seine eigne Sprache hatte, zürnten die übrigen Glieder darüber, daß ihre Sorge, ihre Arbeit und Dienstleistung dem Magen Alles herbeischaffe; der Magen, ruhig in der Mitte, nichts weiter thue, als daß er die dargebothenen Genüsse sich behagen lasse. Sie hätten sich hierauf verschworen, die Hände sollen keine Speise zum Munde führen, der Mund keine dargebotene annehmen, die Zähne keine zermalmen. Indem sie in solchem Zorne den Magen durch Hunger bändigen wollten, seyen zugleich die Glieder selbst und der ganze Körper völlig abgezehrt. Da habe es sich gezeigt, daß auch der Magen, nicht müßig, seine Dienste leiste, und eben sowohl nähre

[20] G. E. Lessings Werke, a.a.O., Bd. 7, S. 419.
[21] Herders sämtliche Werke, a.a.O., Bd. 15, S. 550.

als genährt werde, indem er das, durch Verdauung der Speisen zubereitete, Leben und Kraft gebende, Blut in den Adern gleichmäßig vertheilt, in alle Theile des Leibes zurückgebe."[22]

Wer diese Fabel, genauer gesagt: ihren Bildteil, liest, weiß zunächst nicht viel damit anzufangen. Denn sie wird erst verständlich durch den Kontext, den wir aus der Römischen Geschichte des Titus Livius kennen.

Rom ist nach mehreren Kriegen von inneren Unruhen bedroht, da die Auseinandersetzung zwischen den Patriziern und den durch das Kriegführen verarmten Plebejern zur grundsätzlichen Spannung führte, derentwegen auch Valerius sein Amt als Diktator niederlegte. Die Konsuln schicken nun aus Angst vor Verschwörungen die plebejischen Legionen aus der Stadt. Diese aber verschanzen sich auf dem Heiligen Berg. Über diesen Anfang eines Aufstandes herrscht in Rom bei Patriziern und Plebejern, die sich gegenseitig mißtrauen und nicht wissen, wie sich die Plebejer auf dem Heiligen Berg verhalten werden, äußerstes Entsetzen. Die Lage ist höchst gefährlich; denn wenn diese innere Spannung von einem der Gegner Roms ausgenutzt wird, ist die Stadt verloren. Die Einheit muß also unter allen Umständen und möglichst schnell wiederhergestellt werden. Zu diesem Zweck wird Menenius Agrippa ausgewählt und zu den Plebejern auf den Heiligen Berg gesandt.

„Dieser soll in das Lager eingelassen, in jener alterthümlichen und ungeschmückten Redeweise weiter nichts als Folgendes erzählt haben", schreibt Titus Livius und fährt nach der Wiedergabe der Fabel fort: „Indem er nun durch Vergleichung zeigte, wie ähnlich der innerliche Aufruhr des Körpers der Erbitterung der Bürger gegen die Väter[23] sey, habe er die Gemüter der Menge umgestimmt."

Die Wörter „Vergleichung", „ähnlich" und der Ausdruck „alterthümliche und ungeschmückte Redeweise" zeigen, daß die gleichnishafte Rede als eine alte und schlichte Sprachform bekannt ist. Die Wirkung, die Menenius Agrippa mit seiner Fabel erzielte, klingt bis zu seinem Tod nach. Titus Livius schreibt über ihn:

---

[22] Titus Livius, Römische Geschichte, übersetzt von C. F. Klaiber, 1. Bändchen, 3. Aufl., Stuttgart 1827, S. 174ff.

[23] „Bürger" = Plebejer; „Väter" = Patrizier.

„Menenius Agrippa, ein Mann, bei den Vätern wie bei den Bürgern gleich beliebt sein ganzes Leben lang, seit dem Wegzuge noch beliebter bei den Bürgern. Ihm, dem Vermittler und Stifter der inneren Eintracht, dem Abgeordneten der Väter an den Bürgerstand, ihm, der die Bürger Roms in die Stadt zurückbrachte ...“

Die von Menenius Agrippa erzählte Geschichte verdeutlicht zweierlei. Der Aufruhr der Glieder gegen den Magen, ihr Boykott hat gefährliche Folgen, wird lebensgefährlich für sie selbst. Zugleich erweist sich die Ursache des Aufruhrs als ein Irrtum, da der Magen kein Nutznießer ist, sondern ebenso arbeitet wie die anderen Glieder des Leibes. Um diese beiden Gesichtspunkte aber ging es dem von Rom zu den Aufrührern Entsandten. Er mußte das Handeln der Plebejer beeinflussen, indem er ihnen deutlich machte, wie gefährlich ihr Aufstand für alle, also auch für sie selbst werden konnte. Zugleich mußte er ihr Urteil über die Patrizier widerlegen. Beide Gesichtspunkte „erörtert“ Menenius Agrippa nicht direkt, sondern auf dem Weg über die Fabel. Er überläßt es seinen Zuhörern, das Geschehen der Fabel zu bejahen, es auf ihre konkrete Situation zu beziehen, ihr Urteil zu ändern und die Konsequenzen für ihr Handeln zu ziehen, d. h. nach Rom zurückzukehren.

Die von Titus Livius überlieferte Fabel von den Gliedern des Leibes ist oft bearbeitet worden. Dabei wurde aus der ursprünglichen konkreten Situation ein Lehrsatz, der entsprechend der Zeit und der Einstellung des Autors einen neuen Akzent erhielt. So kann aus dem ursprünglichen ein neuer „Sitz im Leben“ werden. Interessant ist, wie sich mit dem Wandel der sogenannten Sachhälfte dann auch die sogenannte Bildhälfte ändert.

In einer im 18. Jahrhundert entstandenen Neufassung (Emmerich 1960, 270f.) wird diese Geschichte von dem Magen und den Gliedern des Leibes nicht von Menenius Agrippa erzählt, sondern von dem Fuchs, der sie auf den König bezieht:
„‚Ebenso ist es mit der königlichen Gewalt‘, fuhr der Fuchs fort. ‚Auf ihr beruht das allgemeine Beste; alle anderen Stände, mit einem Wort, die *ganze Nation* besteht nur durch sie! ‚Du vergissest einen kleinen Unterschied‘, fiel die Schlange ein, ‚der Magen isset und nützet zugleich, die meisten Könige essen nur.‘“

In unserem Zusammenhang geht es zunächst um eine Feststellung, die für das richtige Verständnis dieser Gattung wesentlich ist. Das Promythion oder Epimythion – der mit „Lehre“, „Merke“, „Moral“ usw. eingeleitete Spruch, der dem Bildteil vor- oder nachgestellt ist, – bedeutet eine Verkümmerung, einen Ersatz für den Sachteil, für die konkrete Situation. Deutlich wird das auch bei den Fabeln Äsops, die zunächst nur mündlich überliefert und später, als die ursprüngliche Erzählsituation nicht mehr bekannt war, mit einem Epimythion versehen wurden.

Auf die „lebendige Funktion der Fabel bei konkreten Begebenheiten“[24], die in den letzten Jahrzehnten der Fabelforschung wieder stärker beachtet wird, haben bereits kaum bekanntgewordene Theoretiker des 18. Jh. wie Gebhard (1784), Jacob (1785), Meiners (1787), Bardili (1791)[25] u. a. hingewiesen, im 19. Jahrhundert dann vor allem der Theologe Adolf Jülicher, dessen komparatistische Sichtweise auch noch für die moderne Fabelforschung wichtig ist und bisher zu wenig beachtet wurde. Jülicher betont mit Recht: „Nicht gesungen oder geschrieben worden sind die ältesten Fabeln, sondern gesprochen, erfunden im Augenblick und für den Augenblick und nicht um eine Weisheitsregel vorzutragen, sondern um eine schwierige Situation, in der sich der Redner befand, zu klären, um ihr die Auffassung und Beurteilung, die er wünschte, zu sichern. (...) Später wurde diese positive Beziehung vergessen; die Bildhälfte der Fabeln lief für sich allein um, und da konnte man ihre Bedeutung natürlich nur noch in dem allgemeinen Gesetz suchen, das sich in ihnen offenbarte und das man in Gestalt eines frostigen Epimythions dahinter formulierte. Je mehr die Redekunst sank und die paränetische Rede, die Mutter der Gleichnisse und Fabeln, hinter der enkomiastischen verschwand, desto mehr wurde die Fabel ihrem Ursprung entfremdet und konnte bald ganz für sich (genauer: ihre ‚bildliche‘ Hälfte) gepflegt werden als selbständige Rede oder Dichtgattung.“[26]

---

[24] Waltraud Briegel-Florig, Geschichte der Fabelforschung in Deutschland, Diss. Freiburg 1965, S. 99.

[25] Walter Gebhard, Über den Ursprung der äsopischen Fabel. In: Dt. Museum II, 1784, S. 553–563; H. Jacob, Über die äsopische Fabel der Alten. In: Berlinische Monatsschrift, hg. v. F. Gedike und J. E. Biester, Bd. 5, 1785, S. 300–316; Christoph Meiners, Geschichte des Ursprungs, Fortgangs und Verfalls der Wissenschaften in Griechenland und Rom, 2 Bde., Lemgo 1787, S. 275–287; C. G. Bardili, Was ist das Eigentümliche der Äsopischen Fabel? Eine psychologische Untersuchung. In: Berlinische Monatsschrift XVIII, 1791, S. 54–61.

[26] Adolf Jülicher, Die Gleichnisreden Jesu, Darmstadt 1976, S. 98f.

Ebenso wie Herder nur die „zusammengesetzte" Fabel als die eigentliche und richtige anerkennt, betont auch Jülicher die Zweigliedrigkeit, die nur wegen der mangelhaften Überlieferung meist nicht mehr erkennbar ist.

Ursprünglich wurde die Fabel als Mittel der Rhetorik genutzt, um eine schwierige Situation im Sinne des Redners zu beeinflussen. Das trifft für die Fabel des Stesichoros ebenso zu wie für die des Menenius Aggrippa, für die alttestamentlichen Fabeln des Jotham und Joas wie für die indische Fabelliteratur (Pantschatantra u. a.). Erst im Zuge der Überlieferung wurde die Fabel auf ihren Bildteil reduziert, der ursprüngliche Sachteil wurde ersetzt durch ein „frostiges Epimythion"[27], durch die „langweiligen abstrakten Morallehren oder Klugheitsregeln, die z. B. Phaedrus schon seinen Fabeln anhängte".[28] So wurde die Fabel zu einer Dichtungsgattung. Die Auflösung der Fabel zeigt sich nach dem Urteil Jülichers besonders im mittelalterlichen Tierepos. „Da werden die Dinge um ihrer selbst willen erzählt, da hört das Interesse an dem Gesetzmäßigen auf; statt „eines Fuchses" handelt und schwatzt in diesem Stadium „der Fuchs", die Verkörperung der Gattung; (...) das didaktische Moment wird fallen gelassen."[29]

Die Frage nach der Berechtigung des *Epimythions* ist in der Geschichte der Fabeltheorie oft gestellt worden, vor allem im Zeitalter der Aufklärung.

Aus *Breitingers* Forderung nach vollkommener Harmonie ergibt sich auch, daß er das Epimythion, die angehängte Lehre, als überflüssig ablehnt. Denn die Erzählung muß als Kleid oder Maske so beschaffen sein, daß der Leser die verborgene Lehre mühelos entdecken kann. Auf keinen Fall aber darf die Lehre am Anfang der Fabel stehen, allenfalls am Ende, damit der Leser seine eigene Entdeckung bestätigt findet. Daß Phädrus die Lehre öfter an den Anfang der Fabel setzt, begründet Breitinger mit dem Hinweis, daß seine Fabeln nicht eigene Erfindungen, sondern als Fabeln Äsops bereits bekannt waren. Ebenso wie Breitinger in der „Critischen Dichtkunst" (1740) betont auch *Triller* in seinen „Poetischen Betrachtungen" (1737), daß die Moral allenfalls an das Ende gehört.

---

[27] Ebd., S. 99.
[28] Ebd., S. 100.
[29] Ebd., S. 99.

Äsop, dem auch La Fontaine folgt, ist das Muster, während Phädrus und Avianus einen Irrweg wählten, wenn sie (teilweise) die Moral an den Anfang setzten. Denn man soll, wie Triller mit de La Motte sagt, auf den Scharfsinn des Lesers vertrauen, der die Moral einer Fabel erkennt, ohne daß man sie ihm vorher sagt.

„Denn es ist eine ausgemachte Sache, daß es ein Hauptfehler einer Fabel, wenn das Morale voransteht; gleich wie es der natürlichen Ordnung einer wohl eingerichteten Gasterei gerade zuwider laufen würde, wenn man den Nachtisch früher herumgeben wollte als die Suppe oder Vorkost. Oder aber an einen Priester mit Recht getadelt werden könnte, wenn er seine Nutzanwendungen oder sogenannten usus eher vortragen wollte, als er den Text selbst noch abgelesen hätte.“[30]

So treffend diese Urteile sind, zeigen sie doch zugleich die rationalistische Verengung, die auch in Lessings Theorie deutlich wird und die mit dazu beigetragen hat, die Fabel als eine moralische Geschichte, als eine Erzählung mit allgemeingültiger und damit mehr oder weniger unverbindlicher Lebensweisheit zu verstehen. Hier liegt das Mißverständnis im Ursprung versteckt. *Bodmer* hat das an der fiktiven Gestalt des Hermann Axels gezeigt.

„Wir haben hier einen Fabulisten, Namens Hermann Axels, der durch die geschiktesten Erfindungen seiner Fabeln, und noch mehr durch die besondere Anwendung derselben ein grosses Aufsehen machet. Er gehet nicht auf Fabeln wie auf Beute loß, damit er, wenn er zwey- oder dreyhundert Stüke zusammengebracht hat, ein Buch daraus mache, und sie unter dem Titel des neuen Aesopus oder Lokmanns der neugierigen Welt mittheile. Er erfindet, er erschaffet seine Fabeln. Man siehet ihn gemeiniglich auf den öffentlichen Zusammenkünften, Spazierplätzen, in den Coffeehäusern, auf Gastgeboten und Hochzeiten; er begiebt sich auch in die Werkstätte der Künstler und Handwerker. (...)
Er darf nicht erst vor oder nach einer Erzehlung sorgfältig anzeigen, was er damit habe anzeigen wollen. Seine Vorstellungen sind auf die Personen, Dinge, und Umstände so geschikt gerichtet, daß niemand seine Meinung verfehlen kann. (...)
Für einen Moralisten hat ihn noch niemand erkennen wollen. Unser moralischer Fabulist schreibt seine Fabeln nicht; er ist daran so reich, daß er, ohne es zu merken, einige verlieren kann; und es ist ihm ein leichtes, den Verlust durch neue zu ersetzen. Indessen haben seine Zuhörer eine Menge derselben im Gedächtnisse behalten, und es steht zu fürchten, daß bald ein ungebetener Verleger der Welt einen Band derselben überliefern werde. (...)

---

[30] D. W. Triller, Poetische Betrachtungen, a.a.O., S. 565.

Hermann Axels wird auch der Gedanke zugelegt, daß man anstatt den Lehrsatz der Fabel mit trokenen Worten auszuzeichnen, mit mehr Anständigkeit in der Aufschrift der Fabel die Gelegenheit erwähnen könnte, bey der sie verfasset worden; welches die lehrreiche Absicht, die man gehabt hat, genugsam entdeken würde."[31]

Erst der Bezug auf die Situation des Hörers macht aus der bildhaften Geschichte eine Fabel, unabhängig davon, ob es die ursprüngliche oder die gegenwärtige Situation des Hörers ist. So gewinnt die Geschichte von den Gliedern des Leibes, die Menenius Agrippa, oder die Geschichte vom geraubten Schäflein, die der Prophet Nathan erzählt, erst Transparenz, Gleichnischarakter durch die Anwendung, d. h. durch den Bezug auf den Aufstand der Plebejer von Rom bzw. auf den Ehebruch von König David.

Hier entsteht eine wesentliche hermeneutische Frage. Ist die Kenntnis der ursprünglichen Situation für das Verständnis einer Fabel notwendig? Zweifellos ist es eine (bisweilen unentbehrliche) Verständnishilfe, wenn ich den ursprünglichen „Sitz im Leben" kenne oder wenigstens das Epimythion habe. Es ist eine Kontrolle für den heutigen Leser, wenn er weiß, auf welche Situation der damalige Sprecher seine bildhafte Rede bezogen hat.

Trotzdem hat Kurt Frör recht. Man braucht bei den Gleichnissen Jesu nicht „um jeden Preis nach der historischen Urgestalt eines Gleichnisses zurückzufragen".[32] Vielfach läßt sich der ursprüngliche „Sitz im Leben" auch nicht mehr ermitteln. Die historische Rückfrage erübrigte sich, wenn der heutige Leser – wie Ingo Baldermann mit Recht betont – „die gleiche Fragesituation zum Ausgangspunkt hätte".[33] Denn dann würden die Hörer „genau den gleichen Weg geführt wie die Hörer damals: Sie erführen die Verfremdung gegenüber ihrer eigenen Situation und würden durch die Folgerichtigkeit im Ablauf des Gleichnisses genötigt, im Sinne Jesu zu urteilen".[34]

Die historische Rückfrage nach dem „Sitz im Leben" einer Fabel kann auch zu einer Gefahr für das richtige Verständnis werden.

---

[31] J. J. Bodmer, Ein Stück in die Geschichte der deutschen Fabeln, in: L. Meyer von Knonau, Neue Fabeln, 3. Aufl., Zürich 1757 (Vorwort ohne Seitenzahl).

[32] Kurt Frör, in: Die Religion in Geschichte und Gegenwart, 2. Bd., 3. Aufl., 1958, Spalte 1620.

[33] Ingo Baldermann, Biblische Didaktik, Hamburg, 2. Aufl., 1964, S. 135.

[34] Ebd.

Dann nämlich, wenn an die Stelle des existentiellen Verständnisses die historische Beschaulichkeit tritt. Es genügt nicht, wenn wir wissen, daß Jesus das Gleichnis vom verlorenen Schaf den Pharisäern und Schriftgelehrten erzählte, die über seine Tischgemeinschaft mit den Zöllnern und Sündern murrten. Und es genügt nicht, wenn ich mir beim Lesen der „Burleske" von Max Frisch Gedanken über die Entstehung des Nationalsozialismus mache. Das Kennen der ursprünglichen Situation kann nicht mehr als ein Ansatz für das richtige Verstehen einer Fabel sein. Richtig verstanden habe ich die Fabel erst, wenn ich sie auf meine konkrete Situation anwende, wenn ich meine eigenen Verhaltensweisen in den Fabelbildern erkenne.

3. Existenz- und Gesellschaftskritik

Die Fabel, die menschliche Eigenschaften, Denkarten und zwischenmenschliche Verhaltensweisen offenbart, ist ihrem Wesen nach existenz- und gesellschaftskritisch. Indem sie die unbequemen Wahrheiten in einen Tierwanst oder in ein anderes buntes Kleid hüllt, kann sie zu einem vorzüglichen Kampfmittel in der politischen, sozialen und religiösen Auseinandersetzung werden. Das gilt für die orientalische und griechisch-römische Fabel ebenso wie für die biblischen Texte.

Die Fabel des Joas (2. Könige 14,9) wendet sich gegen die Überheblichkeit des Königs Amazja. Jothams Fabel (Richter 9,7–15) richtet nicht nur einen scharfen Angriff gegen Abimelech, sondern läßt das Königtum überhaupt als völlig sinnlose und absurde Aufgabe erscheinen. Diese Fabel ist nach Martin Bubers Worten die bitterste Ironie auf das Königtum, die „stärkste antimonarchische Dichtung der Weltliteratur".[35] Der Prophet Nathan kann den König David, den unumschränkten Herrscher und Gerichtsherrn, nicht unmittelbar auf seine Tat – Ehebruch und Mord – ansprechen. Deshalb erzählt er ihm die Geschichte vom geraubten Schäfchen, wählt die Fabel als „Waffe des Schwachen gegenüber dem Mächtigen".[36]

---

[35] Martin Buber, Königtum Gottes, 3. Aufl., Heidelberg 1956, S. 24.
[36] Die Religion in Geschichte und Gegenwart, 2. Bd., 3. Aufl., 1958, Spalte 1615 (G. Fohrer).

Die orientalische Fabelsammlung „Pantschatantra" war, wie Theodor Benfey festgestellt hat, ursprünglich als Lehrbuch der Lebensklugheit und Regierungskunst für Prinzen und Könige geschrieben worden. Die ungewöhnliche Tatsache, daß man für einen *Fürstenspiegel* die Form von Gleichnissen wählte, erklärte Benfey mit der Schutzfunktion der Fabel.

„Hieraus scheint sich auch der *Zweck* des ursprünglichen Buches zu ergeben; es war, wie wir sagen würden, ein „Fürstenspiegel". Daß man für ihn gerade diese Form wählte, wird seine Veranlassung in der orientalischen Sitte gefunden haben: Lehren in die Hüllen von Fabeln zu kleiden, zu welcher der Despotismus des Orients gerade von Königen nicht selten in Wirklichkeit raten mochte."[37]

Äsop, der vermeintliche Ahnherr der Gattung, und Phädrus, der die Fabel in Rom einführte, waren Sklaven. Über Phädrus schreibt der Herausgeber Siebelis: „Als Zweck der Fabel gilt ihm die Belehrung über menschliche Irrtümer und Fehler auf dem heiteren Wege des Scherzes; doch sah er in ihr auch ein passendes Mittel, da auf eine versteckte Weise die Wahrheit zu sagen, wo man es nicht wagen durfte, es offen zu tun."[38] Phädrus hat, wie wir bereits sahen, in einem Brief an Eutychus selbst auf diese Tatsache hingewiesen. Daß der „bedrängte Sklave" Äsop einkleiden mußte, was er nicht offen zu sagen wagte, sieht Phädrus als Ursache für das Entstehen der Fabel und als den Anfang eines Weges, den er nun, nachdem er dem mancipium entkommen konnte, als „Freigelassener" fortsetzen will.

„Des Spruches, den ich einst als Sklave las:
‚Sünd ist's für den Plebejer offen murren',
Will ich, solang' ich klug, gar wohl bedenken."[39]

Friedrich Hegel spricht der Fabel die Substantialität ab und begründet seine Ansicht, daß der tiefere poetische und philosophische Gehalt fehlt, damit, daß Äsop als Sklave seine Lehren nicht offen aussprechen konnte. „Im Sklaven fängt die Prosa an, und so ist auch diese ganze Gattung prosaisch."[40]

---

[37] Pantschatantra, a.a.O., 1. Teil, S. XVI.
[38] Phädrus' Äsopische Fabeln. Deutsch von Joh. Siebelis, a.a.O., S. IX.
[39] Ebd., S. 40.
[40] G. W. F. Hegel, Ästhetik, hg. v. Friedrich Bassenge, 1. Bd., 2. Aufl., Frankfurt/M. o. J., S. 376.

Man kann noch weiter gehen als Hegel in seinen *Vorlesungen über Ästhetik*, die Vollendung und Ende der klassischen deutschen Ästhetik markieren, und sagen, daß auch die sogenannte Moral der Fabel sklavisch ist, eine Antimoral, die sich gegen Macht und Moral in der Hand der Herrschenden richtet. Das Motiv von Wolf und Lamm, das die alten Sammlungen einleitet und über dreitausend Jahre hinweg bis in die Gegenwart lebendig geblieben ist, zeigt das besonders eindrucksvoll.

„Die Fabelmoral ist der Herrenmoral entgegengesetzt", urteilt Arno Schirokauer. „Die Fabel zeigt den Kleinen und Geringen im Tierreich, daß nicht immer die großen Tiere die kleinen verschlingen, daß die Opfer ihrem Schicksal durch allerlei Schliche entgehen können. Die Fabel verlagert die Werte-Sphäre von Würde zu Witz, von Herr zu Schalk. (...) Die Weisheit Äsops ist eine Lebenslehre für Unterjochte, seine Weltklugheit gibt dem Schwachen Handhaben für den Umgang mit Starken."[41]

Von den Großen dieser Erde künden uns die Heldenlieder, nicht aber die Fabeln, die Größe und Macht und ihren Mißbrauch kritisch beleuchten. „Die Idealgestaltung hoher Menschentypen ist der Pflege der Tierfabel und dem in ihr geübten skeptisch-kühlen Blick für die Schwächen der Menschennatur nicht günstig"[42], stellt Schirokauer fest und Theophil Spoerri schreibt: „Die Fabel ist der Komödie verwandt, die auch den Protest der Natur gegen die Verstiegenheiten des Geistes darstellt; sie macht sich lustig über alle, die zu hoch hinaus wollen."[43]

Der Fabeldichter bevorzugt die kleinen Tiere und steht auf ihrer Seite. Wenn das große und mächtige Tier über das kleine und schwache siegt, richtet er den Blick aus der „Froschperspektive" auf diese scheinbar immer siegreiche Macht und Größe. Er zeigt den Wolf aus der Sicht des unschuldigen Lammes (Fabeln von Wolf und Lamm), den Adler aus dem Blick des kleinen Käfers (Äsop: Die Rache des Schwachen), Löwe oder Elefant oder Katze mit den Augen der verfolgten, verachteten, verspotteten Maus (Fabeln von

---

[41] Arno Schirokauer, Die Stellung Äsops in der Literatur des Mittelalters, a.a.O., S. 181 und 180.

[42] Ebd., S. 185.

[43] Theophil Spoerri, Der Aufstand der Fabel, a.a.O., S. 248.

Löwe und Maus, von Elefanten und Mäusen, von Katze und Maus) usw.

Wie im modernen Roman – man denke an „Haus ohne Hüter" (Heinrich Böll), „Die Blechtrommel" (Günter Grass), „Die Riesenzwerge" (Gisela Elsner), um nur einige der bekanntesten Beispiele zu nennen – das Kind als Medium der Gesellschaftskritik erscheint, um aus der „Froschperspektive" politische, religiöse, moralische Verfestigungen und erstarrte Konventionen der kritischen Reflexion freizugeben, so gilt auch für die Fabel die einseitig und polemisch wirkende Feststellung Spoerris: „Die Froschperspektive ist die wahre Basis des Erkennens. Man sieht die Welt, wie sie wirklich ist, nur dann, wenn man sie von unten sieht."[44]

Die Theorie von der gesellschaftskritischen Intention der Fabel, wie sie mit sehr unterschiedlichen Akzenten von Crusius (1913), Schirokauer (1933), Spoerri (1940), Meuli (1954), Dithmar (1974 u. ö.) und anderen vertreten wird, ist innerhalb der Literaturwissenschaft ebenso umstritten wie die Theorie vom „Sitz im Leben" der Fabel.

Umstritten ist ihre Stellung zwischen *Anpassung und Widerstand*,[45] die Frage, ob die Fabel vorwiegend genutzt wird und geeignet ist, „die Position des Establishments zu sanktionieren"[46] und als „Instrument anpassender Sozialisation"[47] zu dienen, oder ob sie die gegebenen Verhältnisse kritisch erkennt und benennt und gegebenenfalls auch Veränderungen zu beeinflussen versucht.

Wie auch immer man diese Fragen im Einzelfall beantworten mag, erkennbar ist zunächst das wachsende Interesse, die gesellschaftliche Funktion der Fabel intensiver als bisher zu erforschen und tradierte Urteile einer kritischen Prüfung zu unterziehen.

Auch wenn man der These von Eugen Thurnher, daß *Bruder Wernher* Begründer einer neuen Gattung der mittelalterlichen Literatur, der politischen Fabel ist, nicht zustimmt, bleibt doch die Feststellung, daß „ein gesellschaftskritisches Verhältnis (...) zum Wesen der Fabel gehört. (...) Dabei ging es nicht um die Lehre

---

[44] Ebd., S. 238.
[45] Klaus Doderer, Fabeln. Formen, Figuren, Lehren, München 1977, S. 115.
[46] Ebd., S. 116.
[47] Erwin Leibfried, Fabel, 4. Aufl., Stuttgart 1982, S. 15.

einer begrenzten Moral, sondern um die Vermittlung der Kraft zur undefinierbaren Daseinsbewältigung. Denn die Fabel will den Menschen nicht gut im Sinne einer Vorschrift, sondern klug zur Meisterung jeder Situation des Lebens machen".[48] Nicht nur die Fabel von Affe und Schildkröte, die wir aus dem Pantschatantra kennen, wird von Bruder Wernher auf den Hohenstaufenkaiser Friedrich II. bezogen, sondern auch die 1235/36 entstandene Fabel von Wolf und Wanderer, deren ursprünglich historischer Bezug auf Kaiser und Fürsten in einer späteren entaktualisierten Fassung fehlt. „Die Fabel bleibt, aber sie hat ihren tieferen Sinn verloren. Die beiden Schlußverse werden zu einer allgemeinen Lebenslehre."[49]

Undeutliche zeitgeschichtliche Bezüge sind auch in den Fabeln des *Marner* von der aufgeblähten Kröte und vom König der Frösche erkennbar.[50]

Die sozialkritischen Intentionen Ulrich *Boners* hat Margot Vollrath in ihrer Dissertation untersucht.[51] Umfassender ist die Studie von Gundolf Schütze, der die Fabeln mit gesellschaftskritischen Elementen des 13. bis 15. Jahrhunderts zusammenstellt und nach ihrem zeitgeschichtlichen Bezug fragt: „an welchen Personenkreis innerhalb der verschiedenen Stände" sie sich richten, auf welche „historischen Begebenheiten" sie sich beziehen, um welche „konkreten Mißstände" es sich handelt, und weshalb „die Fabel als ‚sozialkritische Waffe'" benutzt wird.[52] Die Untersuchung G. Schützes führt u. a. zu dem Ergebnis: „Alle Fabulisten halten mit ihren Dichtungen den Mächtigen einen Spiegel vor und erinnern die führenden Stände an ihre Verantwortung für die von ihnen

---

[48] Eugen Thurnher, Die Tierfabel als Waffe politischen Kampfes. Zur Deutung der Fabelsprüche des Bruder Wernher. In: Römische historische Mitteilungen. Hg. v. Österreichischen Kulturinstitut in Rom und der Österreichischen Akademie der Wissenschaften, 18. Heft, Rom–Wien 1976, S. 55f.

[49] Ebd., S. 63.

[50] Vgl. Ulrich Müller, Untersuchungen zur politischen Lyrik des deutschen Mittelalters, Göppingen 1974, S. 512–519.

[51] Margot Vollrath, Die Moral der Fabeln im 13. und 14. Jahrhundert in ihrer Beziehung zu den gesellschaftlichen Verhältnissen, unter besonderer Berücksichtigung von Boners „Edelstein". Diss. phil. Jena 1966 (masch.).

[52] Gundolf Schütze, Gesellschaftskritische Tendenzen in deutschen Tierfabeln des 13. bis 15. Jahrhunderts, Frankfurt/Main 1973, S. 23.

Abhängigen. So wollen sie auf die oberen Stände einwirken, damit sie bereitwilliger die sozialen Spannungen zwischen den Ständen abbauen."[53]

Luthers pädagogisch intendierte Äsop-Bearbeitung mußte fragmentarisch bleiben. Bei der Arbeit an den Texten geriet er, wie die Handschriften zeigen, nicht nur in die Gefahr der Vermischung der Reiche, sondern formulierte auch politisch scharfe Epimythien, die seiner Intention, daß die Jugend „mit Fabeln und Merlin leichtlich bewegt" und „mit lust und liebe zu Kunst und Weisheit" geführt werde, widersprachen. In der ebenfalls 1530 auf der Coburg geschriebenen Vorrede dachte Luther bisweilen weniger an die Jugend und den für sie „gereinigten" Äsop – obwohl auch er u. a. zur „Warnung" gegenüber der „Oberkeit" und den „bösen Leuten in der falschen argen Welt" dienen sollte – als an die – sicher auch an die zu dieser Zeit auf dem Augsburger Reichstag, dem Luther schweren Herzens fernbleiben mußte, tagenden – „grossen Fürsten und Herrn" und hoffte, daß ihnen beim Lesen der Fabeln (von Wolf, Bär, Löwe, Fuchs) „der Schweis möchte ausbrechen".

Im politisch-religiösen Kampf wird die Fabel nicht nur von Luther selbst, sondern u. a. auch von Burkard Waldis und Erasmus Alberus genutzt. Beide wurden zu aktiven Wegbereitern des Neuen und scharfen Streitern gegen die alte Kirche. In der *Parabel vom Verlorenen Sohn* (1527) wird Lukas 15 nicht mehr nach alter, sondern nach der neuen Lehre ausgelegt. Eigenwillig und nicht ohne Polemik ist, daß in diesem Parabelstück des Burkard Waldis der daheim gebliebene Sohn als Repräsentant der alten Kirche erscheint.

Eine kritische Auseinandersetzung mit dem Papst und der Kirche, dem Ablaß, dem Klosterleben finden wir in den Fabelsammlungen beider Dichter, bei Alberus – neben den vielen Anspielungen und Exkursen in den anderen Fabeln – vor allem in den beiden Texten „Vom Bapstesel" und „Von einem Frosch und Fuchs".[54]

---

[53] Ebd., S. 138.

[54] Die Fabeln des Erasmus Alberus. Abdruck der Ausgabe von 1550 mit den Abweichungen der ursprünglichen Fassung, hg. v. Wilhelm Braune, Halle 1892, S. 141 und 171.

Waldis richtet – besonders im IV. Buch des *Esopus* – scharfe Angriffe gegen den Mißbrauch der Beichte[55] und gegen den Ablaß.[56] Er wendet sich in einer bisweilen sehr groben und derb glossierenden Art gegen „Papisten“ und „Pfaffen“.[57]

Daß auch Luther die Fabel in den Dienst des reformatorischen Kampfes stellt, zeigt besonders deutlich die „neue Fabel Äsopi vom Löwen und Esel“ (1528), die sehr bekannt und beliebt war und immer wieder neu bearbeitet und umgedichtet wurde.[58]

Sie ist keine Fabel im strengen Sinn. Formal verwandt ist sie der Fabel in *Schillers* „Fiesko“, der Geschichte von der Königswahl der Tiere, die Fiesko den Bürgern von Genua erzählt. August Hausrath, ein Kenner der antiken Fabel, urteilt treffend: „Schiller erkannte das revolutionäre Pathos der alten Volksfabel und gab ihr im Fiesko (II,8) die alte Rolle als wirksames Mittel im politischen Kampf zurück.“[59]

Zu den vielen Dichtern die das Thema von der Königswahl der Tiere aufgegriffen haben, gehört auch Heinrich *Heine*. Seine Fabel „Die Wahl-Esel“[60] enthält brillante Spitzen gegen Nationalismus, Spießertum und Restauration. Das Ende, daß der gewählte Esel „stumm und hochbeglückt“ mit dem Schwanz wedelt, erinnert an die Schlußpointe von Luthers Fabel. Der „Sitz im Leben“ dieser Fabel wird deutlich: Die schwarz-rot-goldnen Esel „trabten täglich frisch-fromm-fröhlich-frei mit ihren Säcken zu Mühle“. Die Verbindung von Aktualität und Zeitlosigkeit zeigt sich u. a. in der Strophe:

> „Und weil ich ein Esel, so rat’ ich euch,
> Den Esel zum König zu wählen;
> Wir stiften das große Eselreich,
> Wo nur die Esel befehlen.“

---

55 Esopus. Von Burchard Waldis, hg. v. Julius Tittmann, 2 Teile, Leipzig 1882, IV. Buch, S. 190 u. ö.

56 Ebd., II. Buch, S. 260; IV. Buch, S. 164 u. ö.

57 Ebd., II. Buch, S. 230; III. Buch, S. 125; IV. Buch, S. 130, 184, 195, 230, 237 u. ö.

58 Vgl. Deutsche Literatur in Entwicklungsreihen. Reihe Reformation (Reihe 9), Bd. 4: Lied-, Spruch- und Fabeldichtung im Dienste der Reformation, hg. v. A. E. Berger und G. Pfannmüller, Leipzig 1938, S. 77ff.

59 Aesopische Fabeln, dt. v. A. Hausrath, München 1940, S. 144.

60 Heinrich Heines sämtliche Werke, hg. v. E. Elster, Bd. 2, S. 196.

Gesellschaftskritisch ist die Fabel vielfach auch dort, wo der Leser einer späteren Zeit nur harmloses Vergnügen und unverbindliche Lebensweisheit vermutet. *La Fontaines* Werk, das den Höhepunkt der Fabeldichtung im 17. Jahrhundert bildet, zeigt das sehr deutlich. Die „lustige Schwatzhaftigkeit" (Lessing) erweist sich bei einer Untersuchung der Fabeln im historisch-politischen Kontext vielfach als scharfe Zeitkritik. „La Fontaines zwölf Bücher voll Fabeln bilden einen einzigen schauerlichen Triumphzug der Mordgier und Arglist, obgleich alles mit der heitersten Laune vorgetragen wird."[61]

Theophil Spoerri, der seine Abhandlung über La Fontaine unter den Titel „Der Aufstand der Fabel" gestellt hat, schreibt:

> „Es kommt uns immer deutlicher zum Bewußtsein, was der Aufstand der Fabel bedeutet. Wir waren gewohnt, sie als ein harmloses Feuerwerk zu betrachten, das La Fontaine mit großer Kunst zur Ergötzung von jung und alt spielen läßt. Nun wird es vor unsern Augen zum Feuerbrand, der aus den Kellergewölben der Paläste aufsteigt und verheerend zu den hohen Prunksälen hinauszüngelt. Wir stehen an einer Wende der Zeiten. Die Epoche der großen Formen ist zu Ende. Die Könige und Helden haben ausgespielt. (...) Nach langer Unterdrückung erhebt sich das Volk, und in elementarem Ausbruch verwandelt es Literatur in blutige Realität. (...) Die Stimme der unteren Stände, die durch die Tiermasken La Fontaines ertönte, wird immer lauter. Das Ancien Régime zerbröckelt. Die Revolution steht vor der Tür."[62]

Diesen revolutionären Ton finden wir in Deutschland im Jahrhundert der Aufklärung vor allem bei Gottlied Conrad *Pfeffel*, der die Macht und den Mißbrauch der Macht in zahlreichen Variationen oft und scharf darstellt. Der Mächtige wird als gepanzerter und brüllender „Gigant" oder als „Monstrum" bezeichnet, als „Korsar" oder als „Bandit".[63] Dem „treuen Knecht" und „Patrioten", der sich nach dem Vorbild des Königs richtet, bricht der Monarch „knacks das Bein".[64] Die doppelte Moral wird angeprangert. Was beim Untertanen „Mord" heißt und mit dem Tod bestraft wird, ist

---

[61] Dolf Sternberger, Figuren der Fabel, Berlin und Frankfurt 1950, S. 22.

[62] Theophil Spoerri, Der Aufstand der Fabel. Nachwort zu: La Fontaine, Hundert Fabeln. Übertragen von H. Hinderberger und N. O. Scarpi, Zürich 1965, S. 223–268; hier: S. 231f. und S. 267.

[63] Fabeln und poetische Erzählungen von Gottl. Conr. Pfeffel, in Auswahl hg. v. H. Hauff, 2 Bde., Stuttgart und Tübingen 1840, S. 140 („Das Rhinoceros und die Gazelle"), S. 145 („Die Giraffe"), S. 120 („Der Wiesel und die Maus"), S. 442 („Der Fuchs und der Esel").

[64] Ebd., S. 315 („Der Affe und der Löwe").

beim König gerechtfertigt.[65] Es gibt kein Bündnis mit der Macht; denn nicht nur der Schmeichler, sondern auch der Unschuldige, der auf die Ehrlichkeit des Mächtigen vertraut, wird enttäuscht. So lautet die Moral der Fabel von Wiesel und Maus:[66]

„Gestatten mächtige Korsaren
Der schwachen Unschuld ihren Schutz,
So tun sie's bloß aus Eigennutz
Und um zum Nachtisch sie zu sparen."

Sozialkritsch ist die Fabel, wie wir gesehen haben, bis heute geblieben. Die existenz- und gesellschaftskritische Intention, die meist nicht voneinander getrennt werden kann, hat der Gattung die Lebendigkeit und Aktualität bewahrt.

Daß sich mit den alten Fabeltieren von Katze und Maus selbst die modernen Auseinandersetzungen zwischen Polizei und Studenten veranschaulichen lassen, zeigt die auf den Tod von Benno Ohnesorg bezogene Fabel von Rainer Rochlitz.[67]

„Versehentlich ist gestern nacht
fahrlässig, wie bereits gemeldet,
eine Maus, die allerdings,
nach letzten Agenturberichten,
eine Katze Mörder schimpfte,
totgebissen und gefressen worden.

Mäuse, die entrüstet sind,
können heute öffentlich
ihre Sympathie kundgeben,
Ausschreitungen zu verhindern,
und zum Schutze der Demonstranten
steht ein Katzencorps bereit.

Unbeteiligte sind angehalten,
den Verkehr nicht aufzuhalten;
lachen sie ruhig en passant ein bißchen
über die struppigen Mäusegestalten;
sollten sie Radau befürchten,

---

65 Ebd., S. 49 („Der Adler und der Weih").

66 Ebd., S. 120.

67 Unter dem Titel „Fabel" abgedruckt in der ZEIT No. 33/1967. Vgl. auch die 1967 und 1969 im „Spiegel" und den „Nürnberger Nachrichten" erschienenen und von Klaus Doderer (1977, 136f.) nachgedruckten Fabeln aus der Tschechoslowakei. Vgl. auch: Wolf-Dieter Zimmermann, Der unrasierte Igel. Fabeln veranschaulichen Alltagsprobleme der Menschen in der DDR. In: Berliner Sonntagsblatt v. 23. 1. 1977.

keine Angst, wir sorgen schon,
daß die Kleinen
ihre Schnäuzchen halten".

Rainer Rochlitz bedient sich der alten Mittel der Fabel und schreibt zugleich im modernen dokumentarischen Stil. Wenn er das in der Fabeldichtung beliebte Gespann von Katze und Maus wählt, bringt er ironisch die Zwangsläufigkeit des Geschehens zum Ausdruck. Wie es zum Wesen der Katze gehört, daß sie Mäuse frißt, so gehört es zum Wesen des Polizeistaates ...

Die Worte „versehentlich" und „fahrlässig" scheinen nicht in das Bild zu passen. Für die Sache, die das Bild meint, sind sie treffend und von beißender Ironie. Das gilt entsprechend für den Hinweis, daß Empörung und Sympathiekundgebung erlaubt sind, daß zugleich das Lachen über die Demonstranten, die „struppigen Mäusegestalten" empfohlen wird. Dem entspricht die Schlußpointe der Fabel: ein Katzencorps sorgt dafür, „daß die Kleinen ihre Schnäuzchen halten".

Die in den alten Sammlungen erste oder, nach der Meta-Fabel von Hahn und Perle, zweite Fabel endet bei Luther: „Der wellt lauff ist, Wer frum sein wil, der mus leiden, solt man eine sache vom alten zaun brechen, Denn Gewalt gehet fur Recht, Wenn man dem hunde zu wil, so hat er das ledder gefressen, Wenn der wolff wil, so ist das lamb unrecht."

Wie wir bereits gesehen haben, verschärft Luther das Epimythion Steinhöwels, der seine lateinische Vorlage („Fabula significat, quod apud improbos calumniatores ratio et veritas non habent.") folgendermaßen übersetzt: „Mit diser fabel will Esopus bezaigen, daz by bösen und untrüwen anklegern vernunft und warhait kain statt finden mag; söliche wolf fint man in allen stetten."

Die Sicht des Humanisten Steinhöwel ist, wie wir festgestellt hatten, differenzierter als die Luthers. Trotzdem ist Luthers „Lere" ebensowenig resignativ oder affirmativ wie die anderen Fassungen dieses Motivs, die veranschaulichen wollen: So ist zwar der Lauf der Welt, aber das darf nicht so sein und sollte nicht so bleiben.

„Den Lauf der Welt zeigt also die Fabel, das ist ihre erste und allgemeinste Lehre. Nicht freilich, als ob er unwidersprechlich und irreparabel wäre. Sondern indem wir ihn erkennen, indem eben die Fabel ihn uns anzuschauen und zu erkennen gibt, treten wir ja schon heraus, begreifen ein Stück davon und können seiner mächtig werden."[68] Diese treffende Feststellung Sternbergers deutet einen weiteren Gedanken an. Unabhängig von der Realität und von den Möglichkeiten und der Bereitschaft zur Veränderung ist die Einsicht und realistische Einschätzung der Wirklichkeit Voraussetzung für ihre existentielle Bewältigung.

Die gewünschte Veränderung der Verhältnisse wird selten so ausgesprochen wie von Lessing im Epimythion der Fabel von Fuchs und Rabe: „Möchtet ihr euch nie etwas anderes als Gift erloben, verdammte Schmeichler!" Wenn die Fabel, nicht nur die von Wolf und Lamm, im Bildteil den „Lauf der Welt" zeigt, so nicht, damit wir uns damit abfinden. Das wäre, wie Herder treffend urteilt, eine Fabelmoral, die alle Moral aufheben würde.

Fabeln haben argumentativen Charakter, das Urteil des Hörers wird provoziert. Sie sind *problematisch* in dem von Emil Staiger gemeinten Sinn, „indem wir den Ausdruck ‚Problem' in seiner eigentlichen Bedeutung verstehen, wonach er das Vorgeworfene meint, das der Werfende in der Bewegung einholen muß. (...) Zu diesem Vorwurf muß ein Ausgangspunkt der Bewegung gegeben sein. Das Gedicht durchmißt die gerade Linie vom Ausgangspunkt zum Ziel".[69]

Als Beispiel wählt Staiger Lessings 17. Fabel des ersten Buches („Die Sperlinge"). Der Gedanke der Zweckmäßigkeit ist der Vorwurf dieser Fabel, die die Spannung zwischen Schönheit und Nutzwert zeigt, zwischen denen, die um der Schönheit willen bauen, und denen, die nur die Zweckmäßigkeit im Blick haben und von dieser Sicht aus die Schönheit verurteilen.

Den argumentativen Charakter zeigt auch die Frage am Anfang oder am Ende vieler Gleichnisse Jesu („Was meint ihr?" „Wer unter euch ...?"), die eine Antwort des Hörers verlangt. „Ein Urteil *überhaupt* wird natürlich durch *alle* Gleichnisse herausgefordert, und der argumentative Charakter kommt in der Form ja, wie gezeigt, oft zum Ausdruck."[70] So schreibt Rudolf Bultmann und stellt zugleich mit Recht fest: „Wichtig ist endlich zu beobachten, wofür und wie ein Urteil des Hörers provoziert wird."[71]

---

[68] Dolf Sternberger, Figuren der Fabel, Berlin 1950, S. 21.

[69] Emil Staiger, Grundbegriffe der Poetik, Zürich und Freiburg, 7. Aufl., 1966, S. 160.

[70] Rudolf Bultmann, Die Geschichte der synoptischen Tradition, 3. Aufl., Göttingen 1957, S. 208.

[71] Ebd., S. 207.

An der Erzählung von den Gliedern des Leibes kann man einen weiteren Grundzug der Fabel zeigen. Im Kleinen Organon für das Theater (§ 42) schreibt Bert Brecht: „Eine verfremdende Abbildung ist eine solche, die den Gegenstand zwar erkennen, ihn aber doch zugleich fremd erscheinen läßt!“

Menenius Agrippa bietet den Plebejern von Rom die Möglichkeit, die Streitfrage und damit auch ihr eigenes Verhalten aus der Distanz zu beurteilen, dadurch in einem neuen Licht zu sehen, zu überprüfen und zu ändern.

Deutlicher noch erkennt man die Distanzhaltung, die Verfremdung als Grundzug der Fabel am Beispiel der alttestamentlichen Nathan-Parabel.

Ungerufen erscheint der Prophet am Hof, um dem König und Richter (nach göttlicher Ordnung) einen Rechtsfall vorzutragen. David weiß nicht, daß diese Geschichte in Zusammenhang steht mit seiner eigenen Tat, die über ein Jahr zurückliegt und vergessen scheint. Er fällt über den, der im Überfluß lebte und dem Mitmenschen das Letzte und Liebste raubte, seinen harten Spruch: Wiedergutmachung des Schadens vierfach und Tod des Übeltäters. Indem der König den Mann der Geschichte verurteilt, hat er sein eigenes Verhalten beurteilt, über sich selbst den göttlichen Richterspruch gefällt. Jetzt gibt der Prophet das Narrengewand preis. „Da sprach Nathan zu David: Du bist der Mann!“ (2. Samuel 12,7)

Diese Art, einen Menschen zur Selbsterkenntnis zu führen, hat Johann Jacob Breitinger als den Kunstgriff des Sokrates bezeichnet und als Beispiel Hagedorns Fabel „Das geraubte Schäfgen“, eine Nachdichtung der alttestamentlichen Parabel, gewählt. „Daraus kann man nun gar deutlich sehen, wie die Fabel geschickt sey, die Menschen ganz unvermerckt und gleichsam wider Willen auf ihr eigen Thun und Lassen aufmercksam zu machen, und ihnen einen unpartheyischen Richter-Spruch wider sich selbst abzunöthigen.“[72]

Dieses Doppelte der Fabel – daß man fremdes Verhalten distanziert beurteilen kann („der Mann, der das getan hat“) und es dann als das eigene erkennen muß („Du bist der Mann!“) – hat Max

---

[72] J. J. Breitinger, Critische Dichtkunst, a.a.O., 1. Bd., S. 182.
[73] Max Frisch, Tagebuch 1946–1949, Ffm. 1965, S. 180.

Frisch in der „Burleske" besonders konsequent gestaltet.[73] Nicht vom Herrn Biedermann, der sich als der Biedermann in uns erweist, wird gesprochen, wie in der Schauspiel- und Hörspielfassung, sondern vom „du":

> „Eines Morgens kommt ein Mann, ein Unbekannter, und du kannst nicht umhin, du gibst ihm eine Suppe und ein Brot dazu."

Das wird durchgeführt bis zum Ende der Erzählung:

> „Du sagst dir mit Recht, daß ein Brandstifter, ein wirklicher, besser ausgerüstet wäre, und gäbst auch das, ein Heftlein mit gelben Streichhölzern, und am anderen Morgen, siehe da, bist du verkohlt und kannst dich nicht einmal über deine Geschichte verwundern ..."

Einerseits bleibt die Distanz; denn dem Leser ist diese bildhafte Erzählung über sich selbst eine fremde Geschichte. Zugleich wird er jedoch durch das „du" aus der Distanz herausgeholt. Er erkennt gleich den Spiegelbildcharakter der Geschichte, erkennt, daß es seine eigene ist. Die in der Fabel sonst meist übliche Reihenfolge von Bildteil und Sachteil (Epimythion) wird aufgehoben. Durch das „du" verbinden sich Bild und Sache, distanzierte Betrachtung und Bezug zum Leser vom ersten Satz der Erzählung.

Auf die Bedeutung der Distanzhaltung hat besonders die moderne Theologie in ihren Untersuchungen der Gleichnisse Jesu hingewiesen. „Die Hauptsache ist also in der Analogie das Distanz-Gewinnen, um besser hinsehen oder würdigen zu können", schreibt Ernst Fuchs in seiner *Hermeneutik.*[74] Ähnlich urteilt Eta Linnemann in ihrer Dissertation über die Gleichnisse Jesu. „Unsere Zustimmung zu dem Gleichnis bedeutet, daß wir mit uns selbst in Widerspruch geraten sind. Aber das Gleichnis macht nicht nur diesen Widerspruch offenbar, es kann uns auch helfen, ihn zu überwinden. (...) Dort ist die Wahrheit, uns voraus – das haben wir ja durch unsere unwillkürliche Zustimmung selber zugegeben. Nun müssen wir nach, mit unserem Leben dieser Wahrheit entsprechen – oder wir müßten für unser Leben auf die Wahrheit verzichten."[75] Und Ingo Baldermann schreibt in seiner *Biblischen Didaktik:* „Wir sprechen, wenn wir dieses seltsame Distanznehmen von der eigenen Existenz bezeichnen wollen, vom Gewissen."[76]

---

[74] Ernst Fuchs, Hermeneutik, Bad Cannstatt 1954, S. 214.

[75] Eta Linnemann, Gleichnisse Jesu, Göttingen, 4. Aufl., 1966, S. 118f. (vgl. auch S. 38ff. und die Theorie der Verschränkung, S. 35f.).

[76] Ingo Baldermann, Biblische Didaktik, Hamburg, 2. Aufl., 1964, S. 132.

XV. Fabeln im Unterricht

1. Rückblick

Die Bedeutung der Fabel für den Unterricht läßt sich bis zu den frühesten Texten zurückverfolgen. So ist, wie wir gesehen haben, der vielleicht älteste Beleg der ägyptischen Fabel, der „Streit zwischen Leib und Kopf" (um 1100 v. Chr.), als bruchstückhafter Text auf einer Schülertafel überliefert.[1]

Dem Unterricht der antiken Rhetorenschulen bot die Fabel vielfältige Möglichkeiten. Sie war ein beliebter Stoff zum Auswendiglernen und diente der sprachlichen Arbeit. Indem die Schüler den Text umformen, verkürzen und erweitern mußten, sollten sie zugleich auch auf diese Weise zur eigenen Komposition und Erfindung angeregt werden. Bisweilen versuchten die Schüler den Bezug zu einem historischen Ereignis herzustellen.

Wie im Unterricht – damals wie heute – bisweilen Fabeln entgegen ihrer ursprünglichen Intention moralisiert werden, zeigt das Motiv von Grille und Ameise, mit dem man die Schüler zum Fleiß anspornen wollte.

Schon im 3. Jahrhundert wurden Fabeln des *Babrios,* der zu dem in den beiden Proömien angesprochenen Fürstensohn Branchos vermutlich im Verhältnis eines Lehrers stand, in Schulanthologien aufgenommen. „Die Elementarlehrer und Rhetoren übten bis tief ins Mittelalter hinein sich und ihre Schüler im Paraphrasieren, Verkürzen und Umbilden babrianischer Vorlagen."[2]

Die Fabelsammlung des *Avianus,* der später in den Klosterschulen des Mittelalters als Klassiker galt, wurde ebenfalls im Unterricht der antiken Kaiserzeit als Schulbuch benutzt. „Dem Bedürfnis der Schule trug man zunächst Rechnung durch den Zusatz neuer Pro-

---

[1] Vgl. Emma Brunner-Traut, Altägyptische Tiergeschichte und Fabel, 6. Aufl., Darmstadt 1980, S. 41.

[2] Realencyklopädie der classischen Altertumswissenschaften, hg. v. Pauly-Wissowa 2/2, Sp. 2666.

mythien und Epimythien, die sich (...) mit Sicherheit als secundär erweisen lassen."[3]

Für Sprach- und Rezitationsübungen genutzt und teilweise auch mißbraucht wurde die Fabel von ihren Anfängen bis zur Gegenwart.

In den Lateinschulen des Mittelalters lernten die Schüler an der Fabel lesen und schreiben, übten ihr Gedächtnis und ihre Ausdrucksfähigkeit. Johann Geiler von Kaisersberg urteilt in einer Predigt über eine Fabel: „Dise gleichnuß ist nit zuo verwerffen, sy ist guot, die leerer brauchen sy vil."[4]

Von besonderer Bedeutung war die Fabel auch im Unterricht des 16. Jahrhunderts, der zunächst an die Tradition der mittelalterlichen Lateinschule anknüpfen konnte und durch Steinhöwels Übersetzung neue Möglichkeiten gewann.

Luthers pädagogisch motivierte Äsop-Bearbeitung blieb zwar Fragment und wurde trotz der Bemühungen Melanchthons von dem Reformator nach seinem Aufenthalt auf der Coburg nicht mehr fortgesetzt, erschien auch erst nach Luthers Tod im Druck. Aber andere und pädagogisch besser konzipierte Fabelsammlungen wurden, ebenfalls unter dem Einfluß des Praeceptors Germaniae, verfaßt und im Unterricht wirksam.

Joachim Camerarius (1500–1574), ein Schüler (und Biograph) Philipp Melanchthons und Professor für klassische Philologie, gab 1545 eine lateinische Sammlung von 289 der bekanntesten äsopischen Fabeln für den Schulgebrauch heraus. Das Werk *Fabellae Aesopicae quaedam notiores et in scolis usitatae (...) Ad usum studiorum puerilium* war zwei Jahrhunderte für die Behandlung der Fabel in der Schule von wesentlicher Bedeutung und erreichte bis zum Ende des 18. Jahrhunderts fast 40 Auflagen.

In seiner Vorrede zur Ausgabe von 1550 räumt Philipp Melanchthon (CR 7, 561–564)[5] ebenso wie bereits in seiner Schrift „De utilitate fabularum" (CR 11, 116–120) von 1526 der Fabel eine

---

[3] Pauly-Wissowa 2/2, Sp. 2377.

[4] Zitiert nach: Ludwig Mader, Antike Fabeln, Zürich 1951, S. 14.

[5] Die drei in diesem Zusammenhang wichtigen Schriften Melanchthons zitiere ich nach der CR: Corpus Reformatorum, ed. C. G. Brettschneider, Halis Saxonum 1840 (Bd. 7) und 1843 (Bd. 11); Bd. 26, ed. C. G. Brettschneider / H. E. Bindseil, Brunsvigae 1858.

bevorzugte Stellung ein und empfiehlt sie in den Schulordnungen für Eisleben (1525) und Herzfeld (1538). Denn sie fördern die Charaktererziehung, schärft das Urteilsvermögen des Schülers und dient dem Verständnis der Heiligen Schrift. Im „Unterricht der Visitatoren“ (1528), von Melanchthon verfaßt und von Luther mit einer Vorrede versehen, wird eine Aufteilung der Schüler in drei Leistungsgruppen empfohlen. Dem zweiten „hauffen“, der mittleren Gruppe mit Schülern, die bereits lesen können und nun Grammatik lernen, soll der Lehrer „auslegen die fabulas Esopi erstlich“ (CR 26, 92/WA 26, 237).[6] Am nächsten Tag „sollen die kinder den Esopum widder exponiren. Dabey soll der Preceptor etliche nomina und verba declinieren, nach gelegenheit der kinder viel odder wenig, leichte oder schwere, und fragen auch die Kinder regel und ursach solcher declination.

Wenn auch die kinder haben regula Constructionum gelernet, sol man auff diese Stunde foddern, das sie, wie mans nennet, Construirn, Welchs sehr fruchtbar ist, und doch von wenigen geübt wird.

Wenn nu die kinder Esopum auff diese weise gelernet, sol man yhnen Terentium fürgeben, Welchen sie auch auswendig lernen sollen, Denn sie nu gewachssen, und mehr erbeit zutragen vermügen. Doch soll der schulmeister vleis haben, das die kinder nicht uberladen werden.“ (CR 26, 92 / WA 26, 238).

Der letzte der drei Gründe, derentwegen Melanchthon die Fabel für den Unterricht empfiehlt, tritt im Zeitalter der Aufklärung verständlicherweise zurück, obwohl auch im 18. Jahrhundert noch bei einigen Fabeldichtern ein Bezug zur christlichen Unterweisung erkennbar ist.

An zentraler Stelle steht nun die Vernunft, die den Menschen zur Einsicht und Besserung führt. Das unbegrenzte Vertrauen auf den Sieg der Wahrheit, das uns bei den Fabeldichtern des 18. Jahrhunderts begegnet, beruht auf dem Glauben an die Macht der Vernunft, über alle Grenzen von jung und alt, von hoch und niedrig hinweg. Eindrucksvoll sichtbar wird das bereits in den Kupfertiteln, die am Anfang dieser Fabelsammlungen stehen.

---

[6] Der „Unterricht der Visitatoren“ (CR 26, 41–95) ist abgedruckt auch in der Weimarer Lutherausgabe (WA 26, 175–240).

Neben dem Verständnis der Heiligen Schrift dient die Fabel nach dem Urteil Melanchthons, wie wir gesehen haben, der Charaktererziehung und stärkt das Urteilsvermögen. Diese beiden Gesichtspunkte gelten auch im Jahrhundert der Aufklärung.

Johann Jacob Breitinger fragt in der „Critischen Dichtkunst“ (1840), warum die Fabel so beliebt sei, und zählt einige auch für die Behandlung der Fabel im Unterricht wichtige Gründe auf. Die Fabel weckt mit der Erzählung unsere *Neugier.* Sie appelliert an das *Pflichtbewußtsein* und kommt unserer *Tadelsucht* entgegen. Sie reizt den *Scharfsinn* und fördert die *Reflexion* über sich selbst.

Das Bemühen, den Schülern „gleichsam mit der Muttermilch die so höchstnöthige Moral einzuflößen“, wie es in der für die Schule zubereiteten Fabelsammlung „Esopi Lebn und auserlesene Fabeln mit deutlichen Erklärungen, nützlichen Tugend-Lehren, und hierzu dienlichen Kupfern. Alles nach dem Begriff der lieben Jugend eingerichtet“ von 1747 heißt, dieses Bemühen reicht, wie das Zitat verrät, bis in die Antike zurück und ist bis in die Gegenwart zumindest als Gefahr lebendig geblieben und führt bei der Behandlung der Fabel im Unterricht zur affirmativen Verfälschung der parabolischen Rede.

So wurde – um es an einem Beispiel zu konkretisieren – die Fabel von der *Grille und Ameise* (bereits in der Antike moralisch mißbraucht, um die Schüler zum Fleiße anzustacheln) groteskerweise ausgerechnet in der berühmten Fassung La Fontaines, mit der den Transfer eindeutig darstellenden meisterhaften Illustration von Doré, entgegen der Intention des Dichters in zahlreichen unterrichtspraktischen Analysen der Bundesrepublik zur Sparkassenreklame[7] und in denen der DDR zum Kampfruf gegen kapitalistische Vergnügungssucht[8] verfälscht. Hier soll sie dem „Faulpelz“[9] und dort den „gesellschaftsfeindlichen Nichtstuern“[10] als Warnung dienen. Den Spruch „Wer nicht arbeitet, soll auch nicht essen“ liest man als vermeintliches fabula docet an den Schultafeln in West und

---

[7] Vgl. R. Dithmar, Das unpolitische Verständnis der Fabel in der Literaturdidaktik. In: Blätter für den Deutschlehrer 1971, S. 112–119.

[8] Vgl. u. a. Deutschunterricht (Verlag Volk und Wissen) 1970, S. 52–55, und 1971, S. 22–25.

[9] Paul Nentwig, Dichtung im Unterricht, Braunschweig 1962, S. 318.

[10] Deutschunterricht 1970, S. 54.

Ost, bisweilen gleich zu Beginn des Unterrichts,[11] um den Schülern das eigene Nachdenken über diese Fabel als vermeintlicher „Ausdruck redlichen Bürgersinns“[12] zu ersparen.

Dorés Illustration zu La Fontaines „Grille und Ameise“ aus:
La Fontaine, Hundert Fabeln. Übertragen von H. Hinderberger und N. O. Scarpi, Zürich: Manesse 1965, S. 133

„Nun forderte ich die Schüler auf, die Moral zu formulieren. Sie nannten das Sprichwort an der Tafel. Sie erfuhren, daß La Fontaine im 17. Jahrhundert lebte. Sie rechneten aus, wie lange diese gerechte Forderung besteht. Ohne besondere Anregung ergänzten die Schüler, daß die Forderung des Sprichworts bei uns erfüllt ist.“[13]

Rousseaus Klage über diese „schreckliche Lehre für Kinder“, da ein geiziges Kind „das hassenswerteste aller Ungeheuer“ sei, klingt uns im Ohr. Rousseau meinte das gefährliche Mißverständnis des Kindes, das sich die Ameise zum Vorbild wählt, und noch nicht die ideologische Verfälschung der Pädagogen.

[11] Deutschunterricht 1971, S. 23.
[12] Deutschunterricht 1970, S. 54.
[13] Deutschunterricht 1971, S. 23.

2. Analogie contra Reduktion und die Altersfrage

Die intensiv und – bedingt vor allem durch die unterschiedliche Erfahrung in den verschiedenen Schularten und außerhalb der Schule – kontrovers geführte Diskussion um die *Altersfrage*, die sich zwischen den Ansichten, daß Fabeln bereits im Vorschulalter (Klaus Doderer) oder erst im 7. bzw. 8. Schuljahr (Paul Nentwig bzw. Erika Essen) behandelt werden können[14], bewegt, gewinnt eine neue Blickrichtung, wenn man die Forderung nach *Abstraktionsfähigkeit* einer kritischen Prüfung unterzieht.

Die Vorstellung von der zum Verständnis der Fabel notwendigen Abstraktionsfähigkeit ist orientiert an der Theorie vom *Principium der Reduction*, die Lessing im Zusammenhang mit der Frage nach dem heuristischen Nutzen entfaltet. Aber die Fabel spricht auch (vielleicht sogar gerade) den zur Abstraktion nicht oder noch nicht fähigen Schüler an. Denn er soll nicht einen moralischen oder irgendeinen anderen Satz ableiten, sondern die Fabel in ihrer ganzen Fülle und Dramatik aufnehmen, das Bild in seiner vollen Anschaulichkeit einwirken und haften lassen.

Sobald er den Tierwanst, das bunte Kleid als literarisches Mittel erkennt und den Spiegelbildcharakter der Fabel, gewinnt er Freude bei der Behandlung im Unterricht, da, wie Klaus Doderer bestätigt, „die Fabelgeschichte – auch bei den Kleinen – die Reflexion geradezu provoziert".[15] Der Reiz des Findens, das Bemühen, passende Situationen zu suchen, auf die sich die jeweilige Fabel beziehen läßt, ist bei Grundschülern nicht geringer als bei älteren. Auch die existentielle Härte einer Fabel schadet nicht. Denn die Schüler erleben sie in der Wirklichkeit und sollten im Unterricht darauf vorbereitet werden.

Ein hervorragender Kenner der Religionspädagogik schreibt über die Behandlung der neutestamentlichen Gleichnisse in der Primarstufe: „Der eigentliche neuralgische Punkt bleibt noch längere Zeit der für das Kind besonders schwierige Übergang vom Bild zur Sache. Auf diesen Punkt muß die methodische Behandlung ihre

---

[14] Klaus Doderer, Fabeln, a.a.O., S. 193; Erika Essen, Methodik des Deutschunterrichts, 6. Aufl., Heidelberg 1968, S. 198; Paul Nentwig, Dichtung im Unterricht, Braunschweig 1962, S. 318.

[15] Klaus Doderer, Fabeln, a.a.O., S. 193.

besondere Aufmerksamkeit konzentrieren."[16] Aus dieser Erfahrung zieht Kurt Frör eine falsche Konsequenz. „In der Unterstufe der Volksschule können die Gleichnisse nur als einfache ‚Geschichten' erzählt werden. Als wirkliche Gleichnisse kann man sie erst behandeln, wenn die Abstraktionsfähigkeit entwickelt ist, also etwa vom 12. Lebensjahr ab."[17]

Wenn man Gleichnisse oder Fabeln im Religions- oder Deutschunterricht der Primarstufe als „Geschichten" behandelt, sich auf die „Erzählseite" beschränkt und die „Sinnseite" ausspart, wenn man, wie es Walter Schäfer sogar noch für Quarta empfiehlt, „die Frage nach dem Sinn der Fabel" wegläßt[18], die parabolische Rede wie eine Geschichte ohne Transfer auf Mensch und Gesellschaft behandelt, mißhandelt man sie.

In kritischer Auseinandersetzung mit Lessing hat, wie wir gesehen haben, bereits Herder betont, daß es „weder eine abstrakte Wahrheit noch ein allgemeiner moralischer Satz (war), auf welche der Fabeldichter arbeitete; es war ein *besondrer praktischer Satz, eine Erfahrungslehre für eine bestimmte Situation des Lebens,* die er in einer ähnlichen Situation anschaulich und für den gegenwärtigen bestimmten Vorfall anwendbar machen wollte".[19]

Die *analogische Erfindungskraft*[20] übt der Schüler, indem er zur Fabel eine passende Situation findet.

In demselben Aufsatz („Ueber Bild, Dichtung und Fabel") schreibt Herder: „Die Seele fragt sich unaufhörlich bei jeder neuen Situation, in der sie sich findet: ‚bist du in ihr oder in einer ähnlichen gewesen? hast du sie bei andern bemerkt und wie benahmen sich diese?' Zur Bildung solcher praktischen Klugheit erfand Aesop seine Fabeln: nicht zum Behuf der Abstraktion einer allgemeinen moralischen Wahrheit. Er lehrte die Menschen, sich durch Erinnerung ähnlicher Fälle zurecht zu finden im Leben und legte ihnen in seinen Erfindungen dergleichen ihrer Situation zutreffende Fälle vor."[21]

---

[16] Die Religion in Geschichte und Gegenwart, 2. Bd., 3. Aufl., Tübingen 1958, Spalte 1621.
[17] Ebd.
[18] Walter Schäfer, Die Fabel im Dienste der Sprecherziehung, a.a.O., S. 208.
[19] Herders sämmtliche Werke, a.a.O., Bd. 15, S. 549.
[20] Ebd., S. 552.
[21] Ebd., S. 552.

Die Möglichkeit, daß eine Fabel als Märchen oder Tiergeschichte mißverstanden wird, besteht unabhängig vom Alter und wird durch die in den Lesebüchern der Primarstufe immer noch beliebten Vor- und Mischformen nicht ausgeschlossen, sondern verstärkt. Gerade im Grundschulalter sind Mischformen, zum Tiermärchen oder zur Tiergeschichte tendierende Fabeln, ungeeignet, da sie das Verständnis erschweren, indem sie die Frage nach der Intention des Erzählers für den Grundschüler verwirren und ihn außerdem zu emotionalen Reaktionen wie Mitleid mit den Tieren verleiten und damit den notwendigen Transfer hemmen.

Deshalb sollte man gerade für dieses Alter die reine Fabel wählen. Da die Grundschüler mehr die Akteure der Fabel beachten als die Situationen, wirkt es sich für die distanzierende Betrachtungsweise günstig aus, wenn diese Akteure keine Lebewesen, sondern Gegenstände wie Sack und Ähren sind oder aber Tiere, zu denen die Schüler einen weniger starken gefühlsmäßigen Bezug haben.

Einige der bereits erwähnten Holzschnitte des Ulmer Aesop (1476) können bei der Einführung der Fabel in der Primarstufe hilfreich sein, wie die Arbeit mit dem Kosmos-Wandbild zur Fabel von Löwe und Maus zeigt.[22] Das Bild erregt das Interesse der Schüler nicht zuletzt wegen der scheinbaren Fehler (daß man zwei Mäuse sieht, daß der Löwe nicht in einem Netz gefangen, sondern wie ein Hund an eine Säule gebunden ist usw.). Die Spontanäußerungen können unmittelbar zu einem Unterrichtsgespräch führen, in dem zuerst die im Bild dargestellte Geschichte gemeinsam erarbeitet und analysiert wird. Die Bildbetrachtung verhindert, daß die Schüler der Primarstufe den Text märchenhaft oder naturkundlich mißverstehen.

Wichtige Strukturmerkmale der Fabel (actio-reactio, Kontrastierung etc.) können durch die Bildbetrachtung leicht verdeutlicht werden, ebenso die Intention des Fabelerzählers und sein Engagement für die Kleinen und scheinbar Schwachen.

Die Bildbetrachtung kann auch bei der Behandlung der Fabel in der Sekundarstufe I Ausgangspunkt sein. Hier bietet der Vergleich zwischen dem Bild und dem Text in seinen unterschiedlichen

---

[22] Kosmos-Wandbilder für den Unterricht Nr. 4253; vgl. im Begleitheft den Kommentar v. R. Dithmar, Stuttgart 1974.

Löwe und Maus (Holzschnitt aus dem Ulmer Äsop)

Fassungen[23] interessante Arbeitsmöglichkeiten. Statt der Maus in der uns aus der griechischen Antike bekannten Fassung des Babrios erscheint bisweilen die Ratte als das schwache Tier (La Fontaine). An die Stelle des Löwen treten Stier (Steinhöwel) oder Ochse (Burkard Waldis, Erasmus Alberus). Im Orient wählte man verständlicherweise den Elefanten als Symbol der Macht (Pantschatantra). Ein Vergleich zwischen der griechischen und orientalischen Fassung (Babrios und Pantschatantra) ist besonders lohnend, weil der Schüler vergleichend erkennt, wie die Erzählfreude und märchenhafte Ausschmückung (die große Herde, die Botschaft der Mäuse, die feierliche Rede, die riesenhafte Treibjagd etc.) die Wirkung der Fabel beeinträchtigt.

---

[23] Vgl. Fabeln, Parabeln und Gleichnisse, hg. v. R. Dithmar, München ^{8}1988.

Die modernen Fassungen, die der Schüler der Sekundarstufe wenigstens an einem Beispiel kennenlernen sollte, sind sprachlich pointierter und politisch schärfer. Sie zeigen die Möglichkeit, daß der mächtige Löwe von den schwächeren Tieren entmachtet wird (Thurber, Arntzen) und die „Macht der Winzigkeit“ (Schnurre), durch die der kräftige Stier von einem der kleinsten Tiere geplagt wird.

Exkurs:

„Fabeln können Erwachsene belehren; Kindern muß man die nackte Wahrheit sagen, denn sobald man sie mit einem Schleier verhüllt, geben sie sich nicht die Mühe, ihn zu lüften“ (105)[24], behauptet Jean Jacques *Rousseau* (1712–1778) im zweiten Buch seines Erziehungsromans „Emile ou de l'éducation“ (1762) und schreibt im vierten Buch, das die Zeit vom 16. Lebensjahr bis zu Emiles Heiratsplänen schildert, hieran anknüpfend: „nur Erwachsene können sich durch Fabeln unterrichten, und für Emil ist jetzt die Zeit, damit zu beginnen.“ (278)

Obwohl Rousseau die Fabeln La Fontaines sehr schätzt, wird sein Zögling Emile zunächst keine von ihnen kennenlernen. Denn erst „die Zeit der Fehler ist die Zeit der Fabeln. (...) Ein Kind, das man niemals durch Lobsprüche getäuscht hat, lernt nichts aus der Fabel (...), aber der unbesonnene Jüngling, der schon einmal durch einen Schmeichler betrogen wurde, begreift sehr wohl, daß der Rabe ein Tor war. So leitet er also aus einer Tatsache einen Grundsatz ab, und die Erfahrung, die er bald vergessen hätte, prägt sich mit Hilfe der Fabel seinem Gedächtnis ein. Es gibt keine moralische Erkenntnis, die man nicht durch die Erfahrung anderer oder durch die eigene gewinnen könnte. Ist es gefährlich, die Erfahrung selbst zu machen, so zieht man die Lehre lieber aus der Geschichte. Ist die Erfahrung aber ohne bedenkliche Folgen, so macht der junge Mensch sie am besten selbst, und mit Hilfe der Fabel führt man dann die ihm bekannten besonderen Fälle auf allgemeine Grundsätze zurück.“ (276)

---

[24] Jean-Jacques Rousseau, Emil oder über die Erziehung. Vollständige Ausgabe. In neuer deutscher Fassung besorgt von Josef Esterhues. Paderborn, 3. Aufl. 1963; vgl. insbesondere S. 105–110 (2. Buch) und S. 276–278 (4. Buch).

Am Beispiel von „Le Corbeau et le Renard“ (I,2), die er zu den wenigen Fabeln zählt, die kindlich einfach sind und eine für jedes Alter passende Lehre enthalten, erläutert Rousseau ausführlich die sprachlichen Schwierigkeiten, die dem kindlichen Leser die dichterische Sprache La Fontaines bereitet. Vor allem aber erscheinen Rousseau die Fabeln ihrer „Moral“ wegen für Kinder ungeeignet, da diese den Fuchs statt des Raben (I,2) oder die Ameise statt der Grille (I,1), den starken Löwen und nicht das schwache Tier (I,6), den fetten Hund und nicht den mageren Wolf (I,5) als „Muster“ wählen werden. Das Kind werde durch die „Lüge“ der Fabel hintergangen, da die verborgene Lehre seinem Alter unangemessen sei.

Rousseaus Kritik richtet sich nicht gegen die Fabel an sich, sondern gegen eine verfrühte Lektüre, bei der die Rezeption des Kindes der Intention des Dichters widerspricht, da sich das Kind nicht „durch den Betrogenen bessern“, sondern „durch den Schelm belehren läßt“ (110). Besonders pointiert formuliert er diese Einsicht für „La Cigale et la Fourmi“ (I,1).

> „In der folgenden vermeint man ihnen eine Grille als Muster hinzustellen, sie wählen aber die Ameise. Man demütigt sich ja nicht gern und spielt immer gern die schöne Rolle. So wählt die Eigenliebe, und das ist sehr natürlich. Aber was für eine schreckliche Lehre für Kinder! Das hassenswerteste aller Ungeheuer wäre ein geiziges und hartes Kind, das weiß, um was man es bittet, und es abschlägt. Die Ameise tut noch mehr: sie lehrt es, mit Spott und Hohn abzulehnen.“ (109)

Rousseau erkennt die gesellschaftliche Funktion der Fabel und befreit sie wieder aus den pädagogischen Mißverständnissen seiner Zeit, aus der Verengung und Verfälschung zur Kinderliteratur. Daß er seinerseits nun in das andere Extrem verfällt und die Fabel zur ausschließlichen Literatur für Erwachsene erklärt, resultiert letztlich aus Rousseaus Vorstellung, daß der Mensch von Natur aus gut ist und alles Böse von außen, durch die Gesellschaft kommt. Deshalb soll sich die „natürliche“ Erziehung zunächst außerhalb der Gesellschaft vollziehen und ganz auf das Wachsenlassen ausgerichtet sein. Nach dem Programm der „negativen Erziehung“ soll man das Kind bis zum zwölften Lebensjahr „nicht in der Tugend der Wahrheit unterweisen, sondern sein Herz vor Laster und den Verstand vor Irrtümern bewahren“ (80). In der Zeit vom 3.–12. Lebensjahr (2. Buch) ist für Emile nur ein Minimum an intellektueller und moralischer Erziehung vorgesehen und statt eines planmäßigen Unterrichts wird das Wachsenlassen in „natürlicher Wildheit" propagiert. Auch in den folgenden Jahren (3. Buch) wird Emile mit den Sachzwängen und nicht mit den sozialen Gesetzen konfrontiert. Das erste und für lange Zeit einzige Buch, das er nach dem Willen seines Erziehers liest, ist *Robinson Crusoe.* Bis zum fünfzehnten Lebensjahr weiß er nichts von Geschichtswissenschaft, Metaphysik und Moral. „Er kennt die wesentlichen Beziehungen der Menschen zu den Dingen, aber keine sittlichen Beziehungen des Menschen zum Menschen." (226) – Das ändert sich erst in der letzten Phase, in der Emile aus der „natürlichen Ordnung" in den „bürgerlichen Zustand" überwechselt.

3. Vom Finden zum Erfinden

Über das *Erfinden von Fabeln* und seine umfangreichen Erfahrungen in der Unter- und Mittelstufe des Gymnasiums hat Robert Ulshöfer in seiner „Methodik" ausführlich berichtet. Ulshöfer stellt die eigene Erfindung an den Anfang der Fabelbehandlung. Die erste Fabel, die der Schüler kennenlernt, ist die von ihm selbst verfaßte. Erst dann wird eine Fabel der Dichtung gelesen und mit der eigenen Schöpfung verglichen.

Ulshöfer wählt die induktive Methode. Die Schüler erzählen eine antithetisch gebaute Geschichte, bestimmen und ordnen die Eigenschaften der beiden Hauptpersonen, verallgemeinern (aus Personen werden Typen) und kürzen auf das Notwendigste. Es folgt ein Vergleich zwischen Fabel und Erzählung mit dem Ziel, daß der Schüler die vier Merkmale der Fabel, die nach Ulshöfers Meinung ursprünglich sind, an der eigenen Erfindung erkennt.

Der Wert schöpferischer Tätigkeit im Deutschunterricht und die Möglichkeit, durch die eigene Erfindung eine literarische Textsorte bisweilen besser zu erfassen als durch theoretische Einsicht, ist unbestreitbar. Zu kritisieren aber ist, daß – bei diesem nicht am Leben und der Literatur, sondern am Handbuch der Poetik orientierte Unterricht – die Leistung der Schüler (ebenso wie die von Ulshöfer aufgestellten vier Merkmale der Fabel, die der Schüler durch die eigene Erfindung erkennen soll) rein formal ist und zwangsläufig sein muß, wenn ein Schüler des fünften Schuljahrs Fabeln erfinden soll, ohne Beispiele der Dichtung zu kennen.

Robert Ulshöfer beruft sich für das Verfahren auf Lessing und stellt diesem Kapitel seiner „Methodik" die Sätze voran:

> „Warum fehlt es in allen Wissenschaften und Künsten so sehr an Erfindern und an selbstdenkenden Köpfen? Diese Frage wird am besten durch eine andere beantwortet: Warum werden wir nicht besser erzogen?"

Dieses Zitat stammt aus dem 5. Teil von Lessings *Abhandlungen,* in dem er auf den heuristischen Nutzen der Fabel hinweist. Lessing empfiehlt, daß die Schüler Fabeln erfinden,

> „weil es unleugbar ist, daß das Mittel, wodurch die Fabel erfunden worden, gleich dasjenige ist, das allen Erfindern überhaupt das allergeläufigste sein muß. Dieses Mittel ist das Principium der Reduction."

Lessings Theorie vom heuristischen Nutzen der Fabel ist für uns heute nur noch von historischem Interesse, und kein ernstzunehmender Didaktiker wird noch die Ansicht vertreten, daß wir durch das Verfertigen von Fabeln in der Schule dem Mangel an modernen Erfindern abhelfen. Schon vor mehr als fünfzig Jahren schrieb Max Staege: „Lessing schwimmt hier wieder vollkommen im rationalistischen Fahrwasser."[25] Und bereits am Ende des vergangenen Jahrhunderts kritisierte Adolf Jülicher im Prinzip der Reduktion die rationalistische Verengung Lessings, „den auch hier Herder in Feinfühligkeit übertraf".[26]

Wenn man von den Schülern Fabeln erfinden läßt, sollte man nicht von einer Überschrift ausgehen. Aus diesem „abstraktesten Entwurf"[27] wird meist nicht mehr als eine Konstruktion, aber keine lebendige Fabel entstehen. Auch eine Erkenntnis, eine Moral, ein Sprichwort sind als Vorwurf ungeeignet, weil sie zur Gestaltung einer Fabel mit unverbindlicher Lebensweisheit verleiten.

Grundsätzlich anders sieht es dagegen aus, wenn man eine konkrete Situation zum Ausgangspunkt nimmt. Die Rezeption muß der Produktion vorausgehen, und der Schüler muß eine lebendige

---

[25] Max Staege, Die Geschichte der deutschen Fabeltheorie, Berlin 1929, S. 44.

[26] Adolf Jülicher, Die Gleichnisreden Jesu, a.a.O., S. 98.

[27] Walter Schäfer, Die Fabel im Dienste der Spracherziehung, a.a.O., S. 215.

Vorstellung vom ursprünglichen „Sitz im Leben" einer Fabel und der Intention des Erzählers gewonnen haben. Nur so ist die erforderliche Aktualität der Fabel gesichert und die Gefahr abgewehrt, daß eine literarische Konstruktion oder eine Geschichte mit unverbindlicher Lebensweisheit entsteht. „Der Blick muß dem Leben geöffnet sein", stellt Walter Schäfer fest und kritisiert mit Recht Lessings Übungen. Sie stellen „nur eine, allerdings gute Schule des lebendigen Geistes dar. Den Vorrang der Wirklichkeit vor jeder geistigen Übersicht, das echte Betroffensein vom Tatsächlichen und die sich anschließende Kulturtat des Distanzierens meint Lessing nicht, – kann er aus der Aufklärung heraus nicht meinen. Wir aber meinen dies, nicht nur, weil die Entstehungsgeschichte der Sprache und damit des Sprechens nach Lessing anders gesehen wurde, sondern auch aus einem existentiellen Betroffensein des Menschen heraus: Der Mensch äußert sich nicht, weil er will, sondern weil er muß."[28]

Trotzdem sind Lessings Empfehlungen für den Unterricht auch heute noch von Bedeutung, wenn man beachtet, daß er den Weg vom Finden zum Erfinden empfiehlt. Der Schüler soll zunächst „mehr *finden* als *erfinden*", um dann langsam „von diesem Finden zum Erfinden" zu gelangen.[29]

Lessing fordert den Lehrer auf, mit seinen Schülern auf Jagd zu gehen – nicht im Wald, sondern im Fabelreich. Die Schüler sollen die alten Fabeln umgestalten; sie sollen sie verkürzen und ergänzen, umformen und so verändern, daß eine neue Moral entsteht.

Zur Erläuterung nennt Lessing Beispiele aus dem zweiten seiner drei Fabelbücher wie die 7. und 8. Fabel „Der Löwe mit dem Esel" und „Der Esel mit dem Löwen" und die 15. Fabel „Der Rabe und der Fuchs". Hier hat Lessing die Warnung von Phaedrus und anderen Gestaltern dieses Motivs, daß man dem Schmeichler nicht ungestraft sein Ohr leiht, nicht übernommen, sondern das Epimythion und demgemäß auch den Bildteil der Fabel so verändert, daß sich die Fabel nicht gegen das mehr oder weniger törichte Opfer des Schmeichlers, sondern gegen den Schmeichler selbst richtet.

---

[28] Ebd., S. 217f.

[29] G. E. Lessings sämtliche Schriften, a.a.O., Bd. 7, S. 476f.

Der *Fabelvergleich* ist bereits in der Primarstufe reizvoll, sofern man sich auf zwei Texte beschränkt, wie es Gert Kleinschmidt mit der Zielsetzung der „Erziehung zum genauen und kritischen Lesen“[30] von zwei Fassungen der Fabel von *Fuchs und Rabe* gezeigt hat, einem Motivvergleich, der sich mit nur vier für die Entwicklung typischen Texten (Phaedrus, La Fontaine, Lessing, James Thurber) auch für die Sekundarstufe I eignet.[31]

Auf dieser Stufe erfreut sich der Fabelvergleich besonderer Beliebtheit, wie die zahlreichen Unterrichtseinheiten und Empfehlungen zeigen. Ergänzend zu diesen Textreihen sei das bereits erwähnte *Tanzbär-Motiv* bei Lessing, Gellert, Pfeffel u. a. empfohlen oder – um eine grundsätzlich andere Problematik zu nennen – die Meta-Fabel von *Hahn und Perle.*[32] Sie eignet sich mehr noch für die Sekundarstufe II, da nicht nur der historisch-politische Kontext der jeweiligen Fabel zu berücksichtigen ist, sondern auch die Fabeltheorie in ihrer historischen Entwicklung und da sich, falls gewünscht, die fächerübergreifende Arbeit anbietet.

Exkurs: Fabeln fächerübergreifend

Die fächerübergreifenden Möglichkeiten können in diesem Zusammenhang nur angedeutet werden. Sie bieten sich nach allem, was wir ausgeführt haben, vor allem für den Religionsunterricht[33] an, ebenso für die Behandlung einzelner Autoren wie La Fontaine und James Thurber im Französisch- und Englisch- oder für Phaedrus im Lateinunterricht.

Das Bemühen, die Fabeln, insbesondere die des Phaedrus, aus ihrer peripheren Stellung im Lateinunterricht des 9./10. Schuljahres zu befreien, resultiert nicht nur aus einer neuen Einschätzung der

---

30 Gert Kleinschmidt, Theorie und Praxis des Lesens in der Grund- und Hauptschule, Frankfurt/M. 1968, S. 145.

31 Vgl. Fabeln, Parabeln und Gleichnisse, hg. v. R. Dithmar, München [7]1988, S. 95, 153, 228, 318f.

32 Vgl. Klaus Speckenbach, Die Fabel von der Fabel. Zur Überlieferungsgeschichte der Fabeln von Hahn und Perle. In: Frühmittelalterliche Studien, hg. v. Karl Hauck. 12. Bd., Berlin 1978, S. 178–229.

33 Hier muß die kritische Auseinandersetzung E. Jüngels mit dem aristotelischen Ansatz Jülichers beachtet werden (vgl. Eberhard Jüngel, Paulus und Jesus, 4. Aufl., Tübingen 1972, S. 88ff.).

Gattung. Die kritische Auseinandersetzung gilt ebenso wie im Deutschunterricht als allgemeines Lernziel (*Auxilia,* S. 14f.)[34], der historisch-kritische Vergleich der Fabeln von Phaedrus bis Arntzen (*Auxilia,* S. 27ff.) wird ausführlich dargestellt.

Wegen des gesellschaftspolitischen Bezuges der lateinischen Fabeln wird Phaedrus als Anfangslektüre empfohlen (*Aditus,* S. 11; *Pontes,* S. 10), vor allem das Motiv von Wolf und Lamm. „Das in der Fabel abgehandelte Thema von der Gewalt unter dem Anschein des Rechts ist so exemplarisch dargestellt, daß es zu elementaren Einsichten führen kann." (*Pontes,* S. 10.)

In neuen Lateinbüchern findet man Texte für einen Fabelvergleich zusammengestellt, die von Phaedrus bis in die Moderne reichen, durch Auszüge aus der Geschichte der Theorie der Fabel ergänzt und im Lehrerband ausführlich kommentiert werden (besonders umfangreich in *Aditus*). Als Lernerfolgskontrolle wird die eigene Gestaltung von Fabeln empfohlen (*Aditus,* S. 33). Bezüglich der Lernziele wird auf die Literatur der Deutsch-Didaktik verwiesen und festgestellt: „Hier sollte im altsprachlichen Unterricht keine grundsätzlich andere Position als im Deutschunterricht vertreten werden." (*Aditus,* S. 38.) (*Ende des Exkurses*)

Welche Möglichkeiten für Rezeption und Produktion sich in der Sekundarstufe II bieten und wie sich Reflexion und Kreativität dialektisch ergänzen und Freude am Literaturunterricht bewirken, zeigt das Taschenbuch „Der Schlag auf das Rohr"[35], verfaßt und

---

[34] Vgl. u. a. *Aditus.* Neue Wege zum Latein, hg. v. Rainer Nickel, Würzburg 1975; Lehrerhandbuch, ebd. 1975, 3. Aufl., 1980. – *Auxilia.* Unterrichtshilfen für den Lateinlehrer, hg. v. Friedrich Maier, Bamberg 1982. – *Pontes.* Lektüre nach übergeordneten Themen. Bearbeitet von J. A. Mayer, Stuttgart 1972; Lehrerheft, ebd., 1971. – Vgl. auch die Aufsätze in der Zs „Der Altsprachliche Unterricht" von E. Römisch (1964, S. 58–81), M. Fuhrmann (1975, S. 24–43), K.-H. Niemann (1979, S. 57–81) und den in diesem Zusammenhang besonders wichtigen Aufsatz „Phaedrus als Schulautor" von Andreas Fritsch (in: Latein und Griechisch in Berlin. Mitteilungsblatt des Landesverbandes Berlin im Deutschen Altphilologenverband Jg. 29 (1985), H. 3, S. 34–69).

[35] Der Schlag auf das Rohr. Fabeln und Parabeln aus dem Literaturunterricht (Redaktion: Dr. Friedhelm Henrich). Waldbröl 1983.

illustriert von den 16 Schülern der 12. Jahrgangsstufe des Waldbröler Hollenberg-Gymnasiums und ihres Kursleiters Dr. Friedhelm Henrich.

Nach den Richtlinien für die Literaturkurse der gymnasialen Oberstufe in Nordrhein-Westfalen soll der Schwerpunkt der beiden Halbjahreskurse, die als Jahreseinheit zu planen und anzubieten sind, im ersten Halbjahr im *rezeptiven* und im zweiten vorwiegend im *produktiven* Bereich liegen. Die 16 Schüler wählten unter zahlreichen Möglichkeiten die Fabel. Mit Hilfe der dtv-Textsammlung „Fabeln, Parabeln und Gleichnisse" und wissenschaftlicher Literatur über die Fabel, ihre Geschichte, Theorie und gattungspoetische Abgrenzung von anderen Textsorten erarbeiteten sie die Grundlage für die eigene Gestaltung. Rezeption und Produktion folgten jedoch nicht einfach zeitlich aufeinander, sondern waren miteinander verzahnt, was dem Unterricht die theoretische Kopflastigkeit nahm und bewirkte, daß, wie ein beteiligter Schüler urteilt, „das Lernen hier gar nicht als Lernen, sondern eher als Kennenlernen empfunden wurde".[36]

Motivierend wirkte vor allem die freie Themenwahl, die Verbindung von Phantasie mit überschaubarer wissenschaftlicher Arbeit, die Gemeinschaftsarbeit, die gelegentliche Mißerfolge und Enttäuschungen überwinden half, und die Hoffnung auf eine etwaige Publikation.

Ihre Freude über diese kreative Tätigkeit bringen die Schüler in feinsinniger Weise zum Ausdruck, indem sie mit dem Titel auf Gottfried Benns Gleichnis für schöpferisches Tun (aus dem Kapitel „Der Glasbläser" der Novelle „Der Ptolemäer") deuten und das Foto eines Glasbläsers als Titelbild wählen. Parabolisch ist bereits der erste Text „Statt einer Einleitung". Und im Vorwort schreibt das Autorenteam: „Wir widmen dieses Büchlein den verdienstvollen Leuten, denen wir die Einrichtung des Faches Literatur in der differenzierten Oberstufe verdanken, in der Hoffnung, daß es dem einen oder anderen unserer Leser ein wenig von der Freude vermittelt, die es uns beim Entstehen bereitet hat."

---

[36] Für die erbetenen Informationen über den Unterrichtsverlauf danke ich Herrn Dr. Henrich und seinen ehemaligen Schülern.

4. Parabolisches Spiel

Nachdem die moralistischen Verirrungen und Verengungen der didaktischen Literatur der fünfziger und sechziger Jahre überwunden wurden, bietet sich eine *variationsreiche Behandlung*[37] der Fabel im Unterricht der Sekundar- und bereits der Primarstufe an, zu der neben dem Fabelvergleich und dem Erfinden von Fabeln auch das Spielen und Umgestalten zum Spiel gehört.

Der dramatische Charakter der Fabel ermöglicht das *Lesen mit verteilten Rollen* und die kreative Ausgestaltung, sofern man Lessings Geschichte vom Besitzer des Bogens bedenkt und die „Ausschmückungen" anschließend im Blick auf die Intention diskutiert. Das Spielen wird durch den Wechsel, der die Fixierung auf eine bestimmte Rolle verhindert, besonders interessant. Der Schüler spielt – bei der Fabel von Wolf und Lamm – zunächst den Mächtigen, der den Schwachen als Beute und zugleich noch das Recht auf seiner Seite haben will, und dann den Schwachen, der trotz seiner berechtigten Gegenargumente unterliegt. Oder er spielt – bei der Fabel von Fuchs und Rabe – zuerst den Schmeichler, der von der Eitelkeit des anderen profitiert, und dann den eingebildeten Toren, der zu spät merkt, wie seine Eitelkeit ausgenutzt wurde. Auch die unterschiedlichen Fassungen eines Motivs werden beim Spielen deutlich, wenn der Schüler – bei der Fabel vom Löwenanteil – den Löwen zunächst nach der traditionellen Fassung darstellt und dann die Überraschung des modernen Löwen (James Thurber), der seine alten Vorrechte verliert und entmachtet wird.

Das Spielen hat einen besonderen Wert, weil der Schüler dabei merkt, daß er sich selbst spielt, oder durch den Gegenspieler erfährt, welchen Gefahren er in seiner Rolle ausgesetzt ist, vor allem aber, weil er spielend erkennt, daß er nicht auf eine Rolle fixiert ist und daß sich die eine Rolle auch anders gestalten läßt. Es handelt sich um ein verfremdendes Spiel, das vom Spieler selbst und von der zuhörenden Klasse kritisch beurteilt werden sollte – selbstverständlich nicht nur im Blick auf die darstellerische Leistung. Zu-

[37] Aus der Fülle der unterrichtspraktischen Literatur sei hier vor allem genannt: Franz-Josef Payrhuber, Wege zur Fabel. Didaktisches Konzept für eine variationsreiche Behandlung. Mit Unterrichtsbeispielen für das 2.–10. Schuljahr, Freiburg 1978.

gleich wird der dynamische Charakter, der Tatcharakter der Fabel evident. Die Schüler erkennen bei diesem Spiel und seiner Beurteilung, daß die Fabel nicht nur der Erkenntniserhellung dient, sondern auch ein Mittel der Agitation ist, daß sie nicht nur das Urteil über eine bestimmte Verhaltensweise provozieren, sondern den Zuhörer zu Konsequenzen aktivieren will. Dem Wesen der Fabel entsprechend muß bei diesem Spiel das *Wort* – als Argument und Gegenargument – tragend bleiben und jedes Abgleiten in das rein Spielerische vermieden werden.

Für das Umgestalten der Fabel zum *parabolischen Spiel* finden wir in der Literaturgeschichte zahlreiche Beispiele wie die bereits erwähnten aus den biblischen Texten entstandenen Parabelstücke oder Max Frischs „Burleske" und „Der andorranische Jude".

Dieses Verfahren dient zugleich dem Verständnis des modernen Dramas, das wie Brechts „Guter Mensch von Sezuan", Frischs Biedermann- und Andorra-Stücke, Dürrenmatts „Besuch der alten Dame", die Hörspiele „Träume" und „Knöpfe" von Eich und Aichinger in der Parabelform erscheint, die nach dem Urteil Brechts „die beste aller Möglichkeiten"[38] und „für den Dramatiker das Ei des Kolumbus"[39] ist.

Die Schüler erkennen auf diese Weise, daß die Parabolik als ein Grundzug der modernen Literatur eine bestimmte Art des Verstehens und Bewältigens von Lebenssituationen anbietet.

Es ist nicht zufällig, daß das Motiv vom *Esel in der Löwenhaut* in der griechisch-römischen Fabel ebenso beliebt ist wie in der orientalischen, wo der Esel in der Tigerhaut auftritt, und bis in die Gegenwart nicht an Reiz verloren hat. In dieser Fabel geht es nicht darum, daß der Esel – im Sinne einer verfehlten Typenlehre – dumm ist und dumm bleibt, sondern daß er sich selbst erkennt und zugleich in der konkreten Situation sieht, was sein Denken, Reden und Handeln töricht macht. Deshalb soll er sich häuten, soll die Löwen- und Tigerhaut oder andere Häute, die ihm nicht passen und ihn lächerlich machen, ablegen und sich zu seiner eigenen Haut bekennen. Dann ist er zwar auch weiterhin ein Esel, aber ein

---

[38] Vgl. Texte zur Theorie von Fabeln, Parabeln und Gleichnissen, hg. v. R. Dithmar, München 1982, S. 210.

[39] Ebd., S. 212.

kluger. Damit wäre die verfehlte Typenlehre ad absurdum geführt, weil unter den Fabeltieren ebenso wie unter den Menschen jeder Esel klug werden kann, wenn er sich selbst erkennt. Helmut Arntzen hat das in seiner Fabeltheorie und in einer Fabel treffend zum Ausdruck gebracht.

> „Der Esel in der Löwenhaut kam zu den Schlangen.
> Stark bin ich. Wie werde ich klug? fragte er.
> Häute dich, rieten die Schlangen.
> Aber dann bin ich ja wieder der alte Esel.
> Alle Klugheit, sagten die Schlangen, beginnt mit
> der Selbsterkenntnis!“

Bibliographie

Ader, Dorothea und Kress, Axel: Ein Fabeltext als Gegenstand textlinguistischer Beschreibung in der Sekundarstufe I. In: Der Deutschunterricht 29 (1977), H. 6, S. 7–21. Nachgedruckt in: Handbuch Deutschunterricht. Bd. 1. 1983, S. 523–539

Adrados, Francisco Rodríguez: Die Geschichte der Fabel. In: Spektrum der Wissenschaft 12/1981, S. 23–36

Allemann, Beda: Kafkas „Kleine Fabel". In: Teilnahme und Spiegelung. Festschrift für Horst Rüdiger. Berlin 1975, S. 465–484

Arendt, Dieter: Der Fuchs in der Fabel von Aesop bis Goethe. In: Neue deutsche Hefte 29 (1982), S. 486–500

Arendt, Dieter: Die Fabel vom Löwen im Wandel der Jahrtausende. Oder „Es ist die Zeit der Könige nicht mehr". In: Stimmen der Zeit 199 (1981), H. 3, S. 181–192

Arendt, Dieter: Eine Parabel von Heinrich Heine im Unterricht. Ein literaturdidaktischer Versuch. In: Westermanns Pädagogische Beiträge 23 (1971), S. 482–486

Badstüber, Hubert: Die deutsche Fabel von ihren Anfängen bis auf die Gegenwart. Wien 1924

Baldermann, Ingo: Biblische Didaktik. 3. Aufl., Hamburg 1966

Bardili, C. G.: Was ist das Eigentümliche der Äsopischen Fabel? Eine psychologische Untersuchung. – Berlinische Monatsschrift 18 (1791)

Bauer, Gerhard: Der Bürger als Schaf und als Scherer. Sozialkritik, politisches Bewußtsein und ökonomische Lage in Lessings Fabeln. In: Euphorion 67 (1973), H. 1, S. 24–51

Bauer, Gerhard: Materialismus und Ideologiekritik in der deutschen Aufklärung (anhand von Lessings Fabeln). In: Literatur im historischen Prozeß, Bd. 1. Literatur der bürgerlichen Emanzipation im 18. Jh. Ansätze materialistischer Literaturwissenschaft. Hg. v. G. Mattenklott und K. Scherpe. Kronberg/Ts. 1973, S. 1–42

Bausinger, Hermann: Formen der „Volkspoesie". 2. Aufl., Berlin 1980

Benfey, Theodor: Zum Ursprung der Fabel. In: Orient und Occident 1 (1862), S. 354–365

Bihler, Heinrich: Zur Gestalt mittelalterlicher lateinischer, französischer und spanischer Fassungen der Fabel vom Fuchs und vom Raben. In: Medium Aevum Romanicum. Festschrift für Hans Rheinfelder. Hg. v. H. B. und Alfred Noyerweidner, München 1963, S. 21–48

Böckmann, Paul: Formgeschichte der deutschen Dichtung. 1. Bd.: Von der Sinnbildsprache zur Ausdruckssprache. 2. Aufl., Hamburg 1965

Böhm, Siegfried: Wir wollen selbst eine Fabel schreiben! Meine Erfahrungen bei der staatsbürgerlichen Erziehung. In: Deutschunterricht. 21 (1968), H. 11, S. 643–647

Boor, Helmut de: Über Fabel und Bîspel. Sitzungsberichte der Bayerischen Akademie der Wissenschaften 1966, München 1966, H. 1, S. 1–46

Bornkamm, Günther: Jesus von Nazareth. 13. Aufl., Stuttgart 1983

Brettschneider, Werner: Die moderne deutsche Parabel. Entwicklung und Bedeutung. 2. Aufl., Berlin 1980

Brettschneider, Werner: Die Parabel vom Verlorenen Sohn. Das biblische Gleichnis in der Entwicklung der europäischen Literatur. Berlin 1978

Briegel-Florig, Waltraud: Geschichte der Fabelforschung in Deutschland. Diss. Freiburg 1965

Brunner-Traut, Emma: Altägyptische Tiergeschichte und Fabel. Gestalt und Strahlkraft. 7. Aufl., Darmstadt 1984

Bultmann, Rudolf: Die Geschichte der synoptischen Tradition. 9. Aufl., Göttingen 1979 (insbesondere S. 179–222: Gleichnisse)

Carnes, Pack: Traditional expectations in the modern fable. In: Neohelicon 10 (1983), H. 2, S. 203–216

Coenen, Hans Georg: Zur Deutbarkeit von Fabeln. In: Linguistische Berichte 41 (1976), S. 15–21

Coenen-Mennemeier, Brigitta: Kleine literarische Texte für den Französischunterricht der Sek. I. In: Die neueren Sprachen. 209 (1980), H. 6, S. 549–568

Coenen-Mennemeier, Brigitta: Fabeln bei La Fontaine und Anouilh. In: Praxis des neusprachlichen Unterrichts. 18 (1971), H. 1, S. 12–20

Crusius, Otto: Apologos. In: Real-Encyklopädie der classischen Altertumswissenschaft. Hg. v. Pauly-Wissowa Bd. 2/1. 1895, Sp. 167–170

Crusius, Otto: Aus der Geschichte der Fabel. Einleitung zu: Das Buch der Fabeln. Zusammengestellt von C. H. Kleukens. 2. Aufl., Leipzig 1920, S. I–LXIII

Crusius, Otto: Avianus. In: Real-Encyklopädie der classischen Altertumswissenschaft. Hg. v. Pauly-Wissowa Bd. 2/2. 1896, Sp. 2373–2378

Crusius, Otto: Babrios. In: Real-Encyklopädie der classischen Altertumswissenschaft. Hg. v. Pauly-Wissowa Bd. 2/2. 1896, Sp. 2655–2667

Crusius, Otto: Zu den alten Fabeldichtern. I. Avian und die sog. Apologi Aviani. In: Philologus 54 (1895), S. 474–488

Dahl, N. A.: The Parables of Growth. In: Studia Theologica Lund. Vol. 5 Fasc. 1–2 (1951), S. 132–166

Dedek, Rainer: „Le Loup et l'Agneau". Eine Fabel La Fontaines im Unterricht. In: Anregung 21 (1975), H. 1, S. 41–48

Dibelius, Martin: Die Formgeschichte des Evangeliums. Hg. v. Günther Bornkamm. 6. Aufl., 1971

Dithmar, Reinhard: Art. „Fabel" und „Fabelbücher". In: Enzyklopädie des Märchens. Bd. 4. Berlin–New York 1983, S. 727–745 und S. 745–764

Dithmar, Reinhard: Das unpolitische Verständnis der Fabel in der Literaturdidaktik. In: Blätter für den Deutschlehrer 4/1971, S. 112–119

Dithmar, Reinhard: Einleitung zu: Fabeln, Parabeln und Gleichnisse. Hg. v. R. D. 7. Aufl., München 1983, S. 11–30

Dithmar, Reinhard: Einleitung zu: Texte zur Theorie von Fabeln, Parabeln und Gleichnissen hg. v. R. D. München 1982, S. 11–39

Dithmar, Reinhard: Existenz- und Gesellschaftskritik in der Fabel von Äsop bis Brecht. In: Die Schulwarte 1/1971, S. 37–44

Dithmar, Reinhard: Parabolische Rede – Sprachform des kritischen Denkens. In: Die Schulwarte 8/1970, S. 30–40

Dithmar, Reinhard: Die Weisheit der Fabel. Zur ethischen Aktualität der Fabel. In: Blätter für den Deutschlehrer. 1979, H. 3, S. 65–77

Dodd, C. H.: The Parables of the Kingdom. New York 1961

Doderer, Klaus: Didaktische Überlegungen zur Fabel und Kurzgeschichte. In: Literarische Erziehung in der Grund- und Hauptschule. hg. v. Ernst Jungmann. Frankfurt/M. 1965, S. 15–24.

Doderer, Klaus: Fabeln. Formen, Figuren, Lehren. Zürich 1970; Nachdruck München 1977

Doderer, Klaus: Über das „betriegen zur Warhait" – Die Fabelbearbeitungen Martin Luthers. In: Wirkendes Wort 14 (1964), S. 379–388

Düwell, Klaus und Ohlemacher, Jörg: „das ist der welt lauf". Zugänge zu Luthers Fabelbearbeitung. In: Martin Luther, hg. v. Heinz Ludwig Arnold. München 1983. S. 121–143

Edsman, C. M., Fohrer, G., Dietrich, E. L., Dahl, N. A., Frör, K.: Artikel „Gleichnis und Parabel". In: Die Religion in Geschichte und Gegenwart. Bd. 2, 3. Aufl., Tübingen 1958, Sp. 1614ff.

Eggert, Gerhard: Die Tierfabel als politisches Instrument. In: Geist der Zeit. (Wesen und Gestalt der Völker XIX). Berlin 1941, S. 634–649

Eichholz, Georg: Gleichnisse der Evangelien. Form, Überlieferung, Auslegung. 4. Aufl., Neukirchen–Vluyn 1984

Eichner, Siglinde: Die Prosafabel Lessings in seiner Theorie und Dichtung. Ein Beitrag zur Ästhetik des 18. Jahrhunderts. Bonn 1974

Elschenbroich, Adalbert: Die Fabelpredigt des Johannes Mathesius. Zum Problem der Analogie und Allegorie in der Geschichte der Fabel. In: Formen und Funktionen der Allegorie. Symposion Wolfenbüttel 1978, hg. v. Walter Haug, Stuttgart 1979, S. 452–477

Emmerich, Karl: Gottlieb Konrad Pfeffel als Fabeldichter. Ein Beitrag zur Geschichte der Fabel im 18. Jahrhundert. In: Weimarer Beiträge 1957, S. 1–46

Emmerich, Karl: Vorwort zu: Der Wolf und das Pferd. Deutsche Tierfabeln des 18. Jahrhunderts. Hg. v. K. E., Darmstadt 1960, S. 5–24

Ermatinger, Emil: Das dichterische Kunstwerk. 3. Aufl., Leipzig und Berlin 1939

Eschbach, Maria: Die Fabel im modernen Deutschunterricht. Paderborn 1967

Espagne, Michel: Les fables de Heine: manuscrits et contrainte générique. In: Cahier Heine 3. S. 89–115, Paris 1984

Etzel, Theodor: Einführung zu: Fabeln und Parabeln der Weltliteratur. Hg. v. Th. E. Leipzig 1907, S. 13ff., 52ff. u. ö. (zu: oriental. F., äsop. F. usw.)

Ewald, Dieter: Die moderne französische Fabel. Struktur und Geschichte. Rheinfelden 1977

Fabula docet. Illustrierte Fabelbücher aus sechs Jahrhunderten. Ausstellung aus Beständen der Herzog August Bibliothek Wolfenbüttel und der Sammlung Ulrich von Kritter Wolfenbüttel. Mit Beiträgen von Peter Hasubek u. a. Wolfenbüttel 1983

Friederici, Hans: Die Tierfabel als operatives Genre. In: Weimarer Beiträge 11 (1965), S. 930–952

Fritzsche, Lothar: Die Tierfabel als literarische Unterrichtseinheit im 5. und 6. Schuljahr. In: Unterricht heute 20 (1969), S. 313–323

Frör, Kurt: Biblische Hermeneutik, 2. Aufl., München 1964

Fuchs, Ernst: Bemerkungen zur Gleichnisauslegung. In: E. F.: Zur Frage nach dem historischen Jesus (Gesammelte Aufsätze II.) Tübingen 1969

Fuchs, Ernst: Hermeneutik. 4. Aufl., Bad Cannstatt 1970

Fürst, Norbert: Die offenen Geheimtüren Franz Kafkas. Fünf Allegorien. Heidelberg 1956

Gaßner, Josef: Der Einfluß des Burkard Waldis auf die Fabeldichtung Hagedorns. Klagenfurt 1905

Gaßner, Josef: Über die Einflüsse des Burkard Waldis auf die Fabeldichtungen Gellerts. Klagenfurt 1909

Gebhard, Walter: Über den Ursprung der äsopischen Fabel. In: Dt. Museum II, 1784, S. 553–563

Gebhard, Walter: Zum Mißverhältnis zwischen der Fabel und ihrer Theorie. In: Deutsche Vierteljahresschrift 48 (1974) H. 1, S. 122–153

Gerth, Klaus: Fabeln und Witze. Basisartikel. In: Praxis Deutsch. 11 (1984), H. 64, S. 14–24

Gombel, Heinrich: Die Fabel „Vom Magen und den Gliedern" in der Weltliteratur. Halle 1934

Grässe, J. G. T.: Die beiden ältesten lateinischen Fabelbücher des Mittelalters. Tübingen 1880. Nachdruck Hildesheim 1965

Grimm, Jürgen: Interpretationsmodelle zu La Fontaines Fabel „Le Chêne et le Roseau". In: Die neueren Sprachen. 23 (1974), H. 2, S. 144–156

Grimm, Jürgen: La Fontaine – Etre de papier? Von den Unzulänglichkeiten einer sich absolut setzenden strukturalistischen Narrativistik. In: Zeitschrift für französische Sprache und Literatur. 88 (1978), H. 2, S. 97–121

Grimm, Jürgen: La Fontaines Fabeln. Darmstadt 1976

Grimm, Jürgen: Le Pouvoir des Fables. Ein Beitrag zur Ästhetik der La Fontaineschen Fabel. In: Zeitschrift für französische Sprache und Literatur. 80 (1970), H. 1, S. 28–43

Grubmüller, Klaus: Elemente einer literarischen Gebrauchssituation. Zur Rezeption der aesopischen Fabel im 15. Jahrhundert. In: Würzburger Prosastudien II. Untersuchungen zur Literatur und Sprache des Mittelalters. München 1975, S. 139–159

Grubmüller, Klaus: Meister Esopus. Untersuchungen zu Geschichte und Funktion der Fabel im Mittelalter. München 1977

Grubmüller, Klaus: Tierepik, Fabel und Fabliau. Eine Überschau über neuere Literatur. In: PBB. (Paul und Braunes) Beiträge zur Geschichte der deutschen Sprache und Literatur. 106 (1984), S. 258–268

Grubmüller, Klaus: Zur Pragmatik der Fabel. Der Situationsbezug als Gattungsmerkmal. In: Textsorten und literarische Gattungen. Berlin 1983, S. 473–488

Grützmacher, Jutta: Fabeln, Parabeln, Gleichnisse. In: Deutsch in der Sekundarstufe I. Literatur – Realität – Erfahrung, hg. v. H. Hartung u. a. Stuttgart 1977 (Schülerband S. 90–108, Lehrerband S. 98–108)

Gumbrecht, Hans Ulrich: Einleitung zu: Marie des France, Äsop, kommentiert und übersetzt von H. U. G., München 1973, S. 17–52

Guter, Josef: Fünfhundert Jahre Fabelillustration. In: Das Antiquariat 22 (1972), S. 25–31, 41–47, 89–93

Hampe, Roland: Die Gleichnisse Homers und die Bildkunst seiner Zeit. Tübingen 1952

Harkort, Fritz: Tiergeschichten in der Volksüberlieferung. In: Das Tier in der Dichtung, hg. v. Ute Schwab. Heidelberg 1970, S. 12–54

Harkort, Fritz: Tiervolkserzählungen. In: Fabula 9 (1967), S. 87–99

Harms, Wolfgang: Daniel Wilhelm Trillers Auffassung von der Fabel im Titelblatt und in Rahmentexten seiner „Neuen Aesopischen Fabeln" von 1740. In: Text und Bild. Aspekte des Zusammenwirkens zweier Künste in Mittelalter und früher Neuzeit, hg. v. Christel Meier und Uwe Ruberg. Wiesbaden 1980, S. 732–749

Harth, Dietrich: Christian Wolffs Begründung des Exempel- und Fabelgebrauchs im Rahmen der Praktischen Philosophie. In: Deutsche Vierteljahresschrift für Literaturwissenschaft und Geistesgeschichte 52 (1978), H. 1, S. 43–62

Hasubek, Peter (Hg.): Die Fabel. Berlin 1982

Hasubek, Peter (Hg.): Fabelforschung. Darmstadt 1983

Hausrath, August: Aesopische Fabeln. Übertragen von A. H. München 1940 (mit Anhang: Die Aesoplegende)

Hausrath, August: Fabel. In: Real-Encyklopädie der classischen Altertumswissenschaft. Hg. v. Pauly-Wissowa, Bd. 6/2. 1909, Sp. 1704–1736

Hausrath, August: Das Problem der aesopischen Fabel. Neue Jb. f. d. klass. Altertum I (1898), S. 305–322

Hausrath, August: Phaedrus. In: Real-Encyklopädie der classischen Altertumswissenschaft. Hg. v. Pauly-Wissowa, Bd. 19/2. 1938, Sp. 1475–1505

Herbrand, Elisabeth: Die Entwicklung der Fabel im 18. Jahrhundert. Versuch einer historisch-materialistischen Analyse der Gattung im bürgerlichen Emanzipationsprozeß. Wiesbaden 1975

Hermes, Liesel: Thurbers Fabeln im Englischunterricht. In: Die neueren Sprachen 24 (1975), S. 61–69

Herrmann, Botho: In den Dingen ist ein Gleichnis. Die Anschaulichkeit der biblischen Metapher als didaktische Möglichkeit. In: Der Evangelische Erzieher. 1981, H. 2, S. 132–141

Heselhaus, Clemens: Artikel „Parabel". In: Reallexikon der deutschen Literaturgeschichte. Bd. 3, 2. Aufl., Berlin 1966, S. 7ff.

Hopster, Norbert: Allegorie und Allegorisieren. In: Der Deutschunterricht 23 (1971), H. 6, S. 132–148

Hopster, Norbert: Individuum und Gesellschaft in Brechts „Geschichten vom Herrn Keuner". In: Diskussion Deutsch 4 (1973), H. 13, S. 235–243

Hudde, Hinrich: Das Schäfchen und der Dornstrauch. Wandlungen einer Fabel von La Motte bis Wilhelm Busch. In: Germanisch-Romanische Monatsschrift 59, N. F. 28 (1978), S. 399–416

Hueck, Monika: Textstruktur und Gattungssystem. Studien zum Verhältnis von Emblem und Fabel im 16. und 17. Jahrhundert. Kronberg/Ts. 1975

Imendörffer, Helene: Der Beitrag der Formalisten zur gattungsgeschichtlichen Untersuchung der Fabel. In: Poetica 9 (1977), S. 116–122

Jacob, H.: Über die äsopische Fabel der Alten. In: Berlinische Monatsschrift, hg. v. F. Gedike und J. E. Biester, Bd. 5, 1785, S. 300–316

Jauß, Hans Robert: Alerität und Modernität der mittelalterlichen Literatur. Gesammelte Aufsätze 1956–1976. München 1977

Jauß, Hans Robert: Theorie der Gattungen und der Literatur. In: Grundriß der romanischen Literaturen des Mittelalters. Hg. v. H. R. J. und E. Köhler, Bd. 1. Heidelberg 1972, S. 107–138

Jauß, Hans Robert: Untersuchungen zur mittelalterlichen Tierdichtung. Tübingen 1959

Jeremias, Joachim: Die Gleichnisse Jesu. 10. Aufl., Göttingen 1984

Jolles, André: Einfache Formen. 2. Aufl., Tübingen 1958

Jülicher, Adolf: Die Gleichnisreden Jesu. Zwei Teile in einem Band. Darmstadt 1976 (reprografischer Nachdruck der zweibändigen Ausgabe, 2. Aufl., 1910)

Jüngel, Eberhard: Paulus und Jesus. 5. Aufl., Tübingen 1979 (S. 87–215: Die Problematik der Gleichnisrede Jesu u. a.)

Jung, Doris: Die Fabel in der Grundschule. In: Deutschunterricht in der Primarstufe. 1978, S. 135–154

Kayser, Wolfgang: Die Grundlagen der deutschen Fabeldichtung des 16. und 18. Jahrhunderts. In: Archiv für das Studium der neueren Sprachen 86. Jg., 160. Bd., der neuen Serie 60. Bd., Braunschweig, Berlin und Hamburg 1931, S. 19–33

Ketelsen, Uwe-K.: Vom Siege der natürlichen Vernunft. Einige Bemerkungen zu einer sozialgeschichtlichen Interpretation der Geschichte der Fabel in der deutschen Aufklärung. In: Seminar 16 (1980), S. 208–223

Kirst, Adolf: Präparationen zur Behandlung von 20 Fabeln von Hey auf der Unterstufe. 11. Aufl., Langensalza 1920

Knapp, Fritz Peter: Das lateinische Tierepos. Darmstadt 1979

Knust, Hermann: Steinhöwels Aesop. Zeitschrift für deutsche Philologie 19 (1887), S. 197–218

Koch, Ruth: Theoriebildung und Lernzielentwicklung in der Literaturdidaktik. Ein Entwurf gegenstandsorientierter Lernzielentwicklung am Beispiel der Fabel. Weinheim 1973

Könnecker, Barbara: Die Rezeption der aesopischen Fabel in der deutschen Literatur des Mittelalters und der frühen Neuzeit. In: Die Rezeption der Antike. 1978, S. 209–224

Kosak, Bernhard: Die Reimpaarfabel im Spätmittelalter. Göppingen 1977

Kreis, Rudolf: Die Fabel im Deutschunterricht des 6. Schuljahrs. Von der historisch-soziologischen Analyse bis zur eigenen Gestaltung. In: Diskussion Deutsch 2 (1971), H. 4, S. 115–130

Kreis, Rudolf: Fabel und Tiergleichnis. Ein Kurs für die Klassen 5–10. In: projekt deutschunterricht Bd.1. Hg. v. Heinz Ide, Stuttgart 1971, S. 57–103.

Küppers, Jochen: Die Fabeln Avians. Studien zu Darstellung und Erzähl weise spätantiker Fabeldichtung. Bonn 1977

Küster, Christian Ludwig: Illustrierte Aesop-Ausgaben des 15. und 16. Jahrhunderts, 2 Teile. Diss. Hamburg 1970

Landsberger, Julius: Die Fabeln des Sophos. Posen 1859

Lausberg, Heinrich: Handbuch der literarischen Rhetorik. 2. Aufl., München 1973

Leibfried, Erwin: Fabel. 4. Aufl., Stuttgart 1982

Leibfried, Erwin: Philosophisches Lehrgedicht und Fabel. In: Neues Handbuch der Literaturwissenschaft II, hg. v. Klaus von See, Frankfurt 1974, S. 75–90

Lindner, Hermann: Bibliographie zur Gattungspoetik (5): Theorie und Geschichte der Fabel (1900–1974). In: Zeitschrift für französische Sprache und Literatur 85 (1975), S. 247–259

Lindner, Hermann: Didaktische Gattungsstruktur und narratives Spiel. Studien zur Erzähltechnik in La Fontaines Fabeln. München 1975

Lindner, Hermann: Historisch-strukturalistische Literaturwissenschaft versus historisch-soziologische Essayistik. Klarstellungen zu J. Grimms „La Fontaine – Etre de papier?“ In: Zeitschrift für französische Sprache und Literatur. 88 (1978), H. 2, S. 122–138

Lindner, Hermann: Vers le vrai La Fontaine? Anmerkungen zu einigen neueren Tendenzen der La Fontaine-Kritik aus Anlaß des jüngsten Forschungsberichts zu La Fontaines Fabeln. In: Zeitschrift für französische Sprache und Literatur. 87 (1977), H. 2, S. 142–164

Lindner, Hermann: Zur Problematik der Definition der Gattung ‚Fabel‘. Einleitung zu: Fabeln der Neuzeit. Hg. v. H. L., München 1978, S. 12–46

Linnemann, Eta: Gleichnisse Jesu. Einführung und Auslegung, 7. Aufl., Göttingen 1978

Loebner, Horst-Dieter: The fable as a political satire. In: Der fremdsprachliche Unterricht. 17 (1983), H. 65, S. 12–21

Loevenich, Heinz: Kann man Gellert heute noch im Unterricht lesen? Anmerkungen zu der Fabel „Die Fliege“. In: Anregungen. 15 (1969), H. 4, S. 228–236

Mackensen, Ludwig: Artikel „Fabel“. In: Handwörterbuch des deutschen Märches. Hg. v. L. M. Berlin 1934/1940. Bd. 2, S. 1–3

Mader, Ludwig: Einleitung zu: Antike Fabeln. Neu übertragen von L. M. (Zürich 1951). München 1973, S. 7–41

Markschies, Hans Lothar: Artikel „Fabel“. In: Reallexikon der deutschen Literaturgeschichte. Begr. v. P. Merker und W. Stammler. 2. Aufl., hg. v. W. Kohlschmidt und W. Mohr. 1. Bd., Berlin 1958, S. 433–441

Markschies, Hans Lothar: Lessing und die äsopische Fabel. In: Wissenschaftliche Zeitschrift der Karl-Marx-Universität Leipzig. Gesellschafts- und sprachwissenschaftliche Reihe 4 (1954/55), S. 129–142

Meiners, Christoph: Geschichte des Ursprungs, Fortgangs und Verfalls der Wissenschaften in Griechenland und Rom. 2 Bde. Lemgo 1781/82
Meuli, Karl: Herkunft und Wesen der Fabel. In: Schweizerisches Archiv für Volkskunde 50 (1954), S. 65–88
Miller, Norbert: Moderne Parabel? In: Akzente 6 (1959) H. 3, S. 200–213
Müller, A. M. Klaus: Die präparierte Zeit. Stuttgart 1972
Niemann, Karl-Heinz: Die Fabel als Spiegel menschlichen Verhaltens und als Anstoß zur Verhaltensänderung. In: Der altsprachliche Unterricht. 22 (1979), H. 3, S. 57–81
Noel, Thomas: Theories of the Fable in the Eighteenth Century. New York–London 1975
Ott, Karl-August: Lessing und La Fontaine. Von dem Gebrauch der Tiere in der Fabel. In: Germanisch-Romanische Monatsschrift 40, N. F. 9 (1959), S. 235–266
Ott, Volker: Die Fabel. In: Formen der Literatur. 1981, S. 99–106
Pausch, Holger A. (Hg.): Kommunikative Metaphorik. Die Funktion des literarischen Bildes in der deutschen Literatur von ihren Anfängen bis zur Gegenwart. Bonn 1976
Payrhuber, Franz Josef: Die Fabel. Texte und Materialien als Baustein eines Leistungskurses. In: Kommunikation, Sprache, Literatur, 1976, S. 61–72
Payrhuber, Franz Josef: Schreiben für eine literarische Öffentlichkeit – aufgezeigt am Beispiel der Fabel. In: Aufsatzunterricht heute. 1977, S. 113–124
Payrhuber, Franz Josef: Wege zur Fabel. Freiburg 1978
Perry, B. E.: Fable. In: Studium generale 12/1959, S. 17–37
Petsch, Robert: Artikel „Fabel“. In: Handbuch für den Deutschunterricht, hg. v. R. Murtfeld, 2. Aufl., 1941, S. 180–181
Petsch, Robert: Friedrich von Hagedorn und die deutsche Fabel. In: Festschrift der Hamburgischen Universität ihrem Ehrenrektor Herrn Bürgermeister Werner von Melle zum 80. Geburtstag 1933, S. 160–188
Philippi, Klaus-Peter: Parabolisches Erzählen. Anmerkungen zu Form und möglicher Geschichte. In: Deutsche Vierteljahresschrift 43 (1969), S. 297–332
Plessow, Max: Geschichte der Fabeldichtung in England bis zu John Gay (1726). Berlin 1906. Reprint 1967
Plock, Heinrich: Der Hahn und der Fuchs. Didaktische Überlegungen zu einer Fabel. In: Schule aktuell. 19 (1968), H. 4, S. 145–151
Politzer, Heinz: Lessings Parabel von den drei Ringen. In: Das Schweigen der Sirenen. Studien zur deutschen und österreichischen Literatur. Stuttgart 1968, S. 339–372
Pongs, Hermann: Das Bild in der Dichtung. 1. Bd.: Versuch einer Morphologie der metaphorischen Formen. 2. Aufl., Marburg 1960
Psaar, Werner: Die Höflichkeit der Stachelschweine. Ein Text aus Schopenhauers ‚Gleichnissen, Parabeln und Fabeln‘ (Parerga und Paralipomena II. Teil, § 400) und seine Bedeutung für den Unterricht. In: Pädagogische Rundschau 24 (1970), S. 916–933

Rammelmeyer, Alfred: Studien zur Geschichte der russischen Fabel des 18. Jahrhunderts. Leipzig 1939

Rehermann, E. H.: Das Predigtexempel bei protestantischen Theologen des 16. und 17. Jahrhunderts. Göttingen 1977

Ricklinger, Erich: Studien zur Tierfabel von Hans Sachs. Diss. München 1909

Röhrich, L. und Fohrer, G.: Artikel „Fabel". In: Die Religion in Geschichte und Gegenwart. Bd. 2, 3. Aufl., Tübingen 1958, Sp. 851–854

Ross, Werner: Die ‚Ecbasis Captivi' und die Anfänge der mittelalterlichen Tierdichtung. In: Germanisch-Romanische Monatsschrift 35, N. F. 4 (1954), S. 266–282

Schäfer, Walter: Die Fabel im Dienste der Sprecherziehung. In: Der Deutsch unterricht [7]1955, S. 69–79. Auch in: Das Prinzip der Ganzheit im Deutschunterricht. Hg. v. Erich Weisser. Darmstadt 1967, S. 208–211

Schemme, Wolfgang: Die Problematik der Operationalisierung von Lernzielen im Literaturunterricht (Dargestellt am Arbeitsbogen einer Aesop-Fabel). In: Wirkendes Wort. 22 (1972), H. 5, S. 317–336

Schirokauer, Arno: Die Stellung Äsops in der Literatur des Mittelalters. In: Festschrift für Wolfgang Stammler zu seinem 65. Geburtstag. Bielefeld und Berlin 1953, S. 179–191

Schirokauer, Arno: Luthers Arbeit am Äsop. In: Modern Language Notes 62 (1947), H. 2, S. 73–84

Schlingmann, Carsten: Gellert. Eine literarhistorische Revision. Bad Homburg–Berlin–Zürich 1967 X Ge

Schmidt, Karl: Studien zu den Fabeln Abrahams a Santa Clara. – Diss. München 1928

Schmidt, Peter L.: Politisches Argument und moralischer Appell. Zur Historizität der antiken Fabel im frühkaiserlichen Rom. In: Der Deutschunterricht 31 (1979), H. 6, S. 74–88

Schnur, Harry C.: Die Fabel im Mittelalter. Vorwort zu: Lateinische Fabeln des Mittelalters. Lateinisch-deutsch, hg. und übersetzt v. H. C. Sch. München 1979, S. 7–24

Schnur, Harry C.: Vorwort zu: Fabeln der Antike. Griechisch und lateinisch, hg. und übersetzt v. H. C. Sch. München 1978, S. 7–32

Schütze, Gundolf: Gesellschaftskritische Tendenzen in deutschen Tierfabeln des 13. bis 15. Jahrhunderts. Bern–Frankfurt 1973

Seemann, Erich: Hugo von Trimberg und die Fabeln seines Renner. Eine Untersuchung zur Geschichte der Tierfabel im Mittelalter. München 1923

Seidler, Herbert: Allgemeine Stilistik. 2. Aufl., Göttingen 1963

Seidler, Herbert: Die Dichtung. 2. Aufl., Stuttgart 1965

Sengle, Friedrich: Biedermeierzeit. Bd. 2.: Die Formenwelt. Stuttgart 1972 (S. 123–165: Parabel, Fabel, Legende und andere Kleinformen der Beispielerzählung)

Sengle, Friedrich: Die literarische Formenlehre. Vorschläge zu ihrer Reform. Stuttgart 1966

Sparmberg, Paul: Zur Geschichte der deutschen Fabel in der mittelhochdeutschen Spruchdichtung. Diss. Marburg 1918

Speckenbach, Klaus: Die Fabel von der Fabel. Zur Überlieferungsgeschichte der Fabel von Hahn und Perle. In: Frühmittelalterliche Studien, hg. v. Karl Hauck. 12. Bd. Berlin 1978, S. 178–229

Spitz, Hans-Jörg: Lessings Fabeln in Prolog- und Epilogfunktion. In: „Sagen mit sinne". Festschrift für Marie-Luise Dittrich zum 65. Geburtstag, hg. v. H. Rülcker und K. O. Seidel, Göppingen 1976, S. 291–327

Spoerri, Theophil: Der Aufstand der Fabel. In: Trivium 1 (1942). Auch in: La Fontaine: Hundert Fabeln. Übertragen von H. Hindenberger und N. O. Scarpi. Zürich 1965, S. 223–268 (Nachwort).

Sprengel, Johann Georg: Deutschkunde im französischen Unterricht. La Fontaine. In: Zeitschrift für deutsche Bildung 1927, S. 218–227

Staege, Max: Die Geschichte der deutschen Fabeltheorie. Bern 1929

Stählin, Wilhelm: Symbolon. Vom gleichnishaften Denken. Stuttgart 1958

Staiger, Emil: Grundbegriffe der Poetik. 7. Aufl., Zürich und Freiburg 1966

Stern, Ludwig: Die Sprachgestalt an sechs Fabeln dargestellt. Bühl/Baden 1929 (Auszug „Von Grille und Ameise" in: Das Prinzip der Ganzheit im Deutschunterricht. Hg. v. Erich Weisser. Darmstadt 1967, S. 293–306)

Sternberger, Dolf: Figuren der Fabel. Berlin und Frankfurt 1950

Stierle, Karlheinz: Geschichte als Exemplum – Exemplum als Geschichte. Zur Pragmatik und Poetik narrativer Texte. In: Geschichte – Ereignis und Erzählung, hg. v. Reinhart Koselleck und Wolf-Dieter Stempel. München 1973, S. 347–375

Stierle, Karlheinz: Poesie des Unpoetischen. Über La Fontaines Umgang mit der Fabel. In: Poetica 1 (1967), S. 508–533

Stroszeck, Haucke: Pointe und poetische Dominante. Deutsche Kurzprosa im 16. Jahrhundert. Frankfurt 1970

Thalheim, Hans-Günther: Zu Lessings Fabeln. In: H.-G. Th.: Zur Literatur der Goethezeit. Berlin 1969, S. 9–37

Thiel, Helmut van: Sprichwörter in Fabeln. In: Antike und Abendland, hg. v. U. Fleißer u. a., Bd. 17, Berlin 1971, S. 105–118

Thiele, Georg: Der illustrierte lateinische Äsop in der Handschrift des Ademar. Leiden 1905

Thielicke, Helmut: Das Bilderbuch Gottes. Reden über die Gleichnisse Jesu. 2. Aufl., Stuttgart 1958

Thurnher, Eugen: Die Tierfabel als Waffe politischen Kampfes. Zur Deutung der Fabelsprüche des Bruder Wernher. In: Römische historische Mitteilungen, hg. v. Österreichischen Kulturinstitut in Rom und der Österreichischen Akademie der Wissenschaften. 18. Heft. Rom–Wien 1976, S. 55–66

Tiemann, Barbara: Fabel und Emblem. Gilles Corrozet und die französische Renaissance-Fabel. München 1974

Tyroller, Franz: Die Fabel von dem Mann und dem Vogel in ihrer Verbreitung in der Weltliteratur. Berlin 1912. Nachdruck Nendeln 1977

Vindt, Lidija: Die Fabel als literarisches Genre. In: Poetica 9 (1977) S. 98–122

Vollrath, Margot: Die Moral der Fabeln im 13. und 14. Jahrhundert in ihrer Beziehung zu den gesellschaftlichen Verhältnissen, unter besonderer Berücksichtigung von Boners „Edelstein". Diss. Phil. Jena 1966 (masch.)

Voßler, Karl: La Fontaine und sein Fabelwerk. Heidelberg 1919

Wäsche, Erwin: Die verrätselte Welt. Über den Ursprung der Parabel. Lessing, Dostojewski, Kafka. Meisenheim 1976

Watzke, Oswald: Das Nachgestalten literarischer Formen durch Schüler. Ein Versuch im Anschluß an die Besprechung der Fabel „Der junge Krebs" in einem 7./8. Schuljahr. In: Lebendige Schule. 24 (1969), H. 4, S. 147–156

Weddigen, Otto: Das Wesen und die Theorie der Fabel und ihre Hauptvertreter in Deutschland. Leipzig 1893

Weinreich, Otto: Fabel, Aretalogie, Novelle. Beiträge zu Phädrus, Petron, Martial und Apuleius. – Sitzungsb. der Heidelberger Akad. der Wissenschaften, Phil.-hist. Kl. 21, 1930/31

Weinrich, Harald: Wenn ihr die Fabel vertreibt. In: Information und Imagination. Vorträge von Carl Friedrich von Weizsäcker u. a. München 1973, S. 61–83

Wienert, Walter: Die Typen der griechisch-römischen Fabel. Mit einer Einleitung über das Wesen der Fabel. Helsinki 1925

Wilke, Christian Hartwig: Fabel als Instrument der Aufklärung. Untersuchung der Leistungsfähigkeit eines literarischen Typus. In: Basis. Jahrbuch für deutsche Gegenwartsliteratur. Bd. 2, Frankfurt/M. 1971, S. 71–102

Windfuhr, Manfred: Nachwort zu: Deutsche Fabeln des 18. Jahrhunderts, hg. v. M. W. Stuttgart 1965, S. 124–130

Winkler, Emil: Das Kunstproblem der Tierdichtung, insbesondere der Tierfabel. In: Hauptfragen der Romanistik. Festschrift für Ph. A. Becker. Heidelberg 1922, S. 280–306

Wünsche, August: Die Pflanzenfabel in der Weltliteratur. Leipzig und Wien 1905. Fotomechanischer Neudruck Leipzig 1974

Zeuch, Julius: Die moderne Tierdichtung. Diss. Gießen 1924

Verzeichnis der Texte*

* Die erste Klammer verweist auf die vorliegende Monografie, die zweite auf die Textsammlung: Fabeln, Parabeln und Gleichnisse, hg. v. R. Dithmar, 8. Aufl., München 1988.